공부라는 세계

What the Best College Students Do

공부라는 세계

무엇을 배우고 어떻게 살 것인가

켄 베인 지음

오수원 옮김

다섯
수레

이 책은 1995년
버지니아 및 워런 스톤 기금Virginia and Warren Stone Fund이 제정한
하버드대학교 출판부상을 수상했다.
하버드대학교 출판부상은 교육 및 사회 관련 탁월한 출판물에 수여하는 상이다.

12년 만의 재출간을 축하하며

2013년에 출간되었던 『최고의 공부』가 12년이 지나 2025년 『공부라는 세계』로 재출간된다는 소식을 듣게 되어 기쁩니다. 지난 10여 년 동안 수많은 학생이 각국의 언어로 이 책을 읽었습니다. 여러 대학에서 첫 강의를 하기 전, 신입생들에게 이 책을 권장했습니다. 물론 특정 과목의 일환으로 이 책을 읽은 학생들도 있습니다.

　오랜 동료이자 이 책의 공동 저자인 마샤 마셜 베인Marsha Marshall Bain과 저는 그동안 이 책을 읽은 많은 학생과 귀중한 소통을 할 수 있었습니다. 학생들은 이 책을 통해 학습 접근법과 독서 습관을 바꾸고, 깊이 있는 사고를 배우는 데 어떤 도움을 받았는지 알려주었습니다. 이 책 덕분에 학문을 깊게 이해하고, 배움에 대한 열정을 찾을 수 있었다고 말한 학생들도 있었습니다. 이러한 후기를 듣게 되어 으쓱해질 만큼 기뻤습니다. 좋게 평가해 주어 감사합니다.

　저희는 모든 학생에게 의미 있는 책을 쓰고자 노력했습니다. 다양한 질문과 주제를 다루었지만, 특히 한국 사회와 학생들에게 매력적으로 다가간 주제가 무엇인지 궁금했습니다. 이 궁금증은 첫 한국어판이 출간되고 몇 년이 지나 풀리게 되었습니다. 어느 날 서울의 한 주요 신문사 기자가 창의성과 그것을 기르는 방법을 주제로 특별 코너를 기획해 이에 대한 인터뷰를 요청한 것입니다. 그리고 창의성에 관한 질문은 이 인터뷰에서 그치지 않았습니다.

지난 몇 년 동안 이 책을 읽은 여러 한국 독자가 창의적인 삶에 특별한 관심을 표명했고, 저희에게 그에 관한 이야기를 들려주었습니다. 『공부라는 세계』와 저희가 받은 편지들을 돌아보면서 새로운 아이디어를 떠올리고 발전시키는 창의적 배움에 관한 질문과 논의가 바로 이 책을 둘러싼 대화의 중심이었다는 것 그리고 그 대화의 출발점이 바로 한국 독자들과의 소통이었음을 새삼 깨닫습니다.

독자 여러분의 후기는 저희에게 큰 격려가 되었고, 다른 책들을 집필하는 데도 힘이 되었습니다. 최근 저희는 학습을 다룬 세 번째 책 『배움은 집에서The Learning Household』 집필을 마쳤고, 이 책 역시 하버드대학교 출판부에서 출간될 예정입니다. 한국을 비롯한 세계 각국의 학생들이 보내준 찬사와 격려가 없었다면 다른 책들은 쓰지 못했을 것입니다. 한국어로 처음 번역된 이후 지난 10여 년 동안 이 책이 인생에 어떤 영향을 끼쳤는지 저희에게 자신의 이야기를 들려준 한국 독자들에게 깊이 감사드립니다. 다시 세상의 빛을 보게 될 이 책이 아직도 여전한 우리의 논의를 쇄신하고, 확장할 기회를 제공하기 바랍니다.

— 켄 베인, 마샤 마셜 베인

차례

애덤 베인,

네이선 베인,

준희 마지노베인,

멜리나 캡살리스

그리고

현재와 미래의 대학생들에게

1장

성공이란 무엇인가

셰리 카프카Sherry Kafka는 아칸소주 오자크에 있는 작은 마을 출신이다. 아칸소주는 농촌이 대부분인 지역으로 '산간벽지의 작은 마을 공동체'에서는 훗날 셰리를 미국 최고의 저명한 도시계획설계자로 키울 만한 예술적 자양분을 찾을 수 없었다. 셰리는 사실 자신의 고향에는 변변한 영화관도 하나 없었다고 말했다. 일주일에 한 번 어느 신사가 마을 광장에 텐트를 친 다음 영화 상영회를 열어준 것이 전부였다. 그마저도 그 사람이 술에 취해 있지 않을 때나 가능했다.

셰리의 집안은 형편이 넉넉지 못해 이사를 자주 다니며 겨우 생계를 유지했다. 학교에 입학하고 12년 동안 무려 열여섯 곳의 학교로 전학을 다녔고, 고등학교 3학년 때는 꽤 큰 학교에서 졸업 예정자가 고작 여섯 명뿐인 작은 학교로 전학을 갔다.

"그나마 실제로 졸업한 학생은 다섯 명뿐이었을걸요. 다녔던 학교 중엔 폐교된 곳도 있어요. 하도 작아서 교사를 충원할 수 없었거든요."

걸핏하면 이사를 해야 했던 어려운 환경에서도 셰리는 꿋꿋했다.

"이사를 많이 다닌 통에 오히려 전학 간 학교에서 얻게 되는 것들을 어떻게 활용해야 좋을지 제 나름대로 그 방법을 고안할 수 있었어요. 학교 또한 하나의 문화권이란 사실도 일찌감치 알아차렸죠. 학교를 옮길 때마다 옮긴 학교에서 그곳의 문화 풍토가 어떻게 돌아가는지 알아내기만 하면 됐어요."

셰리의 가족 중에는 고등학교를 졸업하자마자 대학에 진학한 사람이 없었다(물론 셰리의 아버지가 나중에 침례교 신학교에 다니기는 했다). 셰리가 자란 집에는 성경을 제외하고 책이라고는 아예 찾을 수 없었고, 그녀의 가족들이 읽은 책 또한 성경뿐이었다. 셰리가 접할 수 있는 것이라고는 '이야기' 정도였다. 셰리가 4~5세쯤 되었을 때 증조할아버지는 자기 부모에게 들은 이야기나 그 과정에서 지어낸 이야기를 들려주었다. 증조할아버지는 어린 손녀를 매료시킬 만큼 길고 장황한 이야기를 펼쳐냈다. 그다음에는 셰리를 가리키며 말했다.

"이제 네가 내게 이야기를 해주렴."

그 말을 들은 셰리는 이야기를 펼쳐냈다. 증조할아버지는 그녀의 이야기에 등장하는 인물이나 동물에 대해 질문하며 셰리가 이야기를 더 세세하게 확장해 나갈 수 있도록 독려했다. 증조할아버지가 세상을 떠나고 몇 년 후, 8학년이 된 셰리는 자신이 이야기에 소질이 있다고 생각했고 작가가 되어야겠다고 결심했다. 하지만 셰리는 작가가 되기 위해서는 자신이 배워야 할 것이 더 많으며, 그를 위해 결국 대학에 진학해야 한다는 사실을 깨달았다.

어려운 집안 형편 때문에 대학 진학이 쉽지 않으리라 생각한 셰리는 등록금을 벌 방편을 물색하기 시작했다. 셰리는 고등학교 3학년 때 전국 글쓰기 대회에 나가 상을 받았다. 그 덕분에 대학 등록금 1년 치를 마련할 수 있었다. 어느 대학으로 진학해야 할지 고민하는 셰리에게 부모는 텍사스주에 있는 대학에 진학하면 어떻겠냐고 제안했다. 그 학교의 기숙사 사감을 알고 있으니, 셰리가 아프거나 문제가 생길 때 부모가 그녀를 돌볼 수 있다는 이유에서였다.

그렇게 그해 가을, 셰리는 대학 교정에 도착했다. 그녀는 머나먼 도시에서 펼쳐질 새로운 모험에 잔뜩 들떠 있었고, 이수해야 하는 필수 과목목록도 미리 받아두었다. 집을 떠나기 전 셰리는 자신과 약속한 것이 있었다. 매 학기 최소한 '나만을 위한 과목', 즉 내가 즐길 수 있는 과목 하나는 꼭 수강하자는 약속이었다. 필수 과목 목록을 훑어보던 셰리는 '기막힌 행운'을 만나게 된다. 바로 필수 예술 과목에서 아주 흥미진진해 보이는 강의를 발견한 것이다.

'능력 통합'이라는 제목의 연극학과 강의였다. 강의명만으로도 어린 시절 추억이 떠오를 정도였다. 어렸을 때 셰리의 아버지는 가장 성공한 사람, 가장 흥미로운 사람, 인생을 가장 잘 꾸려가는 사람이 바로 최고의 통합을 이룬 사람이라고 말했다. 그러니 수강하는 과목들의 내용을 서로 연결해 그 안에서 공통된 부분을 찾아내라는 것이 갓 대학에 입학하는 딸에게 아버지가 해준 조언이었다. 셰리는 생물학을 공부할 때면 당시 어떤 일이 벌어지는지, 그것이 영어나 음악에는 어떤 영향을 미치는지 살펴보아야겠다고 생각했다.

1장. 성공이란 무엇인가

그래서 셰리는 '능력 통합' 강의를 신청했다. 그리고 그 결정은 셰리의 인생을 바꾸어놓았다.

강의는 사방에 무대가 있고, 어느 방향에서든 무대를 볼 수 있도록 회전의자들이 놓인 극장 같은 이상한 공간에서 시작되었다. 강의 첫날 셰리는 등받이가 높은 회전의자에 앉았다. 곧 검은 곱슬머리의 남성이 들어오더니 무대 한 쪽의 가장자리에 걸터앉았다. 그러고는 창의성과 사람에 관해 이야기하기 시작했다.

"이 강의는 여러분의 창의력을 발견하기 위한 강의입니다. 창의력을 발견하려면 자기 자신 그리고 자신이 공부하고 활동하는 방식이 어떠한지 잘 알아야 합니다."[1]

훗날 셰리는 양복과 넥타이를 걸치고 무대 끝에 앉은 이 기묘한 남성이 정말 낯설었다고, 이후로도 그러한 사람은 한 번도 본 적이 없다고 회상했다. 검은 곱슬머리 남성이 다시 말했다.

"여러분에게 몇 가지 문제를 드릴 겁니다. 그중 일부는 아주 괴상하고 어이없다고 느낄 수도 있지만, 다 풀 수 있는 문제들입니다."

셰리가 의자에 앉아 몸을 좀 꼬는 사이에도 그는 계속 말했다.

"여러분이 이 강의실에 들어올 때 장착해야 할 건 여러분 자신과 참여 의지입니다. 바로 거기에, 이 강의에서 여러분이 하는 모든 게 달려 있습니다."

이 강렬한 첫 만남 이후 폴 베이커Paul Baker 교수는 셰리를 포함한 학생들을 새로운 배움의 세계로 이끌었다. 베이커 교수의 결론은 이러했다.

"어떤 학생들에게 성장은 기억력 증진에 불과합니다. 또 어떤 학생들에게 성장은 기계 장치의 작동 원리를 배우는 일일 뿐이죠. 모터를 조립하고, 파이프를 이어 붙이고, 여러 화학물질을 섞으며 문제를 해결하는 방법을 알아내는 것 말입니다. 이 같은 성장은 새로운 방법을 개발하는 게 아니라 옛 방법에 아주 능숙해지는 게 목표입니다. 또 어떤 학생들에게 성장이란 타인의 수준이 자기보다 얼마나 형편없는지 추정할 수 있는 숭배 체제 같은 어떤 '체계'를 만드는 것과 같습니다. 이런 사람들은 특히 '패거리'에 소속돼 지시를 내리고, 서로 등을 두드리며 격려하고, 은밀한 내실에서 시가를 피우며 중요한 위원회에 소속되거나 하죠. 사이비 화가, 음악가, 배우, 예언가, 연설가, 정치인 같은 존재가 되는 겁니다. 여기저기 이름을 흘리고 다니면서 자신을 이런저런 지위로 포장하는 사람들 말입니다."

반면 극소수의 학생들에게 성장은 '정신의 역동적 힘'을 발견하는 일이었다. 자신을 발견하는 것, 즉 자신이 누구이며 자기 자신을 어떻게 활용할 수 있는지 알아내는 것이 성장이라는 의미다. 그리고 이것이 우리가 가진 전부다. 베이커 교수는 인간 역사를 통틀어 신체나 삶의 경험을 똑같이 가진 사람은 한 명도 없다는 점을 강조했다. 다시 말해 내 두뇌와 똑같은 두뇌를 가진 사람은 없다. 나는 고유한 존재다. 나는 다른 누구도 볼 수 없는 견지에서 문제를 바라보는 능력이 있다. 그러나 나만의 고유한 정신 능력을 발휘하고 싶다면 먼저 자기 자신이 누구인지, 어떻게 활동하는지 파악해야만 한다.

회전의자에 앉아 있던 셰리는 어느새 베이커 교수의 말에 몰입해 귀를 기울이고 있었다. 베이커 교수는 셰리를 가장 높은 수준의 성장에 도달할 수 있는 길로 초대했다. 베이커 교수는 강의 때마다 늘 강조했다.

"누구나 유일무이한 존재입니다."

바로 그러한 이유로 누구나 세상에 관여하는 바가 많다고 말했다.

"여러분은 각자 나름의 철학, 관점, 육체적 긴장 상태, 출신 배경을 갖고 있습니다. 여러분이 자란 토양은 모두 다릅니다. 종교를 믿는 집안 출신일 수도 있고, 종교가 없는 집안 출신일 수도 있죠. 여러분은 모두 특정 시기에 특정 가족이 사는 집에서 태어났습니다. 세상 어떤 누구도 여러분과 같은 인생을 산 적이 없어요."

베이커 교수는 저마다 다른 누구도 할 수 없는 방식으로 창조하는 능력이 있다는 점을 누누이 역설했다.

앞으로 나는 이 책에서 창의적인 사람들을 소개하며 그들이 어떻게 그러한 창의력을 갖게 되었는지 이야기하려 한다. 그들은 대학에 입학한 뒤 그곳에서의 경험을 통해 역동적이고 혁신적인 사람이 되었고, 졸업 후에는 자신이 사는 세상을 변모시켰다. 그들이 대학에서 했던 경험, 특히 교수들과 교류하면서 얻은 배움은 그들의 사고 패턴을 어떻게 바꾸어 놓았을까? 오늘날 대학생들에게 이러한 질문은 가장 흥미롭고 매력적으로 다가갈 것이다. 교사나 학부모 또한 창의력을 계발하고, 깊이 있는 배움을 얻는 방법을 이 책에서 발견할 수 있을 것이다.

성적이 아닌
배움을 좇은 사람들 ────────

셰리의 이야기를 논의의 출발점으로 삼은 이유는, 그녀가 베이커 교수의 '능력 통합' 강의를 수강했던 경험에 우리가 앞으로 되풀이해 만나게 될 주요 개념과 학습 접근법의 많은 부분이 반영되었기 때문이다. 베이커 교수의 강의는 과학자, 음악가, 의사, 목수, 역사학자, 화가, 미용사, 문헌학자, 편집자, 정치인, 교사, 철학자, 작가, 디자이너, 공학자 등 창의적 분야에 종사하는 수백 명의 삶을 바꾸었다. 베이커 교수의 강의를 수강했던 '최고의 학생들'은 자신의 전공 분야와 관련이 없거나 멀찍이 떨어진 강의를 수강했고, 그 경험을 통해 자신의 삶을 크게 바꾸었다.

또한 최고의 학생들은 정신의 역동적 힘을 개발하려 노력했다. 학문적 명예를 얻거나 그저 대학에서 살아남는 것이 아니라 자기 능력을 개발해야 한다는 과제가 가장 중요한 목표였다. 베이커 교수의 강의를 수강한 학생들은 창의력에 관련된 새로운 언어도 배웠다. 그 언어는 우리가 시공간과 움직임, 소리, 실루엣을 통해 어떤 활동을 하는지에 초점이 맞추어져 있었다. 셰리와 다른 학생들은 이 강의를 통해 자신을 더 잘 이해하게 되었다. 그리고 그 과정에서 얻은 통찰을 바탕으로 어떤 과제에도 자기 의지로 투입될 수 있는 유일무이한 자질과 그 경험을 평가하는 능력을 얻었다. 자기 자신을 이해할수록 학생들의 자신감은 높아졌고, 타인의 특별한 자질과 성취도 높이 평가할 수 있게 되었다. 그들은 과학과 인문학, 예술 분야에서 다른 사람들이 일군 역사를 공부했다. 그러나 이

지점에서 그들이 공부를 위한 동기부여 방법을 스스로 찾았다는 점이 더 중요하다.

내 이야기는 대학에서 최고의 성적을 받은 학생들에 관한 것이 아니다. 최고의 학생이 되는 법을 다루는 책이나 글은 대부분 성적에만 집중한다. 그러나 최고의 학생들을 함께 인터뷰했던 동료 마샤와 나는 이 '최고의 학생들 사냥 프로젝트'를 시작하면서 더 큰 먹잇감을 쫓으려 노력했다. 우리는 학교를 졸업한 **후에** 그들이 무엇을 하며 어떻게 살아가는지 알고 싶었다. 그래서 이 프로젝트의 연구 대상을 깊이 있는 배움을 얻어 성장하고 창조적인 삶을 지속하는, 생산성 높은 사람들로만 선별했다.

우리는 자신이 사는 세상이 어떤 곳인지 아는 사람들, 속임수나 꾐에 쉽게 넘어가지 않는 사람들, 호기심 넘치는 사람들, 공감 능력이 뛰어난 사람들, 비판적으로 사고하는 사람들, 창의적이면서도 여유 있는 태도로 인생을 사는 '흥미로운' 사람들을 찾고 싶었다. 그래서 언어 습득이든 문제 해결이든 난제와 도전을 즐겁게 마주하는 사람들, 기존의 낡은 방식이 언제 효력을 잃는지 아는 사람들, 기이하고 어려운 일을 오히려 편하게 여기는 사람들, 새로운 해결책을 찾는 일에 즐거움을 느끼는 사람들, 스스로에게 스트레스를 강요하지 않는 사람들을 찾아다녔다.

또한 우리는 그들이 어떻게 그러한 바람직한 삶을 살 수 있게 되었는지 궁금했다. 그들은 자신의 열의를 바칠 대상을 어떻게 찾아냈으며, 자신이 배운 것을 어떻게 최상으로 활용할 수 있었을까? 우리는 그들에게서 무엇을 배울 수 있을까? 높은 자신감과 창의력을 가진 이 '문제 해결사' 중 일부는 대학에서 배운 것이 아무짝에도 쓸모없다고 느꼈음에도 그 과정에서 스스로 무언가를 배웠고, 일부는 대학에서 훌륭한 경험을 쌓은 덕에 성공했다. 실패 따위는 모른 채 승승장구한 사람들이 있는가 하면 고등학생 때부터 내내 능력을 발휘하지 못해 고군분투하다가 대학에 진학해서야 혹은 대학을 졸업한 이후에야 답답한 동굴에서 탈출해 역량을 꽃피운 늦깎이들도 있다.

위대한 발견이나 새로운 사고 패턴으로 두각을 드러낸 사람들, 탁월하게 결정하며 탐구하고 창조하고 질문하는, 자신감 넘치는 사람들을 찾아다녔다. 새로운 치료법을 발견한 의사, 학생들의 삶에 어마어마한 변화를 만들어낸 교사, 코미디의 공식을 바꾼 코미디언, 독자를 사로잡은 작가, 음악의 의미를 재규정한 음악가, 혁신적인 벽돌공과 의상 디자이너 등 그들은 모두 새로운 상황에 쉽게 적응했고, 전에 한 번도 마주친 적없는 문제들도 모두 해결한 사람들이었다.

그렇다면 그들은 과연 큰돈을 벌었을까? 물론 그러한 경우도 있지만, 금전적 성공은 우리가 설정한 연구 기준이 아니다. 혹여 상당한 부를 축적한 사람이 있다 해도 우리의 관심사는 그가 그 돈으로 무엇을 했는지, 그 과정에서 얼마나 창의적인 사람이 되었는지에 관한 것뿐이었다. 금전적 보상이 서서히 이루어졌던 사람들의 경우 그들이 남은 인생을 어떻게 보냈는지, 그 과정에서 무엇을 만들었는지가 궁금했다.

최고의 학생들은 성적이 좋았을까? 대부분은 좋았다. 대학 교육에서 그다지 얻은 것이 없다고 느꼈던 사람일지라도 성적은 좋았다. 그러니 높은 성적 자체가 시사하는 바는 크지 않은 셈이다. 잠시 점수의 역사를 살펴보자. 점수 체계가 공식적인 학교 교육에 늘 포함된 것은 아니다. 사회가 교육자들에게 학생들이 얼마나 배웠는지 알려달라고 요구한 것은 불과 200여 년 전부터다. 누군가 어딘가에서—아마 1700년대 말 옥스퍼드대학교나 케임브리지대학교였을 것이다—최고의 학생들에게 A를, 그 다음 학생들에게는 B, C, D 등을 주는 체제를 고안했다. 그러나 이 체계는 그저 사람들이 얼마나 잘 배웠는지를 평가하기 위한 간편한 방법일 뿐 별 의미는 없다. 1800년대 영국과 미국의 학교들은 두 가지 종류의 점수만 이용했다. 특정 과목을 수강해 학점을 땄느냐 못 땄느냐, 둘 중 하나만 확인하면 그만이었다. 그러다 1800년대 말부터 학교마다 A~F, 1~10점 혹은 다른 점수 체계를 채택하기 시작했다. 20세기에는 여기에 플러스(+)와 마이너스(-) 부호까지 추가되었다.

이 모든 문자와 부호가 말하는 바는 무엇일까? 캔자스주 맨해튼에 있는 헤이든천문관의 관장 닐 디그래스 타이슨Neil deGrasse Tyson의 말처럼 대개 별 의미는 없다.

"성인이 되면 학생 때 점수가 어땠는지 묻는 사람은 없어요. 성적은 무의미합니다."

여기에는 그럴 만한 타당한 이유가 있다. 어차피 타인의 머릿속으로 들어가 그가 무엇을 이해하는지 알아내는 것은 매우 어려운 일이다. 하물며 그들이 이해한 바를 가지고 장차 무엇을 할 수 있을지 예상하는 일은 얼마나 어렵겠는가. 이러한 이유로 점수는 미래의 성공이나 실패를 예측하는 척도로서는 대체로 형편없었다. 미국의 흑인 민권운동가 마틴 루서 킹 주니어는 학생 때 '대중 연설' 강의에서 C를 받았다.[2]

몇 년 전 미국 어느 대학의 두 물리학 교수가 실험 하나를 실행했다. 학생들의 등급과 시험점수가 얼마나 무의미한지 단적으로 보여주는 실험이었다.[3] 대학의 물리학 개론 강의가 운동 원리에 대한 학생들의 이해 방식을 바꿀 수 있는지 알고 싶었던 그들은 실험 결과를 내기 위해 '힘 개념 검사'를 고안했다. 이 검사는 학생들이 운동 원리를 어떻게 이해하는지는 측정할 수 있지만, 학생들의 물리학 시험점수를 내는 데 사용되는 통상적인 시험과는 다르다. 지면상 논할 수 없는 온갖 이유로 인해 이 검사는 정규 시험에서는 사용하지 못한다.

교수들은 물리학 개론 강의에 들어오는 학생 600명에게 퀴즈 형식으로 이 검사를 실시했다. 대부분 점수가 형편없었다. 운동 원리를 제대로 이해하지 못했기 때문이었다. 수많은 세부 사항은 차치하고, 단적으로 학생들은 위성을 쏘아 궤도에 올려놓는 원리조차 이해하지 못했다. 하지만 이 결과는 학생들이 물리학 개론 강의를 수강하기 전에 나온 결과였다. 학생들은 강의를 수강한 후 A~C 사이의 학점을 받았다. 강의를 수강한 학생 중 소수가 D를 받았고, 낙제한 학생도 몇몇 있었다.

물리학 개론 강의가 끝나고 몇 달 후 학생들은 똑같은 검사를 다시 받았다. 그리고 소수의 학생이 운동 원리를 더 잘 이해하게 되었다는 사실이 입증되었다. 하지만 대부분은 기존 사고 패턴을 고수했다. 이 실험에서 중요한 사실은 학생들이 물리학 개론 강의에서 받은 점수로는 누가 실제로 아이작 뉴턴의 운동 원리에 대한 개념을 제대로 이해했는지 파악할 수 없다는 것이었다. A를 받은 학생이나 C를 받은 학생이나 운동 원리에 대한 개념 이해도 수준은 비슷했다. 결국 A를 받았다고 해서 낙제한 학생보다 물리학 개론 강의에서 더 많은 것을 배웠다고 볼 수는 없는 셈이었다. 최고점을 받은 학생들은 공식을 더 잘 암기해 옳은 숫자를 방정식에 끼워 넣고 시험에 맞는 답을 계산했을 뿐 그들이 운동 원리를 정말로 잘 이해했는지에 관해서 성적은 아무것도 알려주지 못했다. 물론 그렇다고 해서 점수가 낮았던 학생들이 더 나은 결과를 내놓았다는 뜻은 아니다. 결론은 점수 체계가 배움의 깊이에 대해 말하는 바가 거의 없었다는 것이다.

얼마 전 나는 저명한 화학공학자와 점심을 먹었다. 그때 그는 자신이 두 번 수강했던 과목에 관해 이야기했다. 한 번은 대학 학부 때, 또 한 번은 대학원 때 수강한 과목이라고 했다.

"지금까지도 저는 그 문제를 제대로 이해하지 못했어요. 하지만 대학 학부 때나 대학원 때 그 과목에서 모두 A를 받았어요. 공부하는 법을 제대로 배웠고, 시험도 아주 잘 친 거죠. 하지만 진정한 의미에서 배운 건 전혀 없었어요."

그는 다른 과목에서 깊이 있는 배움을 얻었고, 그 후 자기 전공 분야에서 성공을 거두었다. 그러나 다시 잠깐 생각해 보자. 그 두 번 수강했던 과목에서의 경험이 다른 과목에서도 전형적으로 경험했던 일이고, 그래서 그가 전략적인 '점수 게임'을 통해 전 과목을 통과하며 대학에 다녔다고 말이다. 그랬다면 그는 높은 점수를 받고도 결국 아무것도 제대로 배우지 못했을 것이다.

화학공학이나 물리학, 위성을 궤도에 올리는 일 따위에 당신이 관심 없을 수 있다. 하지만 중요한 것은 그것이 아니다. 당신의 야망이 어떻든 높은 점수가 당신이 무엇을 아는지 혹은 그 지식으로 장차 무엇을 할 수 있는지는 말하지 않는다는 사실이 중요하다. 어떻게 A를 받았는데도 운동 원리를 이해하지 못하는지는 이 책 후반부에서 더 캐볼 테지만, 지금은 좋은 점수가 제대로 이해하고 있음을 뜻하지는 않는다는 것만 염두에 두어라. 하지만 학교는 대개 이처럼 우리 인생에 아무런 영향도 끼치지 못하는 수많은 내용을 암기하라고 요구한다.

잠시 다른 세상을 상상해 보자. 그 세상에서 학생들은 자신이 배우는 모든 것에서 심오한 의미를 발견한다. 또한 학생들은 자신이 배우는 것의 함의와 응용에 관해 생각할 줄 안다. 이 새로운 우주에서 배움은 사람들의 정체성과 세계관을 바꾸며, 그들을 더 나은 문제 해결자이자 더 창의적이고 공감 능력이 뛰어난 사람, 책임감이 강하고 자신감이 넘치는 사람으로 변모시킨다. 이 세계의 사람들은 실수를 겁내지 않고, 질문과 아이디어로 가득 찬 상태로 새로운 영역을 쉽고 만족스럽게 탐색해 나간다. 그리고 자신이 속한 세계가 얼마나 복잡다단한지 인정할 줄 아는 겸허함도 갖추었다. 이 세계에서 배움은 늘 모험이다. 몇 가지 사실 정도는 잊어버릴 수도 있겠지만, 필요할 때 어떻게 답을 찾아야 하는지 그 방법만큼은 알고 있다.

이 이상적인 세계는 꿈이 아니라 일부 사람들에게 실재한다. 요즘은 모든 사람이 대학에서든 인생에서든 오직 시험이나 타인을 위해 배워야 한다는 압박을 크게 받고 있다. 모든 과목에서 A를 받는 일은 대단한 성과다. 그러나—이것은 매우 중요한 이야기인데—그러한 점수는 당신이 누구인지, 삶에서 무슨 일을 할 수 있는지, 얼마나 창의적인 사람이 될 수 있는지, 얼마나 많은 것을 이해하고 있는지를 알려주는 경우가 거의 없다. 물론 좋은 점수를 받지 못해도 자신에 관해 아는 것이 없는 것은 매한가지다.

우리가 대학에서 만난 학생들의 유형은 다섯 가지였다.

1. 성적은 좋지만, C와 D를 받는 학생보다 생산성은 높지 않은 학생
2. 좋은 성적과 깊이 있는 배움을 얻어 적응력이 뛰어난 전문가이자 위대한 문제 해결자로 성장하며, 창의력과 열의 또한 높은 학생
3. 평범한 점수를 받았지만, 깊이 있는 배움을 통해 언젠가 경이로운 성공을 거두는 학생
4. 성적이 형편없고, 공부를 포기한 채 대개 타인에게 의존하는 삶을 사는 학생
5. 성적이 형편없음에도 (별 근거 없이) 언젠가 자신이 빛나는 성공을 거두리라 막연히 믿는 학생

분명 높은 점수는 그 나름의 보상이 된다. 우리 사회에서 우수한 성적은 누구에게나 유리하다. 그래서 나 또한 이 책 후반부에서는 당신이 좋은 성적을 받는 방법을 습득할 수 있도록 돕고자 한다. 하지만 '좋은 성적'과 '깊이 있는 배움' 사이에서 선택해야 한다면 나는 매번 후자를 택할 것이다.

근본적으로 우리의 목적은 깊이 있고 열정적이며, 즐겁고 창의적인 배움을 촉진하는 것이다. 점수는 물론 중요하지만, '올 A All A'를 받는 데만

골몰하는 사람은 깊은 배움을 얻지 못할 공산이 크다. 깊이 있는 배움에 집중하는 사람은 누구나 높은 점수를 받을 수 있다. 그리고 나는 그것이 어떻게 가능한 일인지 제시할 작정이다.

우리 연구의 주요 출처는 두 가지다. 첫째, 최고의 학생들을 대상으로 한 연구들과 문헌들을 모두 살펴보았다. 30~40년간 연구하며 많은 것을 알 수 있었다. 일부 문헌은 주목할 만했지만, 모두 그런 것은 아니었다. 어떤 연구들은 평점 평균을 기준으로 최고의 학생을 선정해 연구했기 때문에 별로 얻을 것이 없었다. 그러나 깊은 배움을 얻은 학생들을 대상으로 삼은 연구자들도 있었다. 그들의 연구와 생각들은 이 책에서 만나볼 수 있다.

둘째, 인터뷰를 활용했다. 큰 성공을 거둔 창의적인 사람, 문제 해결에 탁월한 능력을 보이는 사람, 열의 넘치는 사람으로 성장한 수십 명을 만나 이야기를 나누었다. 의사, 법조인, 사업가, 정치인, 컴퓨터 과학자, 화가, 음악가부터 부모, 이웃, 노벨상 수상자, 맥아더 재단의 '천재상' 수상자, 에미상 수상자 그리고 현재 대학에 재학 중인 학생들까지 포함했고, 그들의 이야기를 이 책에 소개했다. 일부는 유쾌하고 일부는 슬프지만, 모두 당신에게 영감을 주는 이야기가 될 것이다.

자기 자신을
공부하다 ─────

베이커 교수는 계속 말했다.

"이 강의는 여러분이 '정신 작용의 산물'에 관심이 있단 가정에서 출발합니다."

셰리는 옆에 다른 학생―미래의 프로 미식축구 선수―이 앉아 있는데도 그의 존재조차 눈치채지 못했다. 그 학생도 마찬가지였다. 모두 베이커 교수의 말을 집중해 듣고 있었기 때문이다. 베이커 교수는 창의력은 예술 분야뿐만 아니라 어느 분야에서나 발휘될 수 있다고 설명했다.

"설교, 과학 공식 혹은 책도 상관없어요. 여러분이 짓는 것일 수도 있고, 잘 조성한 거리, 근사한 음식 아니면 아주 기가 막힌 주유소 운영법도 창의력이 발휘된 결과물입니다."

공학자, 과학자, 의사, 음악가, 부동산중개인, 변호사, 역사학자, 미용사 등 어떤 사람이든지 각자 종사하는 분야에서 창의적인 사람이 될 수 있다. 베이커 교수는 참신하고 혁신적이라면 무엇이든 정신 작용의 산물이 될 수 있다고 결론을 내렸다.

그리고 그 결론에 이어 베이커 교수가 했던 말은 학생 대부분에게 충격을 안겼다. 하지만 셰리는 그 말이 흥미로웠다.

"내가 아는 수많은 사람이 고등학교 2학년 때 죽은 거나 다름없어요."

베이커 교수는 단언했다.

"그들은 늘 똑같은 개념, 주변 환경을 보는 똑같은 방식, 구태의연한 답, 감정적이고 시각적으로 늘 똑같은 이미지를 갖고 있었어요. 그들에게 변화란 전혀 없었습니다."

베이커 교수는 셰리와 다른 학생들을 지금까지와는 전혀 다른 미래로 초대했다. 자신을 제대로 알고, 그 앞에서 비롯되는 창조적인 성장법을 배울 수 있는 미래로 학생들을 이끈 것이다.

"나는 이 강의를 수강한 학생 모두가 삶을 스스로 조율하고, 자기 내면에 도달할 수 있길 바랍니다. 내가 누군지, 내겐 뭐가 있는지 탐색하며 그 내면의 힘을 이용하는 법을 배우겠단 결심을 하길 바랍니다."

베이커 교수는 잠시 말을 멈추고, 뒷줄에 앉은 학생들을 바라보았다.

"공부란 성공을 위해서 혹은 누군가에게 잘 보이기 위해서 하는 게 아닙니다. 그런 건 중요하지 않아요. 중요한 건 여러분이 성장을 지속하기 위해 자신만의 필요를 충족시키는 일입니다."

베이커 교수는 자기 자신을 파악해야 한다는 점을 창의성을 기르는 방법으로 거듭 강조했다. 자신이 가진 여러 능력을 통합하고, 그 능력들을 단련하여 그것들이 다른 능력을 보완하고 지탱하도록 해야 한다는 것이다. 그러기 위해서는 우선 내면의 자아와 대화해야 한다. 베이커 교수는 학생들에게 손이 닿는 곳에 노트를 마련해 두고, 강의를 비롯한 여러 활동에 대한 자신의 반응을 기록하라고 말했다.

"지금까지 살아온 여러분의 인생사를 써두고, 우리가 앞으로 하는 모든 활동에 대한 자신의 반응도 기록해 두세요."

자기 자신 그리고 자신이 어떻게 공부하고 활동하는지 꼼꼼히 살피는 일은 무엇보다 중요하다.

"머릿속과 상상 속에서 여러분의 생각이 떠오르는 패턴에 친숙해지세요. 언제 혹은 하루 중 어느 시간대에 공부가 가장 잘되는지, 또 여러분에게 동기를 부여하는 건 뭔지 알아내세요."

'동기를 부여하는 것은 분노인가 아니면 평온함인가 아니면 타인이 틀렸다는 것을 입증하고 싶은 마음인가?' 베이커 교수는 당신이 어떤 종류의 내적 욕구를 채워야 하는지 질문을 던진 셈이다.

베이커 교수는 학생 각자가 창조하는 모든 것은 자신의 내면에서 나오므로 자기 자신에 대해 잘 알아야 한다고 말했다. 자신의 생애를 쓰고, 스스로에게 말하는 법을 배워야 하는 이유가 바로 그 때문이다. 내면에 무엇이 있는지 발견하면 낡고 진부한 것들은 버려야 한다. 대신 독특하고 아름다우며 유용한 요소들을 키워 활용해야 한다.

첫 강의 이후 '능력 통합' 강의는 매번 신체 활동으로 시작했다. 이를 두고 베이커 교수는 일단 피가 돌게 하기 위해서라고 설명했다.

"여러분이 지쳐 있거나 무기력하면 강의를 진행할 수 없어요. 몸에 더운 피가 돌고, 머리가 예리한 상태를 유지할 수 있도록 신경 써주세요."

세월이 흘러 셰리는 도시를 재설계하는 일에 기여하고, 소설을 출간하고, TV 다큐멘터리를 제작하는 등 전 세계에서 진행된 여러 프로젝트에 참여했다. 시간이 더 흐르고 난 뒤 그녀는 이 경이로운 배움의 경험이 삶에서 어떻게 확장될 수 있었는지 회고했다. 베이커 교수는 학생들이 자신의 공부를 방해하는 요인이 무엇인지 스스로 알아내야 한다고 강조했다. 그래서 학생들에게 공부하기 싫은 자신의 저항 상태에 관해 글을 쓰라고 했다. 첫째, 평소 습관을 탐색해 볼 것. 둘째, 과거에 했던 창의적인 일을 생각해 보고, 그 일을 하기 전에 무슨 일부터 했는지 자문해 볼 것. '몸 상태나 기분은 어땠는가? 편히 쉬고 있었는가? 산책 중이었는가 아니면 창밖을 보고 있었는가?' '아무 방해도 없는 폐쇄된 공간이 필요했는가 아니면 열린 공간이나 특정 장소에 가야 했는가?' 셋째, 창의적인 일을 하는 자기 모습을 상상으로 시각화한 다음 그 일을 할 것.

"나는 아이스크림부터 먹어야 했어요. 윌리엄 포크너William Faulkner는요."

베이커 교수가 자기 이야기를 털어놓으며 말을 꺼냈다.

"자주 나무를 탔어요. 또 몇 시간씩 신발을 벗은 채 동네 상점의 잡지 매대 옆에 앉아 오가는 사람들의 말소리에 귀를 기울이곤 했죠. 『내가 죽어 누워 있을 때』란 작품은 포크너가 미시시피대학교에서 난롯불을 지피며, 외바퀴 손수레를 뒤집어 책상 삼아 다 썼다고 하죠."

포크너가 했던 대로 하자는 말이 아니라 자기 자신을 이해하는 것이 그만큼 중요하다는 뜻이다. 내가 누구이며 내 정신은 어떻게 작용하는지, 무엇이 내 정신 작용을 방해하는지 탐색하는 작업은 중요하다. 베이커 교수의 강의는 근본적으로 학생들 자신을 주제로 한 것이다. 이 과정을 통해 공부나 다른 활동을 할 때 자신이 반응하는 방식을 탐색하며 자기 자신을 더 파악하게 된다면 어떻게 해야 스스로 책상 앞에 앉는지도 알 수 있다.

"새벽 3시에 잠에서 깨는 일이 다반사라고 해봅시다. 그 정도면 아예 그 시간에 일어나 공부하는 게 낫습니다. 머리가 깨어 있고, 활발하게 움직인다면 일어나 공부하세요. 뭔가 할 수 있는데 몇 시간 잠 좀 못 자는 게 대수입니까?"

　　　　　　　　　　　　　　　　　　　　　　　1장. 성공이란 무엇인가

겁이 나는 상황을 떠올려 보면 공부나 일을 하게 될 수도 있지 않을까? 이는 베이커 교수가 생각한 바다. 가령 나이가 들어 죽음을 맞이한 상황을 상상해 보라. 당신의 내면은 신체보다 먼저 죽은 상태일까 아니면 새로운 아이디어로 가득 찬 채 활발히 살아 있는 정신을 새로이 맞이한 상태일까?

자신에 대해 배워라. 그다음 자신을 흥분시키는 창의적 정신 활동 혹은 그와 관련된 성과를 찾아라. 그리고 그것들이 타인과 자기 자신에게 반영된 모습을 찾아보라. 그 성과의 뒤를 캐보며 창의적 정신 활동의 본질을 찾고, 그것이 암시하는 가능성을 탐색하라. 자신의 열정을 찾아 그 열정이 이끄는 대로 따라가라.

"흥분할 줄 모른다면 생산도, 성과도 없습니다."

베이커 교수는 힘주어 강조했다.

셰리는 회전의자를 약간 돌려 이 이상한 공간을 휙 둘러보았다. 앞으로 몇 년간 이곳의 무대에서는 관객을 압도할 만큼 현란한 조명과 음향, 다채로운 색과 질감, 대사와 리듬, 실루엣으로 구성된 깜짝 놀랄 장면들이 펼쳐질 예정이었고, 셰리는 바로 그 현장을 보게 될 참이었다. 여기서 펼쳐질 공연은 기성 연극이 갖고 있던 온갖 규칙을 깨고, 다양한 영화 기법과 실제 배우들을 뒤섞어 셰리의 감각을 뒤흔들 것이다. 세 명의 배우가 각자 '햄릿'을 연기하며 솟아올라 경사진 뒤쪽의 무대들을 활보할 것이다. 이때 관객은 회전의자를 돌리면서 연극이 진행되는 방식을 따라가며 감상한다. 이 연극은 멈추지 않는다. 배우의 움직임을 중단시킬 막도 내려오지 않는다. 극장이라는 공간이나 시간을 막는 장벽은 없으며, 오직 배우의 움직임만이 모든 시공간에서 폭포수 쏟아지듯 끊임없이 흐를 것이다.

지금 셰리는 그 네 개의 무대 중 한 곳의 끝에 걸터앉아 고민거리와 위로를 동시에 던져주는 단 한 사람의 말을 경청하고 있다. 베이커 교수는 경고했다. 좋은 아이디어나 결과는 쉽고 빠르게 오지 않으며, 선택된 소수에게만 찾아오는 것도 아니라고 말이다. 무언가 배우고자 한다면 꾸준히 매진해야 한다. 깊이 파고들며 캐묻고, 질문을 던지고, 관계를 설정하고, 실패를 털어내면서 계속 매진해야 한다. 궁극적으로는 금방 떠오르는 첫 번째 대답과 접근법을 거부해야 한다. 더 나은 것을 찾고자 하는 노력을 멈추지 말아야 한다. 베이커 교수는 이 '첫 노력'이 아주 앙상하고 보잘것없어도 걱정할 필요가 없다고 했다. 노력하면 할수록 더 나은 결과를 찾을 수 있기 때문이다.

"어렸을 때 저는 동네 야구팀 포수였어요. 2루로 공을 수백 번쯤 던진 끝에 겨우 정확하게 송구할 수 있었죠. 하지만 그렇게 던지는 능력이 근육에 새겨질 때까지 공을 던지고 또 던져야만 했어요."

진정으로 성숙하고 가치 있는 성과 하나를 내는 데 얼마나 많은 실패의 시간이 필요할지 한번 생각해 보라.

첫 강의 후 베이커 교수는 셰리와 몇몇 다른 학생들에게 커피를 마시러 가자고 청했다. 옆문으로 나간 그들은 오래된 상점 중 한 곳에 들어갔다. U자형 바가 식사용 탁자처럼 놓여 있었고, 팔걸이 없는 빨간 의자에 학생들이 드문드문 앉아 음료를 홀짝였다. 베이커 교수는 셰리가 작성한 프로필을 꺼내 보며 말했다.

"작가가 되고 싶은 모양이군요."

"아뇨, 교수님."

셰리는 맞받아쳤다.

"저는 이미 작가예요."

베이커 교수는 웃었지만, 그 웃음은 조롱이 아니라 셰리의 자신감을 인정하고 높이 평가하는 웃음이었다.

"잘난 척 건방 떠는 학생이 되려고 했던 건 아니에요."

훗날 인터뷰에서 셰리는 그날의 일을 이렇게 설명했다.

"그냥 정확히 해두고 싶었어요. 작가가 되기로 택한 게 아니라 이미 됐다는 걸 말씀드리고 싶었죠."

베이커 교수의 강의를 수강했던 셰리와 다른 학생들이 훗날 창의적인 사람으로 성장할 수 있었던 이유는 무엇일까? 그들의 경험에서 자신의 창의적 자아에 관해 무엇을 배울 수 있을까? 셰리를 비롯해 그 마법 같은 강의를 수강했던 학생 수백 명이 창의적 아이디어를 얻은 데는 세 가지 비결이 있다. 첫째, 베이커 교수가 그들에게 주었던 새로운 언어, 둘째, 학생 개개인의 고유함을 확인하는 일, 셋째, 창의적 관념들을 탐색할 목적으로 실시했던 활동들이 그 비결이다. 나는 여기서 학생들의 활동과 아이디어의 일부를 소개하여 창의성을 계발하는 것이 얼마나 특별한 일인지 알리고, 창의력에 관해 간단하지만 아주 강력한 방법들도 말하고자 한다. 학생들이 베이커 교수의 강의에서 배운 내용들은 앞으로 이 책에서 당신이 만나게 될 주요 아이디어의 일부를 잘 요약해 준다.

베이커 교수는 모든 창의적 행위가 다섯 가지 요소로 작용한다고 설명했다. 그 요소들은 바로 공간, 시간(또는 리듬), 운동(또는 선), 소리(또는 침묵), 실루엣(또는 색)이다.

"어떤 프로젝트에 참여할 때마다 다섯 가지 요소를 늘 생각합니다. 이 요소들은 제겐 창작 과정에 꼭 필요한 보편 언어 같은 게 됐어요."

셰리가 강조했다. 예술이든, 비즈니스든, 공학이든, 과학이든, 법률이든 앞으로 탐색할 모든 창조적 작업에서 당신 또한 이 다섯 가지 요소를 찾을 수 있다.

15주 동안 진행된 '능력 통합' 강의에서 베이커 교수는 학생들이 이 다섯 가지 요소를 탐색하고, 이 요소들과의 관계에서 자기 자신을 이해하도록 돕기 위해 일련의 활동들을 진행했다. 그리고 강의 때마다 그 활동에 대해 자기 내면은 어떻게 반응하는지 글을 쓰게 했다. 첫 활동에서는 무대 위를 두 번 걷기만 했다. 무대를 걸으며 한 번은 비극, 한 번은 희극을 표현했다. 그리고 그 경험을 통해 자신이 공간을 어떻게 대하고 활용했는지 반추했다.

"이 활동에 옳은 방법이나 틀린 방법 같은 건 따로 없어요. 활동이 실패하는 건 여러분이 이 활동에서의 경험을 활용해 자신에 관해 배우지 못했을 때뿐입니다."

두 번째 활동에서 베이커 교수는 학생들에게 단어 하나를 제시했다. 그리고 그 단어에서 연상되는 생각을 자유롭게 쓰라고 했다. 의식에 떠오른 생각들을 강물 흐르듯 내버려둔 채 형식이나 규칙에 얽매이지 말고, 그 생각들을 그냥 기록하라고 한 것이다. 또 학생들에게 단순한 선이 그려진 그림을 보여주고, 그림을 그려보라고도 지시했다.

"글을 쓰고 그림을 그리는 작업을 매일 하세요. 또 그 글과 그림에 날짜를 써놓고, 기존의 글과 그림을 비교해 보면서 여러분의 고유한 사고 패턴을 찾아보세요."

세 번째 활동에서는 학생들이 저마다 오랫동안 알고 지낸 사람을 골라 분석했다. 학생들은 자신이 '조사 대상'으로 선택한 사람의 출신 배경, 살아온 방식, 생활 리듬 그리고 그 사람이 가진 철학과 가치관 등을 알아내야 했다. '그 사람은 도시 출신인가 혹은 농촌 출신인가? 만약 도시 출신이라면 대도시 출신인가, 소도시 출신인가?' '그 사람은 어떤 것에 열의를 발휘하며, 어떤 일에 재미를 느끼는가?' '그 사람은 어떻게 일하고, 걷고, 앉고, 말하는가?' '무슨 색 옷을 입는가?' 학생들은 자신의 조사 대상에 대해 알아낸 것들을 모아 손뼉을 칠 수 있을 만한 리듬으로 바꾸어야 했다. 베이커 교수는 학생들에게 이미 리듬을 이해하는 능력이 있다는 점을 상기시켰다.

"아기 침대에 누워 지내던 시절부터 여러분은 리듬을 이해하고 있었어요. 나를 안아 올리는 사람이 누군지 그 사람의 리듬으로 파악했으니까요."

그러나 베이커 교수는 리듬으로 모든 것을 할 수 있다는 성급한 결론은 금물이라고 경고했다. 누구나 어떤 방식으로든 손뼉은 칠 수 있다. 그것은 쉽다. 하지만 이러한 활동들을 통해 나만의 사고 패턴이 무엇인지 알아보겠다는 심산으로 활동에 참여해야 한다. '나는 사람들에게 어떻게 반응하는가?' '내가 발견하는 모든 요소가 내 삶엔 어떻게 통합돼 있는가?' '무엇보다 나는 어떻게 독창성을 구현해 내는가?' 이 과제를 해내기 위해서는 결과에 연연하면 안 된다. 과정에 몰두한 경험을 통해 새로운 삶을 일구어야 한다.

네 번째 활동에서 학생들은 자연 속 무생물을 골랐다. 그리고 그것을 표현할 다양한 형용사를 찾았다. 무생물의 색, 질감, 선, 질량 그리고 리듬까지 표현해야 했다. 학생들은 다양한 각도와 분위기에서 그것을 살펴보며 상상할 수 있는 많은 형용사를 사용해 표현했다. 바로 그 지점에서 학생들은 자신이 고른 것에 리듬을 부여했다. 그리고 그 리듬에서 캐릭터, 즉 '행동하는 인간'을 만들어냈다. 학생들은 캐릭터의 대사를 쓰고, 대사를 이어 대화 장면을 썼으며, 캐릭터의 성격을 반영한 공간들을 창조했다.

"알짜배기를 얻어내는 과정에서 15~20회 정도는 쉽게 결과물이 나올 겁니다. 그때마다 결과물을 기록해 놓고, 처음으로 돌아가 과정을 다시 시작하세요."

베이커 교수는 결과에 연연하지 말고, 과정에 몰입하라고 다시 한번 학생들을 일깨워 주었다.

"스스로 새로운 삶을 만들고 성장해 나가기 위해서 이런 발견 과정은 꼭 필요한 열쇠입니다."

손쉽게 답을 얻거나 빨리 결과를 내려고 서두르지 말라는 것이 베이커 교수의 결론이었다.

마지막 다섯 번째 활동에서 학생들은 여러 선으로 구성된 물체를 찾아 마음에 드는 선을 종이에 그렸다. 나뭇가지, 울퉁불퉁한 돌, 꽃 등 복잡한 선으로 이루어진 것은 무엇이든 그렸다. 그다음 그들은 그려놓은 선들과 똑같이 걸었다. 걸으면서 만나게 되는 리듬을 느꼈고, 자신이 각각의 선마다 부여한 색과 소리를 느껴보았다. 학생들은 자신에게 만족감을 주는 선과 지우고 싶은 선은 무엇인지 생각했다. 근육이 반응하는 선은 확대하고, 그보다 매력도가 낮은 선은 지웠다. 베이커 교수는 학생들에게 선과 리듬에 대한 근육의 반응에는 귀 기울이되 지적인 판단은 완전히 제쳐두라고 말했다. 이 마지막 다섯 번째 활동은 몇 주 동안 계속되었고, 학생들은 스스로 확대한 선들을 이용해 다양한 예술 작품을 창조해 냈다. 어떤 학생은 음악을 작곡했고, 어떤 학생들은 그림을 그렸다. 조각상을 만든 학생도 있었다. 그러나 결과물 자체는 중요하지 않았다.

"이건 근육에 귀를 기울이는 활동입니다."

베이커 교수는 이 활동이 어떤 활동인지에 대해 명확히 밝혔다.

'능력 통합' 강의에서 이루어진 모든 활동에서 셰리와 다른 학생들은 결과가 아닌 각각의 과정에서 보람을 찾았다. 다섯 가지의 활동은 학생들이 자신의 사고 패턴을 탐색하고, 공간과 시간, 선, 소리, 색에 자신이 어떻게 반응하는지 탐색할 수 있었던 소중한 기회였다. 누구도 자신이 활동에 참여하는 모습이 어떻게 보일지 전혀 개의치 않았다. 대신 그들은 이 기발한 활동들을 통해 자기 자신과 내면의 대화를 나눌 수 있다는 점에 주의를 기울였을 뿐이다. 학생들은 지금 같은 차원의 활동으로 자신의 고유한 개성을 끌어올 수 있다는 사실을 서서히 깨달았다. 이제 그들은 자신이 수강한 이 강의가 하나의 창조적 과정임을 깨닫고, 그 과정을 중심으로 교육에 대해 평가했다. 또한 이러한 창조적 과정이 예술로 구현될 수 있다는 사실뿐만 아니라 화학 공식이나 역사를 보는 참신한 시각, 의료 서비스를 제공하는 혁신적 방법, 새로운 수술법, 암 치료법, 탁월하게 조성된 공원, 창의력이 발휘된 음식, 심지어는 돈과 관련한 일에도 표현될 수 있다는 것을 깨달았다.

각 활동을 통해 학생들은 천재적인 창작은 자기 내면에서도 시작되지만, 타인이 만든 '위대한 정신의 창조물'을 감상하는 데서도 시작된다는 사실을 알게 되었다. 몇 년이 지나 베이커 교수의 강의를 수강했던 학생 중 한 명은 이렇게 말했다.

"좋은 아이디어와 아름다운 창작품을 마주했을 때 그 가치를 알아보고 제 걸로 만드는 방법을 찾는 게 창작의 중요한 과정이란 점을 깨달았어요."

이처럼 창조성은 전통이 제시하는 뻔한 '첫 번째 답'을 거부하고, 참신한 것을 찾으려 노력한다는 점에서 또 다른 아주 중요한 의미가 있다.

베이커 교수의 강의를 통해 학생들은 경외심과 열정을 키웠다. 이는 우리가 인터뷰했던 사람들에게도 반복적으로 나타난 자질들이다. 그들은 '세계'에 매료되었다. 배움, 새로운 차원의 탁월함, 지식이나 어떤 행위에 관해 새로운 방식을 찾아내는 일에 열광했다. 그들의 열의는 공부나 특정 전문직으로 뻗어나갔을 뿐만 아니라 여러 주제로도 확장되었다. 가령 예술과 과학, 라틴어와 의학, 역사와 희극, 저널리즘과 법률 등을 성공적으로 결합하는 성과로 이어졌다. 아이처럼 열정에 들떠 특별한 창의성을 발휘했던 최고의 학생들은 미지의 문제와 씨름했고, 흔한 것을 거부하며 자신만의 정신 활동에 매진했다. 그들은 그렇게 해야 한다는 동기를 내면에서 찾았고, 배움을 주도적으로 통제하고 조율했다. 앞으로 심리학자들이 '내재적 동기'라 부르는 힘에 대해 탐색해 볼 것이다. 내재적 동기는 내면 깊은 곳에서 비롯되지만, 이러한 힘은 점수, 보수, 상 같은 외부적인 동기 유발 요인에 압도되어 조종당한다는 느낌을 받게 되면 시들해질 수 있다.

그뿐만 아니라 최고의 학생들은 쉬운 일은 아무것도 없다는 사실도 배웠다. 성장에는 각고의 노력이 필요하다. 세상은 복잡한 곳이다. 인간은 습관적으로 생각하고 행동하는 '습관의 동물'이다. 배움은 내면 깊이 각인된 습관적 정신 상태를 벗어나는 일이다. 그래서 스스로 채찍질하며 계속해서 무언가를 세우고 또 세우고, 질문을 던지고, 고군분투하며 길을 모색해야 한다.

사실 바로 이 지점이 큰 성공을 거둔 최고의 학생들과 평범한 학생들 사이에서 우리가 발견한 주된 차이 중 하나다. 평범한 학생들은 자신이 잘할 수 있을지 없을지 바로 알 수 있다고 착각한다. 원하는 것을 즉시 얻지 못하면 그들은 두 손을 들고 "나는 못해"라고 포기한다. 반면 더 좋은 성과를 내는 학생들은 완전히 다른 태도를 보인다. 대개 능력이 아니라 태도가 중요한 법이다. 최고의 학생들은 훨씬 더 오래 과제에 매달렸고, 쉽게 포기하지 않았다. 그들은 평범한 학생들과 다르게 "나는 아직 알아내지 못했어"라고 말한다. 평범한 학생들은 역사, 음악, 수학, 글쓰기 등 무엇이 되었든 못한다고 일찌감치 포기한다. 학교 교육은 빠른 대답에 보상을 제공한다. 먼저 손을 들수록 탁월한 학생이라고 인정한다. 그러나 정신의 역동적 힘 그리고 긴 시간에 걸쳐 세상을 바꾸는 것들은 느리지만 꾸준하게 진전한다. 그래서 많은 시간을 들여야 하고, 헌신적인 노력이 필요하다. 무엇이든 달려들어 반복하며 씨름하기 전까지 자신이 무엇을 할 수 있을지는 정확히 알 수 없다.

큰 성공을 거둔 사람들을 연구한 결과, 헌신적으로 노력하기 위해서는 자신이 해낼 수 있다고 믿어야 하고, 심지어는 자신이 해내는 모습을 상상할 수 있어야 하며, 그래서 자기 자신에 대해 제대로 파악해야 한다는 사실을 발견했다. 그들은 '이걸 가장 잘하는 방법이 뭐지?' 하고 자문한다. 그렇다면 그들은 어떻게 스스로 동기를 부여할 수 있었을까? 그들은 모두 점수나 명예 같은 보상을 위한 노력보다 내재적 동기가 가진 힘이 더 강력하다는 것을 배웠다.

"점수는 하나도 중요하지 않았어요."

그들이 우리에게 해준 말이다. 성취는 배우고 창조하고 성장하고 싶은 내면의 욕망에서 비롯되었다. 타이슨은 특별히 강조했다.

"제 인생 경험을 근거로 말하자면 점수보다 중요한 건 늘 야망과 혁신이었습니다."

이제 셰리와 다른 학생들은 배우고 공부하는 것의 책임이 오롯이 자신에게 있다는 사실을 깨달았다. 타인이 아니라 자신을 위해 배워야 한다. 그들은 이것을 알게 되었다. 배우고 공부하는 이유는 자신의 성장 욕구를 채우기 위함이다. 셰리는 훗날 우리에게 이렇게 말했다.

"베이커 교수님의 강의를 수강하고 나서 제가 교수님을 위해 학교에 다닌 게 아니란 걸 깨달았어요. 교수님이 제 인생을 사는 건 아니니까요. 제가 어떤 사람이 될지 그 책임은 제가 져야 하죠."

나만의 목소리를
찾아서 ─────────

이제 베이커 교수의 강의를 한 번도 들어본 적 없음에도 셰리와 비슷한 경험을 했던 사람들이 창의적 삶을 어떻게 펼쳤는지 알아볼 차례다. 리즈 러먼Liz Lerman은 정치, 과학, 영혼에 대한 탐구를 개인적 의미의 창조, 경험, 공상과 결합한 공연을 통해 미국에서 가장 혁신적이라고 칭송받는 안무가다.

리즈가 이끄는 댄스팀 '댄스익스체인지Dance Exchange'가 펼치는 공연은 전 세계 수천 개 공연 중 독보적인데, 예술과 과학, 관객과 댄서, 배움과 오락을 구분하는 경계선을 허무는 공연을 선보이기 때문이다. 리즈는 베이커 교수와 그의 강의에 대해 들어본 적이 한 번도 없지만, 사업가, 정치인, 교육자 등 다른 이들의 상상력과 창의력을 자극하기 위해 베이커 교수의 강의와 비슷한 활동을 독자적으로 개발했다. 리즈가 개발한 창의적 활동을 말하자면 노벨경제학상을 받은 폴 새뮤얼슨Paul Samuelson의 말을 빌려 이렇게 표현할 수 있겠다.

"쉬운 답보다 좋은 질문이 한 수 위다."

리즈는 특정 시대, 특정 토양, 특정 집안에서 태어나 자랐다. 정확히 말하면 그녀는 위스콘신주 밀워키에서 성장했다. 리즈는 자라면서 춤을 배웠다. 아버지는 리즈가 정의를 추구할 수 있도록 격려해 주었고, 그 덕분에 더 커서는 정치사와 정치사의 단골 주제인 '특권과 평등 사이에 벌어지는 끝없는 투쟁'에 매료되었다. 어린 시절에 인형으로 환상의 세계를 창조했던 리즈는, 나중에는 역사소설 속 등장인물들을 통해 풍요로운 환상의 세계를 창조했다.

"전기傳記와 역사소설 등 온갖 책을 읽은 다음, 잠들기 전 읽은 책에 등장하는 인물들의 이야기를 지어내곤 했죠."

리즈는 이렇게 회상했다.

미시간호숫가에 존재하는 세계. 겨울이면 컵케이크에 듬뿍 얹은 크림처럼 눈이 쌓이고, 뜨거운 8월 여름 오후면 아이들이 도시의 물기둥을 맞으며 뛰노는 곳. 이곳에서 리즈는 삶의 의미와 목적을 찾았고, 자신만의 가치를 만들었으며, 삶에 의미를 부여해 줄 공간과 자신의 사고 패턴을 찾기 위해 고군분투했다. 그녀의 삶에서 선은 대체로 밀워키를 가로지르는 도로망처럼 직선이었지만, 때로는 머스키고 애비뉴처럼 기이한 각도거나 밀워키만 수변을 따라 부드럽게 휘어지기도 했다. 또한 리즈의 삶에서 리듬은 계절의 흐름과 아버지가 적극적으로 참여하던 가두 행진, 도시의 소음, 댄스 수업 그리고 종교적 헌신으로 형성된 기존 패턴들에서 비롯되었다.

리즈는 버몬트주의 무용 장학금을 받으며 베닝턴대학에 입학했다. 그곳에서 리즈의 선들은 위로 솟아올랐고, 언덕을 넘어 내달렸다. 그녀의 어린 시절을 지배했던 납작한 팬케이크 같은 대지나 호수와는 전혀 다른 환경에 진입한 것이다. 밀워키와 미시간호는 리즈가 살았던 현실의 삶과 환상 속 구성원들이 정치와 종교라는 음악에 맞추어 춤을 추는 무대였고, 동시에 그녀가 춤을 추며 '아버지가 이 세상에서 펼치려 했던 온갖 일', 즉 사회 불의와 맞서 싸우고 정의를 실현하는 일을 모색하며 고군분투했던 무대, 여러 해 동안 신에 관한 자신의 전면적인 문제를 두고 씨름하던 무대였다. 베닝턴대학에서 리즈의 선과 사고 패턴을 비롯해 공간, 리듬, 소리, 실루엣도 모두 바뀌었다.

"대학생 시절은 파란만장했어요."

리즈의 회고를 들어보자.

"2년 후 브랜다이스대학교로 편입했고, 결혼하고 이혼한 다음 1년 동안 휴학했거든요."

이후 리즈는 메릴랜드대학교로 다시 편입해 1년 더 공부한 후 졸업했다. 석사 학위는 조지워싱턴대학교에서 받았는데, 이 과정에서 몇 가지 잊지 못할 배움을 경험했다. 베닝턴대학에 재학하던 시절, 어느 역사학 교수가 학생들에게 질문을 던지며 일부 사료를 제공한 다음 자신의 결론을 내어 논문을 쓰라고 했다.

"그 강의 전체가 바로 과제였어요. 교수님과 일주일에 두 번은 따로 만났고, 그때마다 교수님은 제게 질문이 있는지 확인하셨죠. 바로 그때 안무를 창작하는 법, 나만의 목소리를 찾는 법을 배웠어요."

메릴랜드대학교에서는 '즉흥 공연' 강의를 수강했다. 그 덕분에 실수를 겁내지 않고, 오히려 실수에서 배움을 얻게 되었다. 무엇보다 공부가 좋아졌다.

"도서관에서 몇 시간이고 책을 꺼내 읽으면서 별다른 목적 없이 자유롭게 지냈어요."

대학을 졸업한 후 리즈는 그동안 겪은 삶의 경험과 그 경험을 탐색하는 능력으로 자신의 창의성을 찾았다. 공간, 시간, 움직임, 소리, 실루엣의 유일무이한 결합 방식을 알아채고, 그것을 자신에게 쏟아부었다. 그 덕분에 문화적·사회적·역사적 중요성이 있는 주제들도 다룰 수 있게 되었다. 리즈는 국방 예산을 비롯한 군사적 문제를 다룬 춤을 무대에 올려 갈채를 받았다. 그녀의 댄스팀은 맨해튼의 야외무대에서 대규모 창작무용을 선보이며 자유의 여신상 100주년도 축하했다. 리즈는 어린 시절 창조했던 환상의 세계를 부정하거나 억압하지 않았다. 오히려 그 세계가 하늘로 비상할 수 있도록 자유롭게 해방시켰다.

리즈는 어떻게 그럴 수 있었을까? 큰 성공을 거둔 사람들이 자신의 비전을 어떻게 이루었는지는 곧 살펴볼 예정이다.

일반적으로 우리가 연구한 사람들은 자신의 유일무이함을 실현했다. 또한 자신의 가치를 스스로 정의했으며, 자신이 하는 공부뿐만 아니라 인생의 목적과 의미도 찾아냈다. 앞으로 그들이 목적과 의미를 활용해 강력한 동기를 만들고, 그것을 원동력 삼아 어마어마한 성과를 내는 과정을 살펴보고자 한다. 그들은 내면에서 스스로 동기를 부여할 방법을 발견했고, 그 내재적 동기는 곧 추진력이 되었다. 우리는 그들이 성과를 만든 과정을 통해 '의도의 힘'을 이해하게 될 것이고, 이 의도의 힘이 삶을 얼마나 크게 바꾸는지 알게 될 것이다. 우리가 연구했던 사람들은 스스로 유연한 태도도 발달시켰다. 그러한 태도 덕분에 자신의 고유한 자질과 강점, 약점, 성장 능력을 제대로 평가할 수 있었다. 우리는 이 같은 성장이 실수에도 포기하지 않고 계속 시도하게 한다는 점도 살펴볼 것이다. 이를 위해 우리가 인터뷰했던 사람들이 실패를 어떻게 다루고, 그 실패를 어떻게 생산적으로 활용하는지 살펴볼 예정이다.

생산성과 창의력이 높은 사람들은 자신이 하는 생각에 대해서도 생각한다. '**메타인지**'라 불리는 이 과정을 통해 그들은 자신과 가치 있는 대화를 나누고, 자신의 배경을 탐색하며, 당장 떠오르는 생각에 의문을 제기하고 생각을 수정하기도 한다. 이는 정신의 역동적인 힘을 추구하는 과정이다. 그들은 삶이 골치 아프다는 사실도 잘 안다. 그래서 거대한 문제들로 가득한 삶에서 결론을 끌어내는 일이 쉽지 않다는 것 역시 잘 알고 있고, 또 그러한 현실을 존중할 줄도 안다. 우리는 어려운 문제에 당면했을 때 의미 있게 생각하고, 적응력을 길러 자신의 전문성을 향상시키는 최고의 학생들의 비판적 사고에 대한 접근법도 함께 살펴볼 것이다. 이를 통해 베이커 교수가 말한 최고 수준의 성장을 경험해 볼 수 있을 것이다.

최고의 학생들은 가장 고통스럽고 암울할 때조차 자신에게 위안을 주어 평온함을 찾는다. 이때 공감 능력도 키울 수 있다. 자기 자신을 위로하는 능력은 (자존감에 관한 그 어떤 관념보다) 그들이 약점을 마주하여 자신이 부족한 부분이 어디인지 찾을 수 있게 했다. 모두 균형 잡힌 삶을 살았고, 한 가지나 좁은 분야가 아닌 다양한 분야에서 풍성하게 배움을 경험했다. 최고의 학생들이 자신이 받았던 폭넓은 교육과 그 배움의 경험을 활용해 자신의 정신을 성장시켜 창의성을 높이고, 공감 능력과 호기심, 비판적 사고 능력을 갖추어 삶의 온갖 난제들에 맞서며 적응 능력을 발휘한 방식이 무엇인지도 살펴볼 것이다.

마지막으로 우리가 연구했던 사람들은 문제를 회피하지 않고 정면으로 맞섰다. 그 덕분에 그들 중 많은 사람이 학문적으로도 눈부신 업적을 쌓았다. 마지막 8장에서는 깊이 있게 배우면서 동시에 높은 점수를 얻는 방법을 살펴보고자 한다. 하지만 그들이 그 이상으로 자신의 고유한 정신의 역동적인 힘을 키워 세상에 크게 기여하고, 자기 삶에 의미를 부여하는 방식으로 공부, 독서, 글쓰기 등을 실천한 방법을 어떻게 배웠는지도 함께 알아볼 것이다.

예술과 삶이
조화를 이룰 때 ─────

어니스트 버틀러Ernest Butler는 어린 시절 텍사스주 동부와 중부에 있는 소도시 여러 곳을 거쳤다. 그의 부모는 지역 학교의 교사였다. 텍사스주의 소도시에 사는 많은 아이처럼 어니스트 역시 부모가 변두리의 작은 땅을 구해 지은 농사를 도왔다. 한두 마리의 소를 돌보며 농촌의 평평한 선과 리듬, 질감을 흡수했다. 어니스트는 아침 일찍 일어나 가축들에게 사료를 먹이고, 그 밖의 허드렛일을 배웠다(일찍 일어나는 습관은 대학생이 될 때까지 이어졌다). 클라리넷 연주자였던 베니 굿맨Benny Goodman의 음악을 좋아해 클라리넷도 배웠다.

세라 굿리치Sarah Goodrich는 텍사스주 샌안토니오에서 자랐다. 히스패닉의 문화유산이 많고 그 풍토가 강한 도시였다. 주민 중 거의 절반이 스페인어를 썼다. 자연스럽게 세라도 스페인 문화와 언어에 매료되었고, 자신의 어머니처럼 교사가 되고 싶었다. 무남독녀였던 세라는 여름이면 멕시코 북부 시에라마드레산맥 높은 곳에 있는 살티요까지 가족과 여행을 떠나고는 했다.

세라와 어니스트는 고등학교를 졸업한 후 대학에 입학해 베이커 교수의 '능력 통합' 강의를 함께 수강했다. 그들은 이 강의에 대해 이렇게 회고했다.

"완전히 신세계가 열린 느낌이었어요. 그 강의에서 연극, 음악, 건축, 창의성을 발견했죠."

대학에서 세라는 교육학과 스페인어를 공부했다. 어니스트는 화학에 주력했고, 필수 과목보다 많은 역사 과목을 수강했으며, 의학전문대학원에 진학할 계획도 세웠다. 하지만 두 사람 또한 베이커 교수의 강의를 통해 삶이 바뀌는 경험을 했다. 예술과 창의성을 탐색했던 이 생생한 경험은 이후 두 사람의 거의 모든 활동에 영향을 끼쳤다. 베이커 교수의 강의실을 거쳐 간 수많은 다른 학생처럼 그들 역시 이 예술적인 활동들이 어떻게 자신의 기존 사고 패턴을 뒤집고, 정신을 자극하는지 알게 되었다. 여기서 가장 중요한 점은 두 사람 모두 자신의 창의력을 스스로 발견했다는 것이다.

어니스트는 대학 졸업 후 의학전문대학원에 진학했고, 세라와 결혼했다. 그 후 이비인후과 전문의가 된 어니스트는 오스틴에서 병원을 개업했다. 그의 병원은 미국의 대규모 이비인후과 병원 중 한 곳이 되었다. 개업하고 몇 년 안 되어 어니스트는 청력 검사용 방음실을 제작했다. 그는 파산 위기에 처한 회사를 사들였고, 그 회사를 업계에서 세계 최대로 키워냈다. 어니스트는 방음실 제작 사업을 확대해 음악가들을 위한 연습실과 라디오 방송국용 부스까지 제작했다. 세라는 고등학교에서 스페인어를 가르쳤다. 그녀는 스페인에서 몇 년간 여름을 보내기도 했다. 어니스트와 세라는 지역 예술단체에서도 활동했다. 부부는 자신의 사고 패턴에 새로운 자극을 줄 수 있는 예술 작품들을 찾아다녔다. 또한 시간과 돈을 아낌없이 내놓으며 텍사스주 중부 도시의 음악계, 무용계, 연극계뿐만 아니라 오페라와 박물관 등을 바꾸는 데도 기여했다. 미술관, 장학기금, 리사이틀홀, 우수과학교육자상 등 여러 기획에 수백만 달러를 기부했다. 부부가 행한 자선 활동 중에는 텍사스대학교 오스틴캠퍼스 음악대학원에 5500만 달러를 기부한 엄청난 사례도 있다. 어니스트와 세라는 예술 작품에서 오는 아름다움 그리고 통합과 도전 정신을 지원하는 데 거액을 쾌척했다.

그러나 그들에게 완전한 신세계를 열어주었던 베이커 교수의 강의에서 스스로 발전시킨 창의성 그리고 자신에 대해 배운 것이 가장 크게 발현된 영역이 지역사회에 기부한 돈의 액수에서만은 아니다. 그것들이 발현된 영역은 바로 어니스트와 세라가 베이커 교수의 강의를 통해 이전과는 달라진 모습, 그들이 스스로 찾아 발전시킨 가치, 부와 행운을 대하는 겸허한 태도, 자신들의 부를 활용해 예술의 힘과 아름다움을 타인에게 전하고자 했던 방식에서다. 극장처럼 꾸민 '스튜디오1 강의실'의 회전의자에 앉아 강의를 수강했던 그날 이후, 어니스트와 세라는 자기 존재의 모든 측면으로 예술을 흡수했다. 그리고 다양한 형식의 예술, 삶, 공동체 사이에서 조화를 느끼는 법을 배웠다. 우리는 세라에게 집에 예술 작품이 많은지 물었다.

"아, 아니에요. 그런 건 아무 소용 없어요. 저희는 여러 해 동안 평범하게 보통 사람들이 사는 규격형 주택에 살았어요. 수집한 예술 작품들을 모두 전시할 만큼 큰 집도 아니었죠. 저희는 예술을 모두와 공유하고 싶었어요. 그래서 예술 작품을 미술관에 기부해 지역사회의 일부가 되도록 했죠."

내 안에 숨은 열정 ———

어느 날 윌 앨런Will Allen이 밭에서 상추를 따는데, 전화가 울렸다. 훤칠하게 키 큰 농부이자 전직 농구 선수였던 윌이 전화를 받았다. 수화기 너머에서 질문을 던졌다.

"혹시 '맥아더 천재상'에 관해 들어보신 적이 있을까요?"

윌은 들어본 적 없다고 대답했다.

"저희가 선생님을 3년 정도 지켜봤는데요, 선생님께서 올해 맥아더 천재상 수상자 중 한 분으로 선정되셨습니다. 향후 5년간 50만 달러를 받으실 거고, 그 상금으로 선생님께서 하시고 싶은 일은 뭐든 하셔도 괜찮습니다."

전화를 건 사람이 말했다. 세월이 지난 뒤 이 일을 회상하면서 윌은 자신이 하마터면 그 전화를 끊을 뻔했다고 실토했다. 맥아더 재단이 매년 창의적인 일을 해온 몇 명을 선정한 다음, 느닷없이 선정자에게 전화를 걸어 50만 달러를 수여한다는 것을 알린다는 사실을 전혀 알지 못했기 때문이다.

월 역시 리즈처럼 특정 토양, 특정 가정에서 태어나 자랐다. 그는 '토양'이라는 뿌리를 활용해 세계에서 가장 창의적이고 전도유망한 실험을 진행했다. 월의 부모는 사우스캐롤라이나주에서 소작농으로 일하다 워싱턴 D.C. 외곽의 메릴랜드주 남부로 이주한 뒤 작은 땅을 사서 농사를 지었다.

"형편이 넉넉지 못했어요. 그래서 물건을 많이 살 수 없었지만, 집에서 재배한 영양가 높은 식재료가 늘 풍부했죠."

13세 때 월은 복숭아 바구니를 늙은 참나무에 매단 뒤 농구를 시작했다. 10대 때 이미 198센티미터의 호리호리한 체격이었던 월은 농구에서 빠르게 두각을 드러냈다. 곧 3년 연속 전미 고교 최고 선수에 올랐을 정도로 뛰어난 농구 선수로 성장했다. 100곳이 넘는 대학에서 선수 제안을 받은 월은 마이애미대학교를 선택했다. 월은 남부 플로리다 대학 팀 대항전에서 뛴 최초의 아프리카계 농구 선수가 되었다.

월은 학교에 입학하기 전, 동네 이웃에게 글을 배웠다. 글을 가르쳐준 이웃과 함께 셰익스피어의 연극 〈오셀로〉를 보러 갔던 날은 월에게 잊지 못할 추억이 되었다. 몇 년이 지나고도 그는 그 연극을 기억했고, 이야기의 힘에 감동했다. 사실 월은 6학년 때까지 메릴랜드주 몽고메리에 있는 흑인 학교에 다녀야 했다.

"백인 아이들이 다니는 학교에서 쓰던 교과서를 물려받아 썼어요. 교과서는 페이지가 군데군데 빠져 있었고, 낙서도 많았죠. 그런 책은 읽기 쉽지 않아요. 마이애미대학교에 입학할 때 KKK단 사람 몇몇이 반대했지만, 일은 대체로 순조롭게 풀렸어요."

월은 체육학과 사회학을 전공했지만, 필수 과목 외에 역사 과목을 더 수강했다. 흥미를 느꼈기 때문이다.

"졸업하고 벨기에에서 활동할 때 유럽사 지식이 큰 도움이 됐어요."

부모의 농장을 떠나 대학에 진학하면서 월은 다시는 농사일을 하지 않겠다고 다짐했다. 나무를 베고, 밭의 잡초를 뽑는 등 운동하기 전 매일 무조건 해야 했던 집안일은 무척 힘들었다. 그래서 대학에 입학하면 농사일과는 안녕을 고하고, 자유를 찾을 수 있으리라 기대했다. 그러나 공교롭게도 그가 맥아더 천재상뿐만 아니라 전미대학체육협회가 수여하는 '시어도어 루즈벨트상'을 받게 된 이유는 바로 그가 했던 농사일 때문이었다. 수상 이유가 된 월의 창의적 활동은 그가 농장에서 배운 유산을 활용하는 법을 배운 후였다. '테디상(시어도어 루즈벨트상의 별칭)'을 받은 사람 중에는 네 명의 미국 대통령, 상원의원, 국무장관, 우주비행사 그리고 유명 심장외과 의사가 있다. 최초의 테디상 수상자는 미국의 제34대 대통령인 드와이트 아이젠하워Dwight Eisenhower다. 월이 이 상을 받은 이유는 다름 아닌 그가 '도시 농부'였기 때문이었다.

벨기에에서 농구 선수로 활동하던 시절, 월은 팀원의 가족 농장에서 감자 심는 일을 도운 적이 있었다. 이때 그는 자신이 농사에 대한 열정을 지니고 있음을 발견했다. 이후 월은 미국으로 돌아와 오하이오주 신시내티에 있는 한 회사에서 근무하다 밀워키 외곽에서 농사를 짓기 시작했다. 그의 아내도 밀워키 출신이었다. 월은 밀워키 도심부 경계에 남아 있던 마지막 농장을 인수했다. 2500평 남짓한 땅에서 그는 자신의 역사와 가치에서 비롯된 '혁명'을 시작했다.

윌은 '그로잉파워Growing Power'라는 비영리 회사를 세우고 CEO가 되었다. '도시살이'의 근본적인 문제 중 하나를 해결하기 위해 세운 회사였다. 전 세계 대도시에 사는 사람들은 대개 자신이 먹는 음식의 식재료를 재배할 줄 몰라 농사짓기를 포기한다. 그들은 대기업에 의지해 먹거리를 구하지만, 대기업이 만드는 식품들은 환경에 해를 끼치기 때문에 지속되기 어려운 조건에서 재배된다. 이러한 이유로 대도시 사람들은 주로 합성 식품을 섭취하며, 영양가 높은 유기농 식품보다 화학 성분이 잔뜩 들어간 음식을 먹는다. 도시의 실직자라면 먹고 살 수단이 아예 없다. 윌의 회사는 그러한 사람들에게 대도시에서 먹거리를 재배하는 법을 소개했다.

밀워키 도심의 2500평짜리 농지에서 시작된 회사는 최초의 지역사회 푸드센터로 성장했다. 푸드센터는 먹거리를 재배하는 새로운 방식들을 실험했고, 지역민과 협력하여 그들이 농산물을 스스로 재배할 수 있도록 도왔다.

"작은 슈퍼마켓만 한 공간에 2만 개의 식물과 채소, 물고기 수천 마리, 닭과 염소, 오리, 토끼 등의 가축과 꿀벌이 살고 있습니다."

그로잉파워 홈페이지에 실린 홍보 문구다. 그로잉파워는 밀워키뿐만 아니라 일리노이주 시카고에서도 전통적인 농업 기법과 도시 환경에 맞게 개발한 첨단 기법들을 활용해 사람들이 식재료들을 재배하도록 돕고 있다. 여기에 그치지 않고 미국 남부 지역과 뉴잉글랜드의 여러 주에도 교육 센터를 설립했다. 그로잉파워는 이 시스템이 안전하며, 지역사회의 모든 사람에게 건강에 좋은 양질의 식품을 적정가로 제공한다고 설명한다. 그로잉파워의 미래 계획에는 5층짜리 혁신적 수직농장을 건설하는 일도 포함되어 있다.

이 농업 혁명을 일으킨 창조적 천재인 윌은 그저 베이커 교수가 '능력 통합' 강의로 학생들에게 가르쳤던 방식을 똑같이 따랐을 뿐이다. 윌은 자신의 삶을 들여다보고, 새로움을 끌어냈다. 그는 도시라는 공간을 분석했고, 도시에서 먹거리를 재배해 유통하는 데 걸리는 시간을 분석했다. 누구도 하지 못했던 시공간 사용법을 고민한 것이다. 사실 윌은 대규모 저소득층 주택 지원 사업을 진행한 곳에서 저소득층 가정이 스스로 먹거리를 생산할 수 있도록 도와달라는 요청 때문에 이 '극적 실험'을 시작했다. 그는 사업을 진행한 사람들의 헌신에 경탄했다. 또한 일찍이 부모가 윌에게 불어넣었던 남을 돕는 것의 가치와 자신이 살던 곳의 아이들이 보여준 결단력에서 영감을 얻었다. 그뿐만이 아니다. 윌은 좋은 아이디어를 마주할 때 가능성을 알아보는 법도 알았다. 도시형 농장을 짓는 과정에서 윌은 폐쇄 시스템 내 어류와 채소를 재배하는 '아쿠아포닉스aquaponics'부터 음식물 쓰레기로 에너지를 생산하는 혐기성 소화조에 이르기까지 광범위한 기술들을 연구했다. 그 결과 폐기물 대부분을 재활용함으로써 화학 비료에 의지하지 않는, 지속 가능한 농업 체계를 만드는 새로운 퇴비화 방법을 개발했다. 이 도시 농부는 현재 이 방법을 가르치면서 전파하고 있으며, 연간 예산으로 600만 달러를 쓰는 회사를 경영한다. 그리고 이 예산은 계속 늘고 있다.

평범한 소작농의 아들이었던 윌은 비영리 회사인 그로잉파워의 창립자이자 CEO로서 《타임》이 선정한 '세계에서 가장 영향력 있는 100인'에도 이름을 올렸다. 백악관에도 초대받은 윌은 당시 영부인이었던 미셸 오바마_{Michelle Obama}의 아동·청소년 비만 예방 캠페인을 도왔고, 여러 대학과 지역사회 지도자에게도 도시 농업에 대한 자문을 제공했다. 나아가 이제 윌은 세계 식량 정책과 새로 부상하는 농업기술 분야에서도 존경과 신망을 한 몸에 받고 있다. 테디상을 받았을 때 그는 기자에게 이렇게 말했다.

"이 상은 정말 가치가 큽니다. 체육 특기생도 오락적 상징을 넘어서는 존재가 되겠다고 꿈을 품을 수 있단 증거니까요."[4]

물론 윌은 농구 선수로 활약하던 시절도 소중하게 여긴다. 그는 팀에서 인간관계를 맺어본 경험을 통해 그로잉파워가 도시 농업에서 주요 역할을 하도록 만들 수 있었다고 말했다.

"인간관계야말로 대학에서 가장 큰 영향을 받은 경험이었습니다."

그러나 그는 잊지 않고 덧붙였다.

"경기하는 모습을 보여주는 거와는 다른 방식으로, 자기 삶의 긍정적인 일을 통해 타인의 삶에 영향을 끼치는 건 얼마든지 가능합니다."

하지만 본인에게 가장 중요한 창조가 무엇이냐고 물었을 때 윌은 도시 농업이나 농구 선수로서의 성과는 언급하지 않았다.

"아내를 도와 멋진 세 아이를 길러낸 일이죠."

창의력은 수많은 형식을 띠는 법이다.

2장

어떤 배움을 선택할 것인가

모바일 컴퓨터 장치를 설계해 세상을 바꾼 제프 호킨스 Jeff Hawkins 는 롱아일랜드 북쪽 해안가에 살았다. 아버지, 두 형제들과 함께 이런저런 물건을 고안하며 놀고는 했는데, 대개는 주로 엉성하고 희한하게 생긴 배를 만들었다.

"저희 집은 〈우리 집의 낙원〉이란 영화와 닮은 구석이 있었어요."

훗날 제프가 한 말이다. 저녁 식사 시간이 되면 아버지와 세 형제는 허겁지겁 밥을 먹고 거대한 차고로 달려갔다. 차고는 집의 나머지 공간들을 모두 합친 것보다 컸다. 이 마법 같은 공간에서 네 사람은 플라스틱, 금속, 목재를 뚝딱거리며 희한한 배를 만들어냈다. 일요일 오후마다 롱아일랜드해협의 물살을 가르는 선박들과는 전혀 다른, 마치 외계 비행선을 닮은 배였다.

제프는 '뚝딱이지' 않을 때면 자전거를 타고 도서관으로 갔다. 그곳에서 역사, 사회, 과학 관련 책들을 탐독했다. 수학 게임을 다룬 책에도 큰 흥미를 느꼈던 제프는 고등학생 때 수학 동아리에도 가입했다. 그는 마술에도 흥미를 느꼈다. 친구들을 놀라게 할 신비한 속임수가 궁금했던 것은 아니다. 우주에 관해 자신이 알고 있는 모든 지식에 들어맞지 않는 그 뻔한 속임수에 사람들이 어떻게 속아 넘어가는지 궁금했기 때문이다. 제프는 머릿속에 세상의 작동 방식에 관한 모델을 세웠고, 무언가 그 모델에 맞지 않는다고 판단하면 그 이유를 알고 싶어 했다. 장차 IT업계에서 거목이 될 이 청년은 같은 이유로 음악에도 관심을 가졌다. 마찬가지로 연주나 공연에 관해서가 아니라 다양한 소리가 서로 다른 사람들에게 호소력을 갖는 이유가 궁금했기 때문이었다. '사람들은 왜 어떤 특정 음악에 감동할까?' '사람들이 특정 패턴의 소리는 즐겨 듣는데, 그 외의 소리는 듣지 않는 이유가 뭘까?'

코넬대학교 신입생 시절 제프는 자신이 탐구하고 싶은 네 가지 주제를 미리 작성했다. '첫째, 존재의 이유는 뭔가?' 아무것도 없는 상태, 즉 '무無의 상태'가 훨씬 더 개연성이 높아 보이는데 말이다. 이는 제프가 모바일 컴퓨터 장치를 최초로 개발한 뒤, '팜Palm'과 '핸드스프링Handspring'이라는 회사를 10억 달러 가치의 회사로 키우고 나서 한참 시간이 흐른 후에야 그가 한 말이기도 했다. '둘째, 우주의 존재를 전제한다면, 지금 존재하는 물리법칙은 왜 생기는 걸까? 전자기장은 왜 존재하며, 'E=mc²'이라는 공식은 왜 존재할까?' '셋째, 생명이 존재하는 이유는 뭘까? 생명이 갖는 성질은 뭘까?' '넷째, 생명의 존재를 전제한다면, 지능의 성질은 과연 뭘까?'

"죽기 전 최소한 마지막 질문의 답만큼은 찾을 거라고 생각했습니다."

제프는 성적이 좋았지만, 수석을 차지한 적은 단 한 번도 없었다.

"강의는 충실히 수강했고, 공부도 필요한 만큼 했지만 1등에 목맨 적은 없어요."

제프는 대개 강의실 앞줄에 앉아 강의에 집중했고, 성실히 과제를 수행했다. 하지만 자신이 매력을 느끼는 일에 더 매진했다. 자신의 탐구 주제들에 대해 단순한 대답으로는 절대 만족할 수 없었던 제프는 더 깊이 있게 이해하기 위해 노력했다.

"마술을 예로 들자면 속임수의 비밀뿐만 아니라 사람들이 그 마술에 어떻게 속아 넘어가는지까지 따지는 겁니다."

제프는 역사를 공부할 때면 원인과 결과를 찾았고, 공학을 공부할 때면 작동 원리를 이해하고자 했다. 그 과정에서 자신이 탐구하는 주제 대부분이 뒤져볼 만한 자료가 있거나 간단한 답으로 해결할 수 있는 것이 아니라는 사실도 깨달았다.

대학에 입학한 제프는 위대한 스승을 만나거나 인생을 바꿀 만큼 굉장한 강의를 수강하지는 못했지만, 자유를 만끽할 수는 있었다. 그러던 중 제프는 곧 두 가지에 애착을 갖게 되었다. 하나는 물리학, 또 하나는 훗날 결혼을 약속한 여성이었다.

"인생에서 누군가를 만난단 건 어마어마한 변화였어요."

제프는 대학에 대해 또 다른 사실도 깨달았다. 의제의 대부분을 타인이 설정한다는 점이었다.

"대학의 문제는 스스로 흥미를 느끼는 주제와 학교에서 주는 과제의 주제가 늘 일치하진 않는단 겁니다."

제프는 이렇게 지적했다. 하지만 그 또한 주어진 과제가 자신의 우선순위가 아니더라도 일단 수행했다. 주어진 과제를 끝내고 난 다음 자신을 사로잡던 질문을 찾아 그에 대한 답을 탐구했다.

"과제가 있으면 물론 그 과제를 먼저 하긴 했지만, 제가 진짜 흥미를 느끼는 것들만큼은 철저히 공부했어요."

그는 이러한 탐구 활동을 통해 분야를 막론하고 '왜'와 '어떻게'를 질문하며 깊이 있는 접근법을 배웠다. 그리고 모든 것을 연결해 보려 노력했다. 그에게는 머릿속에 세상의 작동 방식에 관한 모델을 계속 구축해 나가는 것이 가장 중요했다.

"어떤 모델을 구축하는 일은 보통 수학적이지만 음악이나 경영, 공학에서도 가능합니다."

제프가 힘주어 말했다. 어렸을 때부터 그는 세상을 이해하기 위해 이러한 사고 패턴과 추상적 모델을 구축해 왔다. 이후 제프는 대학에서 강의를 수강하며 확장된 지식을 기반으로 자신의 모델을 훨씬 더 정교하게 조립해 나갔다. 그는 배운 것을 토대로 이론을 세웠고, 개념을 발전시켰으며, 가능성과 확률을 상상했다. 제프는 자기 삶의 조각들을 이리저리 만지작거리면서 배열한 것이다. 그러자 마침내 인상, 혼돈, 모순으로 어둑했던 제프의 세상에서 새로운 통찰이 서서히 모습을 드러냈다.

삶을 결정하는
세 가지 학습법 ─────────

현재 성공적인 학교생활, 나아가 성공적인 인생을 사는 사람들에 대해 우리가 잘 안다고 자신했던 것들은 크게 변하고 있다. 수십 년 전만 해도 제프 같은 사람들은 평범한 학생이 절대 도달할 수 없는 특이한 존재, 즉 대부분은 끝까지 이해하지 못할 개성과 초지능 혹은 신비함과 기발함을 모두 갖춘 특별한 존재로 받아들여졌다. 그러나 시간이 지날수록 많은 연구를 통해 평범한 학생도 제프의 학습 접근법을 충분히 습득할 수 있을 뿐만 아니라 오히려 제프처럼 공부하지 않으면 대학에서의 경험이 무의미해질 수 있음이 점점 밝혀지고 있다. 마치 지진 같은 대격변을 방불케 하는 이 거대한 변화의 흐름은 하루아침에 이루어지지 않았다. 게다가 이에 대한 인식도 별로 없다. 이러한 변화는 '정신의 역동적 힘'이라는 본질을 파악한 폴 베이커 교수를 비롯한 다른 사람들의 아이디어에서 시작되었고, 이후 전문성, 학습 의도, 대학에서 경험한 배움, 동기에 관한 중요 연구와 이론 등으로 이어졌다. 우리는 '최고의 학생들'을 연구한 결과들을 종합하여 대학 생활과 졸업 후 성공적인 삶을 일구는 데 필요한 강력한 방편들을 제시하고자 한다.

이 주제를 다룬 첫 연구는 50여 년 전 스웨덴의 어느 대학에서 실시한 실험이었다. 이 연구와 후속 연구를 통해 심리학자들은 대학생들이 세 가지 기본적인 학습 접근법 중 한 가지를 부지불식간에 택하며, 이렇게 택한 방식이 졸업 후 삶의 대부분을 결정한다는 사실을 발견했다. 더 나

　　　　　　　　　　　　　　　　　2장. 어떤 배움을 선택할 것인가

아가 (이것은 희소식인데) 학생들은 누구나 이러한 학습 접근법 중 자신에게 맞는 최상의 방식을 선택해 발전시킬 수 있다. 하지만 안타깝게도 대부분 잘못된 방식에 익숙해져 가장 효과적인 접근법을 사용하지 않는다. 왜 그럴까? 자세한 내용은 나중에 살펴보기로 하자. 우선 이 세 가지 접근법 또는 학습 동기가 무엇인지 알아보자.

예테보리대학교에서 실시한 연구에서 심리학자들은 실험에 자원한 학생들에게 글 한 편을 주고 읽게 했다.[1] 학생들은 빠르게 읽어 내려갔다. 읽는 속도가 유난히 빠른 학생도 있었다. 하지만 글을 읽는 속도보다 훨씬 더 중요한 요인은 따로 있었다. 학생들을 인터뷰한 결과 일부 학생들은 자신이 읽은 내용을 최대한 많이 기억하려 했다고 대답했다. 심리학자들이 '피상적 학습자'라 칭하는 이러한 유형의 학생들은 글에서 자신이 기억해야 할 사실과 단어를 찾고자 했고, 누군가 자신에게 질문할 가능성이 있는 부분이 어디일지 예상했다. 후속 연구에서 피상적 학습자들은 주로 시험을 통과하기 위한 목적으로만 글을 읽고, 읽은 내용이 무엇이든 자신에게 전혀 적용하지 않는다는 사실이 밝혀졌다.[2]

반면 글을 읽는 목적이 전혀 다른 학생들도 있었다. 그들은 글 이면의 의미를 파악하고, 함의와 적용 가능성을 생각하며 글의 논지를 캐고 싶어 했다. 또한 논지를 뒷받침하는 근거와 결론을 구분했다. 그들은 하나의 아이디어나 논리 전개 방식 또는 사실이 글에서 어떤 차이를 만드는지, 이미 배운 것들과는 어떤 연관이 있는지 알아내고자 했다. 이러한 '심층적 학습자'들은 5세쯤 된 어린아이가 보물찾기하듯 열의를 갖고 글을 읽되 분석, 종합, 평가, 이론화 기술 등을 함께 활용했다.

이 연구 이후 심리학자들은 학생들이 취하는 또 다른 학습 접근법을 한 가지 더 알아냈다. '전략적 학습자'들은 좋은 성적을 받는 데 주력했다. 대개는 대학원이나 전문학교 진학을 위한 목적에서였다. 이러한 유형의 학생들은 강의실에서 뛰어난 성과를 보였고, 높은 성적으로 부모에게 자부심을 안겼다. 그들은 여러 면에서 심층적 학습자와 비슷해 보이지만, 근본적인 관심사는 다르다. 그들은 교수가 원하는 바를 어떻게 알아낼지, 시험에서 어떻게 최상위 성적을 거둘 수 있을지에만 신경을 곤두세운다. 그 과정에서 자신의 사고 패턴과 행동, 감정을 바꾸는 무언가를 배운다면 그것은 대개 우연히 발생하는 일이다. 그들에게 자신의 변화는 궁극적인 목적이 아니기 때문이다. 그저 명예롭게 졸업하는 일, 그에 수반되는 인정 욕구가 동기의 전부다.

공부에
흥미를 잃는 학생들 ──────────

성적 우수자 명단에 오른 이름은 모두 근사해 보인다. 성적 우수자들이 많이 포진된 전략적 학습자 유형의 학생들은 다른 참신한 방법을 시도했다가 성적이 떨어질 수도 있다는 두려움 때문에 좀처럼 위험을 감수하려 들지 않는다. 그들은 미지의 숲을 탐험하는 '지적 여행'을 떠나는 법도 없고, 호기심을 탈것 삼아 모험과 상상의 세계로 들어가는 법도 없다. 대학을 대하는 방식도 남다르다. 경외심이나 호기심보다 그저 대학생으로서 해야 할 일의 목록만을 들고 입학한다. 그래서 전략적 학습자들은 개념보다 절차 위주로 공부한다. 가령 그들은 미적분 문제를 푸는 절차를 단계별로 따라가기는 하지만, 그 문제를 뒷받침하는 개념은 거의 이해하지 못한다. 애초에 이해하려고 하지 않았기 때문이다. 전략적 학습자들에게 너무 박한 평가가 아니냐고 불만을 가질 수 있으니 최대한 공정하게 말하자면, 전략적 학습자들이 순진하게 '전략적' 학습법을 택하는 이유는 이러한 방식으로 공부하라고 배웠고, 그 방식밖에 모르기 때문이다. 다시 말해 그들이 전략적 학습법을 취하게 된 이유는 조건 형성 때문이라는 뜻이다(이에 대해서는 곧 살펴볼 것이다). 전략적 학습자들은 어떤 문제를 풀고도 똑같은 개념을 다루는 다른 유형의 문제는 제대로 풀지 못한다. 그들은 화학이나 물리학 시험에서 올바른 공식을 찾아 정확한 숫자를 대입하고, 짜임새 있는 글에 올바른 단어를 집어넣을 줄도 알지만 이 모든 활동은 그들의 사고 패턴과 행동, 감정에 큰 영향을 끼치지 않는다.

일본의 이론가들이 말했듯 전략적 학습자들은 '틀에 박힌 전문가'로 성장할 수 있다. 틀에 박힌 전문가는 자신이 하는 일의 절차를 모두 알지만, 창의적인 사람은 되지 못한다. 삶의 문제가 특정 규범을 따르지 않을 때 틀에 박힌 전문가는 적응하지 못한다.[3] 그들은 새로운 상황을 다루기 어려워하며, 새로운 사고 패턴이나 행위 방식을 창안하는 개척자도 될 수 없다. 또한 낯선 문제를 마주하면 좌절감을 느끼며 뒤로 물러선다. 반면 '적응 전문가'들은 일상의 절차를 다 알고 있을 뿐만 아니라 최고의 학생들과 심층적 학습자 모두에게서 발견되는 다른 자질들도 갖추고 있다. 적응 전문가들은 새로운 것을 창안할 수 있는 기회와 그 필요성을 반기고 또 즐긴다. 그들은 미지의 것에 도전하고, 지극히 어려운 문제들을 다루며, 즉흥성을 발휘하고, 예상치 못한 장애물을 극복하는 것을 마다하지 않는다. 기후 변화로 인한 문제들을 해결하거나 불황을 극복하고 세계 곳곳에서 벌어지는 전쟁을 끝내려면 우리 사회에는 적응 전문가들이 필요하다. 틀에 박힌 전문가는 유연한 상상력을 사회에 제공하지 못한다.

전략적·피상적 학습자의 문제는 그뿐만이 아니다. 그들은 공부하는 것에도 금방 흥미를 잃고 지루해하며 불안을 느끼고, 심지어 우울해한다. 또한 새로운 문제에 도전하는 것을 즐기지 않는다. 가장 큰 문제는 그들이 깊이 배우지 못한다는 것이다. 앞서 A를 받았지만, 운동 원리를 이해하지 못했던 물리학과 학생들을 기억하는가? 그들이 바로 전략적 학습자다. 올바른 공식에 끼워 넣어 정답을 찾는 법은 알지만, 운동 원리에 대해서는 제대로 이해하지 못했다. 영문학이나 역사학 강의를 수강하는 학생들도 마찬가지다. 그들은 다섯 문단짜리 글 정도는 눈 감고도 척척 써내지만, 그들이 쓴 글은 대부분 그들 자신에게 큰 영향을 주지 못한다. 그들이 받은 교육은 훗날 그들의 사고 패턴이나 행동, 감정에 기껏해야 미미한 영향만 줄 것이다. 그들이 대학을 평생 해야 하는 흥미진진한 '라이딩riding'이 아니라 뛰어넘어야 할 장애물로 대했던 것도 별로 놀랄 일이 아니다.

다만 여기서 분명히 짚어두어야 할 점이 있다. 어떤 대상이나 주제를 이해하려 할 때 그것을 기억하려 애쓴 다음, 다른 것들과 연결하려는 시도는 단순히 시험을 통과하기 위해 머릿속에 정보를 주입하려는 시도와는 근본적으로 다르다는 점이다. 깊이 있게 접근한다는 것은 자신이 학습 주체가 되어 스스로 배움을 조율하고 이해하겠다는 결단을 내린다는 의미다. 즉 새로운 것을 창조하고, 글에 숨은 함의를 찾으려 노력하며, 책에 적힌 단순한 기호 너머 존재하는 의미들이 수천 가지 삶의 측면과 자신의 개인적 성장과도 연결되어 있음을 인식하는 것이다. 이러한 학습 의도는 동기와 밀접하게 얽혀 있으며 내적 추진력을 받아 발전한다. 동시에 내적 추진력에 필요한 연료와 방향성도 제공한다. 우리가 연구한 최고의 학생들은 단순히 공부만 스스로 조율하지 않았다. 그들은 자기 삶과 사고 패턴에 변화를 만들 배움도 스스로 창조했다.

얼마 전 만난 어느 대학생은 이러한 학습 의도를 완전히 잘못 이해하고 있었다. 내가 "중요한 시험을 앞두고 있군요. 긴장했나 보네요"라고 말하자 그 학생은 이렇게 대답했다.

"네, 맞아요. 하지만 괜찮을 거라고 생각해요. 스무 개 정도의 용어만 외우면 되거든요. 작년에 같은 강의를 수강했던 친구가 시험엔 그 정도만 나올 거라고 말해줬어요. B만 받으면 평점에 큰 영향은 없을 거예요."

이 학생의 말에서 나타나는 패턴에 주목하라. 실패를 두려워하는 학생들은 불안 때문에 잠을 설치기 일쑤다. 그들은 걱정에 시달리다 결국 연관성 없는 별개의 사실들을 암기하기로 하고, 그 암기가 자신의 구원투수가 되리라 생각한다. 어쩌면 그 방법으로 시험에 통과하고, 해당 과목에서 낙제를 면할 수도 있다. 물론 정반대일 수도 있다. 그러나 이런 유형의 학생들에게는 성공이든 실패든 다 무의미하다. 이러한 과정에서는 무엇을 공부했든 그 배움이 지속적인 영향력을 발휘하지 못하기 때문이다. 피상적 학습자라면 당연히 공부에 곧 흥미를 잃게 된다. 특정 과목에서 낙제나 면하는 데 에너지를 모두 써야 한다면 과연 누가 공부에 관심과 흥미를 유지할 수 있겠는가?

물론 전략적 학습자들이 절대로 깊이 있는 배움을 얻지 못한다거나 심층적 학습자들이 늘 깊이 있는 지식만 판다거나 피상적 학습자들이 절대로 아무것도 이해하지 못한다는 말은 아니다. 지난 30여 년 동안 연구하며 얻은 결론은 학생들이 **대체로** 자신의 공부와 배움의 지침이 되어 줄 강한 학습 의도를 발전시킨다는 것이었다. 전략적 학습법, 심층적 학습법, 피상적 학습법, 이 세 가지 중 학생들은 하나의 학습 접근법을 선택해 발전시킨다. 이때 선택에 가장 큰 영향을 미친 의도가 그들의 삶도 형성한다. 많은 학생이 깊이 있는 배움을 얻지 못하는 이유는 그들이 학계에서 살아남거나 두각을 드러내는 정도, 그 이상을 의도하지 않았기 때문이다.

어떻게
공부할 것인가 ──────

여전히 많은 사람이 학습 의도 따위는 중요하지 않다고 생각하는 듯하다. 좋은 독서법이나 공부법을 가르치기만 하면 학생들이 그 방법에서 배운 전략들을 활용하리라 믿는 것이다. 이는 '우수한 학생이 되는 법'을 다룬 수백 권의 책을 살펴보면 쉽게 찾을 수 있는 접근법이다. 이러한 공부법 관련 책들은 의도나 동기에 대해서는 전혀 언급하지 않는다. 대신 수많은 공부 요령과 학업 성공 비결만을 소개한다. 물론 읽기, 글쓰기, 계산 능력도 훌륭히 길러야 하고, 공부하는 데 노력이 많이 드는 것도 사실이다. 하지만 깊이 있게 배우고자 하는 의도가 없다면 아무리 많은 '공부의 기술'을 익히더라도 기대한 성과에 미치지 못할 수 있다. 이는 미국의 심리학자 수전 보빗 놀런Susan Bobbitt Nolen이 벌써 수년 전에 발견한 사실이다.

놀런은 일련의 연구에서 학생들에게 언제 가장 성공했다는 느낌을 받는지 질문했다.[4] 일부 학생들은 다른 학생들보다 높은 점수를 받아 자신이 더 똑똑하다는 것을 증명할 때라고 답했다. 놀런은 그들을 '자아 지향형'으로 분류했다. 자아 지향형은 우리가 전략적 학습자로 분류했던 유형에 해당한다. 반면 또 다른 일부 학생들은 새로운 아이디어를 얻거나 배운 것을 통해 더 공부해 보고 싶다는 생각이 들 때라고 답했다. 놀런은 그들을 '성장 지향형'으로 분류했다. 성장 지향형은 우리가 심층적 학습자라고 분류한 유형에 속한다.

놀런은 학생들의 독서 습관을 통해서 자아 지향형 학생들이 더 나은 독서법을 배워도 그것을 피상적으로 사용하는 경향이 있다는 사실도 발견했다. 자아 지향형 학생들은 대체로 읽은 내용을 암기하려고만 했고, 반복해 읽으면서 새로운 단어를 기억하려 애썼다. 반면 공부하는 것 자체를 즐겼던 성장 지향형 학생들은 가르쳐주지 않아도 훨씬 더 깊이 있게 접근했다. 그들은 근본 주장이 무엇인지 찾아보고, 어떤 정보가 가장 중요한

지 스스로 정리했다. 새로운 정보가 어떤 방식으로 자신의 신념을 뒷받침하는지 아니면 기존의 신념을 바꾸는지 곰곰이 생각했다. 그리고 자신이 해당 내용을 얼마나 잘 이해하고 있는지 끊임없이 자문했다. 성장 지향형 학생들은 이해력, 비판적 사고, 창의성, 적응 전문성 등을 가장 잘 발휘할 수 있는 접근법을 활용한 것이다.

놀런은 또 다른 유형의 학생들도 발견했다. 그녀는 그들을 '노력 회피형'으로 분류했는데, 앞서 언급한 피상적 학습자와 비슷하다. 노력 회피형 학생들은 어떤 일에서 벗어나거나 모든 과제가 쉽다고 느껴질 때 혹은 노력을 많이 하지 않아도 될 때 가장 성공했다고 느낀다고 대답했다. 이러한 학생들이 사용한 전략은 자아 지향형 학생들의 전략과 거의 동일했다. 즉 자아 지향형(전략적 학습자)과 노력 회피형(피상적 학습자)은 이해를 도모하거나 창의적인 작업을 수행할 가능성이 낮은 학습 접근법을 사용했다.

심층적 학습자가 되기 어려운 이유 ————

내가 전략적 학습자거나 피상적 학습자에 해당한다고 느껴도 절망할 필요는 없다. 이러한 학습법에 갇혔다고 해서 빠져나갈 방안이 없는 것은 아니기 때문이다. 오히려 내 지능이 높아 이 같은 약해빠진 학습법에 갇힐 리 없다고 자신한다면 다시 생각해 보라. 누구나 전략적·피상적 학습법의 피해자가 될 수 있다. 하지만 이러한 학습법은 얼마든지 피할 수 있다. 학생들이 어떤 학습법을 선택할지 결정하는 것은 지능이나 인성 문제가 아니다. 전 세계 연구자들은 능력이 출중한 사람도 전략적·피상적 학습법에 빠질 수 있고, 오히려 평범한 학생이 심층적 학습법을 충분히 활용할 수 있다는 사실을 발견했다. 우리가 연구 대상으로 삼은 사람 중에는 전략적 학습법을 벗어나 심층적 학습법으로 옮겨 간 사람도 있었다. 이는 학습법이 영혼에 각인되는 것이 아니라는 증거다. 내성적이든 대담하든 결국 세 가지 유형 중 하나가 된다.

학생들을 전략적·피상적 학습법으로 이끄는 요인은 복합적이다. 전략적·피상적 학습법을 벗어나 심층적 학습법을 활용하고 싶다면 심층적 학습법의 힘이 무엇인지 파악해야 한다. 전략적·피상적 학습법으로 이끄는 요인 중 일부는 학교에서 비롯된다. 가령 아무 연관성 없는 이런 저런 사실들만 인지하는 시험을 계속 접하다 보면 의미에 대한 탐구가 아닌 고립된 사실들의 암기가 인생의 목표라는 결론을 내리게 될 것이다. 당연하다. 교수나 책이 말하는 내용을 단순히 복기하게만 하는 서술형 시험은 심층적 학습법이 아닌 피상적 학습법으로 이끈다. 나의 전 동료는 이 같은 경향을 다음과 같이 표현했다.

"화성의 인류학자가 우리 대학에 착륙해 대학 교육의 목적을 파악한다면 아마 서술형 시험지 채우는 법을 익히는 거라고 할걸요."

공부할 내용이 너무 많아 공부량만을 강조하면 학생들은 배운 내용을 깊이 숙고할 충분한 시간을 보장받지 못한다. 단순히 많은 양의 자료를 빠르게 습득하느라 서두르게 될 뿐이다. 엄청난 양의 과제를 요구하는 강의는 학생들이 시험을 통과하기 위해 얄팍한 지름길을 찾을 수밖에 없도록 만든다. 게다가 학생들의 생활은 공부 말고도 다른 할 일들로 빼곡해서 애초에 깊이 있게 공부할 시간도 부족하다. 치솟는 학비에 정부의 재정적 지원이 충분하지 않은 경우도 많아서 많은 학생이 학비를 마련하기 위해 학교 외부에서 오랜 시간 일도 해야 한다. 경제적 상황 때문에 하루빨리 졸업장을 받아 취업해야 한다는 압박을 받는 학생도 많다. 물론 그렇다고 학교에만 책임을 전가할 일은 아니다. 학교라는 기관은 더 넓은 사회에 자리하고 있다. 끊임없이 피상적인 것들만 강조하면서 학생들에게 깊이 있는 지식보다 명예와 인정을 중시하도록 유도하는 범인은 바로 그 '사회'다.

동기와
보상의 관계 ─────────

학교 교육에는 훨씬 더 근본적인 문제가 있다. 이 문제야말로 전략적 학습법과 피상적 학습법을 조장하고, 심층적 학습법을 활용하는 데 큰 타격을 주고 있다. 이 문제를 다룬 사고 실험과 후속 실험을 고안한 심리학자가 바로 에드워드 데시Edward Deci와 리처드 라이언Richard Ryan이다.[5] 그들의 실험은 한 가지 의문에서 출발했다. 자신이 정말 좋아하는 활동—야구를 하거나 로맨스 소설을 읽거나 라자냐를 만들거나 수학 문제를 풀거나 역사를 공부하는 것 등—을 떠올려 보라. 누군가 당신에게 당신이 제일 좋아하는 활동을 한다고 보수를 지급하다가 나중에 보수 지급을 중단한다고 생각해 보라. 만약 보수와 같이 외적 동기를 유발하는 요인이 주어지다가 철회된다면, 특정 활동에 대한 흥미를 만든 내재적 동기는 어떻게 될까? 외적 보상이 주어지면 흥미가 높아질까, 그대로 유지될까 혹은 더 낮아질까? 궁극적으로 보상과 처벌은 우리의 욕망에 어떤 영향을 끼치는 것일까?

데시와 라이언이 연구하던 당시의 이론에 따르면 누군가 어떤 일을 하도록 보상을 제공하는 경우, 그 사람은 그 일을 반복할 가능성이 높아진다. 인간은 미로 속에 갇힌 쥐와 마찬가지로 외적 동기 유발 요인을 제공할 때 가장 열심히 일하고, 최고의 성과를 낸다는 것이 대중적인 신조였다. 그러나 두 심리학자는 이러한 통념에 의문을 가졌고, 심리 실험을 통해 그 해답을 찾고자 했다.[6] 로체스터대학교의 사회과학자들은 수십 차례의 실험으로 외적 동기를 유발하는 요인이 사실은 활동에 대한 흥미를 더 떨어뜨릴 수 있으며, 특히 그 요인에 조종당하고 있다고 느끼게 되면 흥미가 더 떨어진다는 결론을 내렸다. 가장 극적이었던 실험을 간단히 살펴보자. 과제를 수행하면서 보상을 받은 학생들은 결국 과제에 대한 흥미를 모두 잃었지만, 보상 없이 자발적으로 과제를 수행한 학생들은 흥미를 잃지 않았다. 이 실험 결과는 상당한 의의가 있다. 공부에 흥미가 없으면 깊이 있는 학습 접근법을 취할 가능성이 매우 낮다는 사실을 입증했기 때문이다.

데시와 라이언의 실험을 뒷받침하기 가장 좋은 사례가 바로 제도권 교육이다. 학생들이 공부에 대한 흥미와 호기심, 세상에 대한 경이로움으로 가득 차 학교라는 제도권 기관에 오면 학교는 학생들의 내재적 동기를 죄다 뭉개버릴 만한 외적 동기(보상)를 가지고 학생들을 압도한다. 학생들은 저학년 때부터 '금색 별표'나 '좋은 성적'을 받기 위해 노력하는 법을 배운다. 그리고 자기 주도권이 상실되는 경험을 한다. 다시 말해 학생들은 조종당한다는 느낌을 받게 되는 것이다. 자신이 독립적인 인간이라는 인식이 빠져나가면서 그들의 흥미는 해야 할 일과 과제의 홍수 속에 희미해지다 결국 사라진다. 자신의 배움을 주도하는 일은 더 이상 일어나지 않는다. 학생들의 어린 시절 호기심은 이렇게 시드는 경우가 다반사다.

제도권 교육의 구조는 이러한 호기심 퇴화 과정을 강화한다.[7] 사람들은 자신이 중요하다고 생각하거나 흥미를 느끼거나 그저 아름답다고 느껴지는 문제들을 해결하려 할 때 또는 타인이 통제한다는 느낌 없이 답이나 해결책을 찾으려 할 때 심층적 학습법을 활용할 가능성이 가장 높다. 그러나 대부분의 교육 과정에서 학생들은 질문을 주도하지 못하므로 학교 교육의 현실과 심층적 학습법을 촉진하는 조건 사이에 격차가 발생한다. 물론 학생보다 교사가 가진 지식이 더 많고, 학생들이 평소 생각해 보지 못한 질문을 던질 수 있다는 이유로 교사가 질문을 주도해야 한다는 주장에도 설득력이 있다. 그러나 이러한 구조에서는 전략적·피상적 학습법이 더 조장될 뿐이다.

내 조카를 예로 들어보겠다. 조카가 5세 정도 되었을 때 우리는 오스틴에서 샌안토니오까지 자동차 여행을 떠났다. 35번 주간고속도로를 타고 약 126킬로미터를 달리는 동안, 이 꼬마 녀석은 내게 7800여 개나 되

2장. 어떤 배움을 선택할 것인가

는 질문을 쏟아냈다. 질문이 꼬리에 꼬리를 물고 끝도 없이 이어졌다. 조카는 천문학에 관해 가장 궁금해했다.

"태양은 밤에 어딨나요? 낮엔 별들이 어딨어요?"

지식을 향한 조카의 갈망에는 다른 또래 5세 어린아이들처럼 한계가 없었다.

그 후 15년쯤 지났다. 조카는 막 대학 3학년이 되었고, 나는 조카의 새 학기가 몹시 궁금했다. 가족 모임에서 조카를 보고 물었다.

"이번 학기엔 어떤 과목을 수강하니?"

"필수 과목 수강할 게 많아요."

심드렁한 대답이었다.

"아, 그래? 어떤 과목인데?"

"과학 과목 몇 개요."

조카는 찡그린 표정으로 한숨 쉬며 대꾸했다.

"무슨 과목 선택했어?"

"천문학 신청했어요."

"잘됐구나!"

내가 맞장구쳤다.

"네가 천문학에 관심이 많은 건 삼촌이 익히 알고 있었지."

조카는 나를 정신 나간 사람 쳐다보듯 보면서 믿을 수 없다는 투로 반문했다.

"대체 그런 생각을 어떻게 하셨어요?"

어린 시절 우리가 했던 자동차 여행 이후, 세월이 한참 흐르는 동안 조카에게는 끔찍한 일이 일어났다. 조카는 학교에 다니면서 어린 시절 풍성하게 갖고 있던 호기심을 다 잃어버린 것이다. 흔한 이야기다.

우리가 연구했던 사람들도 모두 학교라는 제도권 기관에 다녔다. 그러나 그들은 모두 호기심 많고 생산적인 사람이 되었다. 제도권 교육을 받으면서도 호기심을 유지하거나 잃어버린 호기심을 되찾는 능력은 비판적 사고 능력과 창의성을 기르고, 적응 전문가로 성장하는 데 중요한 요인이 되었다. 그들은 어떻게 그럴 수 있었을까? 탁월한 성과를 낸 사람들을 만나면서 그들이 높은 성적 같은 외적 보상을 무시하고, 내재적 동기를 찾았다는 사실이 점점 분명해졌다. 우리가 만난 많은 사람이 성적을 크게 신경 쓰지 않는다고 말했다. 점수가 자신의 사고 패턴에 대해 무엇을 알려주는지만 파악되면 성적 자체는 크게 괘념치 않았다는 것이다.

"저를 움직이는 동력은 호기심, 흥미, 매력입니다. 최고점엔 크게 관심 없어요."

닐 디그래스 타이슨은 이렇게 말했다. 우리와 인터뷰했던 사람 중에는 상당한 명성과 부를 쌓은 사람도 많았지만, 오직 명성과 돈 때문에 일을 추진한 사람은 한 명도 없었다.

분명히 말하자면 전략적·피상적 학습자는 이해하는 것에 별 관심을 보이지 않는다. 그들은 그저 살아남거나 빛나고 싶어 할 뿐이다. 그들에게 성적이란 무언가 다른 것을 얻는 티켓, 다시 말해 생존이나 명성, 영예로 가는 통행권에 불과하다. 공부라는 게임에서 경쟁자와 맞서 이기는 것이 중요할 뿐 그들에게 깊이 있는 배움은 중요하지 않다. 당연히 이러한 학생들은 성적이 자신을 조종한다고 느끼며, 자신에게 배움의 주도권이 있다는 사실도 거의 느끼지 못한다. 심층적 학습자들도 어느 정도는 성적에 관심이 있다. 하지만 그들의 관심은 성적이 자신의 공부 정도와 역량을 유용하게 평가하는 순기능으로 작용하여 그것을 개선할 수 있을 때로만 국한된다. 이러한 경우 외에 그들에게 성적은 큰 의미가 없다. 심층적 학습자들이 자신이 존경하는 교수에게 성적을 받고 싶어 하는 이유도 그 성적이 드러내는 함의가 있기 때문이다. 그러나 이때도 물론 심층적 학습자들의 가장 큰 관심은 자신의 공부와 사고 패턴에 대한 실질적 피드백뿐이다. 성적의 높낮이가 아니라 성적이 자신에 관해 무엇을 알려주는지 그 내용을 중시한다는 뜻이다. 다시 말해 그들에게 높은 성적을 유지한다는 것은 높은 지적·예술적 수준을 유지한다는 의미와 같다. 그래서 심층적 학습자들에게 성적은 자신에게 더 중요한 무언가를 알려줄 수 있는 단순한 약어에 불과하며, 경쟁 게임에 이겨서 받는 점수나 기호가 아닌 더 높은 수준의 함의에 집중한다. 그들의 동기는 외부가 아니라 내면에서 생겨난다.

뉴저지주에서 의사로 일하는 데브라 골드슨Debra Goldson의 고백처럼 우리가 연구했던 심층적 학습자들은 성적에 주의를 기울이면서도 공부의 목적을 잊는 법이 없었다. 성적이 데브라의 동기부여 요인이 된 적은 한 번도 없었다. 데브라에게 공부는 훌륭한 의사가 되는 데 도움이 될 내용을 알아가는 수단일 뿐이었고, 좋은 의사가 되겠다는 욕망이야말로 그녀를 움직이게 한 원동력이었다.

그렇다면 심층적 학습자들은 외적 보상이라는 골칫거리를 어떻게 피했을까? 외적 보상에 굴복했을 때는 어떻게 벗어났을까? 자신의 삶을 성찰하고, 자신만이 발휘할 수 있는 자질과 관점을 파악해 인정했다는 것이 바로 그들의 비결이었다. 그들은 자기 영혼의 떨림을 일으키는 열정이 무엇인지 알아냈고, 내면의 힘을 자각하기 어려울 때는 외적 보상이 유발할 해악이 무엇인지 파악했다. 이러한 성찰을 통해 심층적 학습자들은 자신이 성취할 수 있는 것의 특별함, 자신이 살아온 내력의 특별함, 자신이 기여할 수 있는 것의 특별함에 대한 수많은 통찰을 끌어냈다. 그들은 스스로에게 공부를 위한 힘과 동기를 부여하는 관점을 지니게 되었다.

심층적 학습자들이 자신에게서 발견한 동기는 무엇일까? 우리가 만났던 최고의 학생들은 저마다 다양하게 조합된 동기를 찾아냈다. 하지만 그들의 삶에서 공통으로 나타나는 핵심 요인 세 가지가 있었다.

첫째, 가장 기본적인 요인은 호기심의 재발견이다. 최고의 학생들은 어린 시절의 호기심을 다시 발견했다. 그들은 미지의 것을 궁금해했고, 자신이 살아가는 세상을 경이롭게 느꼈으며, 자신만의 통찰을 소중히 여겼다. 새로운 자료나 경험을 접할 때마다 기뻐하며 그것들이 무엇을 의미하는지, 어떻게 다른 문제들에 연결하여 적용할 수 있는지, 그곳에는 어떤 함의가 있을지 고민했다. 열의를 느낀 대상을 발견한 그들은 초창기 관심사를 기반으로 이를 확장해 나갈 방안을 찾았고, 새로운 주제와 기존의 주제를 부단히 결합하며 관련된 세계를 넓혀갔다. 최고의 학생들은 사회·예술·자연을 탐구하는 방법뿐 아니라 관심사 간에 연계점을 찾는 법도 배웠다. 그들은 미지의 영역을 만지작거리는 삶에서 재미를 찾았고, 일의 결실뿐 아니라 일 자체에서도 큰 보람을 느꼈다. 그 결과 그들은 자신이 영위하는 인생에서 흥미롭고 의미 있는 부분을 늘려 갈 수 있었다.

둘째, 창의성이다. 최고의 학생들은 창의성을 경험하고 배우면서 크게 즐거워했고, 베이커 교수가 칭한 정신의 역동적 힘을 발견했다. 그중 한 명은 이렇게 말했다.

"제가 공부했던 이유는 배우는 모든 아이디어와 통찰이 상상력을 자극하는 데 도움을 준 덕분에 생산성도 높아졌기 때문입니다."

그들은 자신에 대해 배우고, 자신이 성장하는 방법을 알아가는 것만으로도 상당한 동기를 부여받았다. 심지어 그 가운데 많은 학생이 발견 과정 자체에 흥미를 느꼈다. 그 과정에서 자신의 사고 패턴이 어떻게 작동하는지, 어떻게 하면 사고력을 향상시킬 수 있을지 파고들었다. 성장의 각 단계는 그 최종 결과가 성공이든 실패든 상관없이 그들에게 생산성과 창의력을 발전시키는 방법에 관한 새롭고 놀라운 아이디어를 제공했다. 그들이 창의력을 계발하고자 했던 이유는 높은 창의력을 위해서가 아니라 자신이 영위하고자 했던 생산적인 삶을 위해서였다. 당면한 문제를 해결하거나 삶에서 중요해진 목표를 달성하는 것 말이다. 그들은 자기 삶의 목표를 위해 창의력을 키워 활용하고자 했다.

마지막으로 최고의 학생들은 '인간은 모두 유일무이하다'는 원칙을 잘 알고 있었다. 그래서 타인의 고유한 기여에서 혜택을 받는다는 사실도 알고 있었다. 누구나 타인이 고유한 삶의 이력을 통해 만들어낸 통찰과 시각, '위대한 정신의 산물'을 자기 것으로 만드는 방법을 배워 나갈 수 있다. 베이커 교수는 좋은 아이디어를 접했을 때 그 가능성을 인식하는 능력이 창의적 사고 과정의 일부라고 강조했다. 최고의 학생들은 타인의 작은 성취에도 경이로움을 느끼고, 그 성취가 자신에게 또 다른 도전 정신과 영감을 불러일으키도록 받아들였다.

"제게 수준 높은 예술 작품이란 제 사고 패턴에 의문을 제기하여 자극을 주는 것들이었습니다."

어니스트 버틀러의 말이다.

유혹에
흔들리지 않는 힘 ─────

최고의 학생들은 자신의 지적 능력을 발전시키고 호기심을 충족하며 살고 싶어 했다. 그들에게 탐구는 성적이나 명예를 초월한 학교생활의 강력한 동기 요인이었다. 하지만 이것만으로는 그들 중 다수를 움직인 동기가 충분히 설명되지 않는다. 우리와 인터뷰했던 많은 학생이 자기 인생에서 가장 심오한 질문에 대해 깊이 고민해 본 적이 있었다. 그들은 자기 존재의 의미와 목적이 무엇인지 찾으려 했다. '나는 누군가?' '나는 왜 여기에 있는가?' '내 역할은 뭔가?' 같은 질문이다. 이러한 질문과 탐색을 통해 그들은 자신이 무엇을 가치 있게 여기는지, 자신이 되고 싶은 사람은 어떤 모습인지, 또 자신이 만들고자 하는 세상은 어떤 모습인지 깊이 생각했다.

우리는 정의와 연민에 대한 예리한 감각을 형성하고, 자신의 공감 능력을 발전시킨 사람들과 대화를 나누었다. 그들은 자신이 깊이 느낀 가치를 통해 공동체에 대한 더 큰 책임감을 키웠고, 이는 곧 그들이 노력하게 하는 원동력이 되었다. 이러한 책임감은 종교적 신앙심에서 비롯되기도 했고, 순전히 개인적으로 터득하거나 가족의 가치관에서 영향을 받기도 했다.

연구에 따르면 학생들은 '가치'에 대해 비슷한 고민을 품고 대학에 입학한다. 미국에서 7년간 진행된 어느 연구는 대학 신입생 중 80퍼센트가 대학 생활이 삶의 목적에 관한 자기 내면의 질문을 해결하는 데 도움이 되기를 기대한다고 밝혔다. 그리고 그중 3분의 2는 대학이 개인의 가치관을 발전시키고 자아를 이해하는 데 도움을 주는 것이 '매우 중요하다'거나 '매우 필요하다'고 생각한다고 응답했다.[8] 우리가 연구한 '창의성의 천재들'에게서도 같은 패턴이 나타났다. 그들의 내면은 삶의 이유와 목적에 대한 고민으로 가득 차 있었다. 앞으로도 계속 살펴보겠지만, 그들이 가장 큰 만족감을 느꼈던 순간은 대개 사회 정의를 위해 싸울 때였다. 이러한 가치를 잃지 않으면서 학업과 성취를 위해 전진했기 때문에 그들은 남과 다르게 두각을 드러낼 수 있었다.

"저희 집에선 받은 걸 돌려주는 게 중요하다고 가르쳤어요."

애리조나주의 국선변호사인 조엘 파인만Joel Feinman이 말했다.

"저희 집은 운이 퍽 좋아서 상당한 부를 축적했어요. 부모님과 조부모님은 저희가 다른 사람들에게 책임이 있단 사실을 늘 강조하셨죠. 제가 대학과 로스쿨(법학전문대학원)에서 학업을 포기하지 않도록 한 원동력은 바로 그 가르침이었습니다."

애리조나주 투손에서 성장하면서 조엘은 부모가 말과 행동으로 가르쳐주었던 메시지를 끊임없이 되새겼다. 그녀의 부모는 TV 시청 대신 독서를 독려했고, 세상을 더 잘 이해하고 세상에 기여할 수 있는 수단은 참된 교육뿐이라고 강조했다. 고등학교에 입학할 무렵 조엘은 자신이 사는 도시의 역사와 관련된 정치적·사회적 문제에 더욱 큰 관심을 보였다.[9]

"아버지는 뉴욕의 부유한 집안 출신이셨지만, 히스패닉계 사람들이 매번 직면해야 하는 사회적 불의를 파악하고, 이를 교정하기 위해 할 일이 있다고 가르치셨어요."

조엘은 이렇게 회고했다.

"저희 가족은 뉴욕의 허드슨 밸리에서 투손으로 이사를 왔지만, 이미 부유했고 히스패닉계 사람들처럼 국경을 넘을 필요도 없었죠."

조엘이 투손에서 목격한 빈부 격차는 불공정했다. 게다가 잔혹하기까지 했으며, 이때의 감정은 그녀가 사회 정의에 관심을 갖게 된 데도 영향을 미쳤다. 이 당시에 받은 영향으로 그녀는 공부에 매진할 수 있는 추진력을 얻었다.

우리가 연구한 사람들이 모두 조엘처럼 정치에 깊이 관여한 것은 아니었지만, 많은 사람의 동기가 조엘과 비슷했다. 그들은 '정의'와 관련된 쟁점을 비롯해 자신이 만들고자 하는 세상, 자신이 되고 싶은 사람 등 이상향을 벼리어 나갔다. 그들은 세상에 호기심을 느꼈고, 이러한 관심사는 무엇을 공부하든 학업을 지속시키는 원동력으로 작용했다. 물론 그들이라고 해서 살면서 외부에서 오는 유혹을 늘 이겨낸 것만은 아니다. 하지만 그들이 삶에서 승리를 거두었을 때는 학업상의 명예나 기타 외적인 보상을 모두 내려놓고, 공부 자체의 기쁨과 창의적 인격체로서의 성장 그리고 더 넓은 사회를 향한 관심으로 성과를 만들었을 때뿐이었다. 8장에서 정의에 대한 조엘의 열정이 그녀의 삶에 얼마나 놀라운 이야기를 만들었는지 살펴볼 것이다.

실패를 사랑한 TV 스타 ————

성공은 자신이 배움의 주도권을 쥐고 있을 때 그리고 배움의 책임이 온전히 자신에게 있다는 사실을 인식하고 있을 때만 이룰 수 있다. 배움의 기회가 없다면 성공에 가까워지는 것 자체도 불가능하겠지만, 성공 기회를 얻었다고 해도 공부를 지속할 동기를 찾아야 한다. 우리와 인터뷰했던 주인공들이 그러했다.

   에미상을 받은 스티븐 콜베어Stephen Colbert는 〈레이트 쇼Late Show〉라는 심야 TV 쇼를 진행하며 미국 코미디의 면모를 혁신한 위업을 이룬 코미디언이다. 그는 10세에 이미 자신이 공부할 분야를 정했다고 했다. 배움의 주도권을 일찍부터 잡은 것이다. 스티븐은 사우스캐롤라이나주 찰스턴 외곽에 있는 제임스아일랜드에서 화목한 대가족의 일원으로 성장했다. 부모는 모두 독실한 가톨릭교도였고, 자식들에게 늘 질문하도록 가르쳤다. 스티븐의 아버지는 사우스캐롤라이나대학교 의과대학의 초대 학생처장이었다.

열한 남매 중 막내로 태어난 스티븐은 형제자매들에게 끊임없는 관심과 칭찬을 받았다. 훗날 그는 이렇게 회상했다.

"누나들과 형들이 대단하단 말을 하도 쓰는 통에 그 말이 거의 조롱으로 들렸을 정도였어요. 누나들과 형들은 늘 저를 안고 여기저기 데리고 다녔죠. 저는 제가 아주 소중한 존재란 느낌을 받으면서 컸어요."

무더운 여름날이면 스티븐은 아버지와 함께 폴리해변 부두로 갔다. 현지인들에게 물고기가 제일 잘 잡히는 구역이 어디인지 물어본 후 그곳에 낚싯줄을 드리우고는 했다. 하지만 스티븐이 10세가 되던 해 이 소소한 즐거움은 영원히 끝나고 말았다. 아버지와 두 형이 노스캐롤라이나주 샬럿 인근에서 발생한 비행기 추락 사고로 세상을 떠난 것이다. 스티븐은 이 일에 대해 이렇게 말했다.

"그날 이후 저는 어머니를 웃게 만드는 게 제 역할이라고 생각했어요."

열세 명이나 되는 가족이 늘 북적였던 집안은 곧 고요해졌다. 집안에는 홀로 된 어머니를 위로하기 위해 우스갯소리를 하며 재롱부리는 어린 아들의 고군분투만 남았을 뿐이었다.

스티븐은 툭하면 조롱의 대상이 되는 남부 지역 출신이었다. 당시 남부 억양은 저속한 익살스러움과 무지의 상징으로 여겨져 사람들에게 웃음거리가 되고는 했다. 사우스캐롤라이나주 특유의 사투리로 느릿느릿 말하면 대중은 마치 지능에 문제라도 있는 것처럼 대했다. 스티븐은 이러한 조롱과 악의적 편견에서 벗어나기 위해 피난처를 모색했고, 자기 자신 또한 신중하고 계획적인 사람이 되어야겠다고 결심했다. 그는 당시 미국인들에게 존경받던 뉴스 진행자들의 말투와 억양을 듣고 따라 하며 세심하게 말투를 바꾸었다. 이러한 노력은 훗날 스티븐이 미국 코미디와 정치 풍자의 중심에 서게 할 첫걸음이 되었다.

스티븐은 늘 책을 많이 읽었다. 하지만 다독은 공부나 과제 때문이 아니라 스스로 흥미를 느껴서 생긴 습관이었다.

"흥미를 느끼는 일만 했어요. 워낙 책을 많이 읽다 보니 자연스레 학과 시험을 통과할 만큼의 지식은 얻게 됐죠."

스티븐은 고대사와 중세사를 읽으며 사건의 큰 흐름을 파악하고, 원인과 결과를 생각하는 데 집중할 수 있었다. 또 SF 소설을 탐독하고, 롤플레잉 게임을 즐겼다. 잠깐 해양생물학자를 꿈꾸기도 했다. 그러나 그 꿈은 수술대 위에 오르며 사라지고 말았다. 어느 날 스티븐은 고막이 터져 수술을 받았음에도 결국 오른쪽 귀가 들리지 않게 되었다. 스쿠버다이빙을 반드시 해야 하는 해양생물학자는 포기해야 했다.

스티븐은 입시 때 철학을 공부할 수 있을 것 같은 대학을 선택했다. 하지만 그에 못지않게 연극을 향한 관심 역시 높아졌다. 햄든시드니대학에서 2년간 공부한 후, 연극 전공으로는 세계적으로 저명한 커리큘럼을 갖춘 노스웨스턴대학교로 편입했다. 노스웨스턴대학교는 폭넓은 교양 강의들을 바탕으로 2학년부터 시작되는 3년의 연기 과정이 있었다. 셰익스피어부터 노벨문학상 수상자인 조지 버나드 쇼George Bernard Shaw에 이르기까지 다양한 고전문학들을 공부할 수 있었다. 게다가 오랜 기간 제작진으로 일하며 실무 경험을 쌓을 수 있는 기회까지 있었다. 스티븐은 3년 과정을 2년 안에 끝내자고 결심했다. 그러기 위해 깨어 있는 시간에는 내내 공부하고, 사교활동은 아예 꿈도 꿀 수 없었다고 그는 나중에 설명을 덧붙였다. 하지만 그 말은 인생의 가장 즐거운 시절에 온전히 몰입할 수 있었다는 의미기도 했다.

"노스웨스턴대학교에서의 추억은 소중하지만, 교수님 외에 오래도록 연락하는 친구는 거의 없었어요."

스티븐은 당시를 이렇게 회고했다.

노스웨스턴대학교는 시카고 북쪽, 미시간호 기슭에 널찍이 자리 잡고 있다. 그곳에서 스티븐은 내가 『미국 최고의 교수들은 어떻게 가르치는가』에서 언급했던 앤 우드워스Ann Woodworth 교수를 만났고 그녀에게서 많은 것을 배웠다. 스티븐은 "우드워스 교수님은 친구이자 소중한 멘토가 돼주셨어요. 저를 적극적으로 응원해 주셨고, 제 능력을 믿어주셨죠"라고 그녀를 추억했다.

"우드워스 교수님은 제 감정에 솔직해지라고 독려해 주셨습니다. 자기가 느끼는 감정에 솔직해진단 건 저뿐만 아니라 그 누구에게도 어려운 일이었죠. 하지만 교수님은 그 문제에서만큼은 절대 양보하지 않으셨어요. 지금도 크게 감사하고 있습니다."

대학 재학 중 스티븐은 어느 즉흥 연극단에서도 활동했다.

"그곳에서 예상치 못한 방식으로 저를 개방할 수 있었습니다."

그는 극단에서 활동하며 실패를 받아들이는 법과 사랑하고 포용하는 법을 배웠다. 우리가 연구했던 모든 사람이 비슷한 메시지를 전했다.

"실패를 수용할 수 있어야 합니다. 실패를 사랑해야 큰 해방감을 경험할 수 있거든요."

스티븐이 내린 결론이었다.

극단 활동을 통해 '실패가 주는 해방감'이라는 본질이 더욱 분명해지기 시작했다. 스티븐은 즉흥극이야말로 실패에 관한 아주 훌륭한 교육자라고 주장했다.

"매번 성공하기만 하는 방법은 없어요."

사실 실패를 편안하게 받아들이는 능력의 원천은 어머니가 스티븐에게 되풀이해 들려주었던 가르침에서 비롯되었다. 그 가르침은 스티븐이 10세 때 겪은 '비극의 날'부터 시작되었다.

"'순간의 실망은 영원이란 관점에서 보면 사소한 일이다.' 가슴 아픈 일을 겪을 때마다 어머니가 제게 말씀해 주셨습니다. '지금 이 순간도 영원의 관점에서 보면 아무것도 아니다.' 그렇게 생각하면 지금 실패를 경험하더라도 거기에 지나치게 큰 의미를 부여하지 않게 됩니다. 다음 순간을 맞이할 수 있도록 자신을 열어놓을 수 있게 되죠."

스티븐은 맨해튼 중심가에 있는 자신의 사무실에서 매일 진행하는 심야 TV 쇼를 준비하며 말했다.

"그런 식으로 생각하지 않는다면 당장 그 순간에 매몰되고 맙니다. 실패를 심각하게 생각하는 한 실패가 계속되는 거죠."

그러고는 재빨리 덧붙였다.

"물론 실패에서 배울 게 없단 말은 아닙니다. 우리가 실패에서 배워야 할 중요한 교훈은 지나친 걱정은 금물이란 사실입니다."

이는 인생에도 마찬가지로 적용된다.

"무슨 일이든지 간에 그 일은 이전에 한 번도 해본 적 없었잖아요. 그런데 어떻게 모든 일을 처음부터 완벽하게 해낼 수 있겠어요?"

실패에 심각하게 몰입하지 않는 이러한 태도 덕에 스티븐은 성적에 휘둘리지 않았다. 오히려 그 또한 성적을 자신이 적극 활용할 수 있는 피드백으로 삼았을 것이다.

스티븐은 극단 활동을 통해 배운 것, 어머니의 조언, 성서 등을 비롯한 다양한 글에서 흘러나온 통찰들을 바탕으로 자신만의 철학을 만들었다. 바로 이 철학 덕분에 그는 위험을 감수하며 탐색할 수 있었고, 깊이 있는 탐구로 자신이 좋아하는 일에 동기를 부여할 수 있었다. 모든 과정에서 스티븐은 자신의 창의적 에너지를 발산할 출구를 찾았다. 엔지니어, 기자, 의사, 경제학자 등 다양한 분야에서 깊이 있게 배우고 창의적으로 일하는 사람들은 모두 스티븐처럼 자신의 철학으로 빚은 위대한 성과에서 위안을 얻었다. 물론 우리가 인터뷰한 사람들의 세계관을 구성하는 요소들은 저마다 달랐고, 그 세계관에 생명력을 부여한 샘물 같은 근원 역시 모두 다양한 상황에서 뿌리내리고 있었다.

스티븐에게 "걱정 마"라는 말은 일종의 주문이 되었다. 그는 성경 구절을 인용했다.

"예수께서 말씀하시길, '그러므로 내가 너희에게 말한다. 걱정하지 마라. 누가 걱정으로 자기 수명을 한 시간이라도 더 늘릴 수 있겠느냐 아니면 키를 한 뼘이라도 더 키울 수 있겠느냐?'"

비록 스티븐은 『마태복음』 속 이 구절을 울지 않기 위해 웃는 법을 배우고자 마음에 새겼겠지만, 그의 이러한 관점은 끊임없이 배우고 피나는 노력을 기울이면서 인생에서 경험했던 모든 일, 즉 실수나 비극에서도 분명 배울 것이 있다는 경험과 확신으로 걸러진 삶의 진수였다.

대학 4학년 때 스티븐은 융 심리학을 전공한 리 롤로프Lee Roloff 교수의 강의를 수강했다. 롤로프 교수는 스티븐이 심리학적 관점에서 문학을 탐구할 수 있도록 도왔다.

"기막힐 정도로 환상적이었던 롤로프 교수님의 강의는 제게 큰 영향을 끼쳤습니다."

스티븐이 회고했다. 강의에서 그는 아카데미상을 받은 영국의 극작가 로버트 볼트Robert Bolt의 희곡 〈사계절의 사나이〉와 그 희곡에 함께 실린 짤막한 글을 읽었다.

"아마도 그 글을 100번쯤 읽었을 겁니다. 볼트의 글에서 깊은 영향을 받았어요."

훗날 심야 TV 쇼 스타로 등극한 유명 인사는 이렇게 고백했다. 볼트의 글을 통해 스티븐은 한 인간을 정의하는 핵심 가치를 갖는다는 것이 무엇을 의미하는지 탐구했다. 그리고 현대 사회가 어쩌다 많은 사람에게서 핵심 가치를 빼앗고, 그들을 상품 소비자로만 전락시켰는지 생각했다. 자신의 가치관을 바탕으로 고민한 스티븐은 더 깊이 있는 배움의 필요성을 깨달았다. 그 결과 그는 지금의 품격을 형성하고, 그 품격에 어울리는 코미디를 발전시킬 수 있었다.

스티븐이 제작한 수백 편의 풍자 촌극, 국회 위원회에 출석해 이주 농업 종사자들을 대변했던 발언, 자신이 진행하는 심야 TV 쇼에 직접 초대한 게스트들에서도 그가 받은 영향력이 드러난다. 어느 날 밤, 스티븐은 자신의 TV 쇼에 하버드대학교의 철학 교수 숀 켈리Sean Kelly를 초대했다. 그리고 서양 고전과 세속적 시대의 의미 탐구에 대한 켈리 교수의 연구를 두고 이야기를 나누었다. 대화 내내 대학생 시절 스티븐의 독서 경험이 배어 나왔고, 이는 대중에게 큰 인상을 남겼다.

스티븐과 비슷한 이야기는 우리가 인터뷰했던 다른 창의적인 사람들에게서도 들을 수 있었다. 그들은 단순히 물질적 풍요나 명성이 아니라 내적 성장을 원했고, 세상에 대한 호기심을 바탕으로 인문학, 예술, 철학 등의 세계로 나아갔다. 대개 그들은 지식이나 부를 얻는 것 못지않게 자신을 인간으로 성숙시키고, 자신이 지닌 가치가 무엇인지에 관해 탐구하는 데 관심이 많았다. 그리고 이 모든 것이 그들의 심층적 학습법 일부가 되었다.

오만과
겸손 사이 ─────────

여기서 잠시, 자아 성찰이 초래할 수 있는 다른 결과를 살펴보자. 일부 사람들에게 자기 성찰은 오만으로 이어져 생산성 저하와 파괴적인 둔감함을 초래할 수 있다. 자아 성찰은 일종의 자기 망상을 일으키기도 한다. 가령 명문 대학에 합격한 많은 학생에게 자신이 학업에서 이룬 성공을 죄다 자신의 공로라고 쉽게 여기는 경향이 있다. 이러한 태도는 정의 감에도 큰 영향을 미친다. 자신이 누리는 행운은 당연시하고, 타인은 그 행운을 누릴 자격이 없다고 생각하는 것이다. 이렇게 거만한 생각으로는 자신뿐만 아니라 주변 사람들의 삶을 형성하는 복잡한 힘을 이해하기 어렵다. 이러한 자만심은 자신이 어떤 기대 수준에 미치지 못할 때 역효과를 만들기도 한다. 우울증, 과도한 불안, 심지어 자살 충동에 빠지거나 알코올·약물 등을 남용하기도 하고, 심지어 타인을 학대하기도 한다. 자신감이 자기 회의감이나 연민 또는 겨우 2세밖에 안 된 어린아이 같은 자기중심성으로 변질될 수도 있다. 자만하는 사람들은 인생이 승승장구한다고 해도 공감과 연민, 정의감 등이 결여되었을 수도 있다. 그래서 빈곤과 인종차별처럼 극심한 어려움을 극복하고 부와 명성의 정점에 오른 사람 중 일부는 오히려 타인의 삶의 문제를 이해하는 데 어려움을 겪기도 한다.

한편 인생에서 직면하게 된 어려움과 불합리함에 과하게 몰입한 사람은 자책과 실패에 갇혀 끊임없이 자신의 단점을 다른 무언가의 탓으로 돌리려 한다. 자신이 받은 교육에는 전혀 책임을 지지 않기 때문에 미국의 심리학자 마틴 셀리그먼Martin Seligman이 명명한 '학습된 무기력' 상태에 빠질 수 있다. 학습된 무기력이란 장애물에 반복해서 부딪친 사람들이 그 장애물이 사라졌을 때도 자신이 아무것도 할 수 없다고 느끼는 것을 말한다.[10] 학습된 무기력에 시달리는 사람은 자신의 단점을 자책하다 결국 자신이 스스로 규정한 무능을 벗어나기 위해 그 어떤 행동도 전혀 하지 못하는 파괴적 안주 상태에 빠질 수 있다.

내재적 동기의 힘을 발견하고, 관심사를 스스로 찾아 확장한 최고의 학생들은 다른 사람들이 빠지기 쉬운 맹목적 오만과 무력감 사이에서 균형을 잘 잡았다. 어떻게 그럴 수 있었을까? 이 질문에 답할 수 있어야 그들의 창의적 성장 과정에 대해 제대로 이해할 수 있다. 우리가 인터뷰했던 최고의 학생들은 자신의 과거를 영웅시하거나 회피하지 않고, 오히려 그것을 활용하는 방법을 습득했다. 실제로 그들에게는 자기 성찰을 통해 외부의 힘이 삶에 어떤 영향을 미치는지 인식하고, 그러한 요소들을 건설적인 힘으로 바꾸는 방안을 찾는 일이 중요했다. 그 결과 그들은 엄청나게 복잡한 인생에도 경외심을 잃지 않을 수 있었고, 수많은 우여곡절과 삶의 사회적·역사적 흐름이 전체 인생의 윤곽을 어떻게 형성하는지도 알게 되었다. 그들은 자기 내면에 존재하는 성장 욕구를 인정하는 한편 타인의 성과도 존중했다. 성장 욕구와 타인의 성과에 대한 존중이 조화롭게 결합한 덕분에 그들은 성공적으로 창의적인 업적을 이룰 수 있었다.

스탠퍼드대학교의 미식축구 선수이자 훗날 노벨화학상을 받은 더들리 허슈바크Dudley Herschbach는 조용한 자신감과 겸허함에 대해 완벽하게 표현했다.

"진짜 과학은 인간의 다른 어떤 활동보다 큰 이점을 갖고 있습니다. 우리 과학자들이 실수하더라도 (진리 또는 뭐라 부르든) 그건 인내심을 갖고 우리가 추구하는 걸 기다려주기 때문입니다."

또한 그는 대자연 앞에 서서 자연을 이해하려는 시도를 되풀이하는 일이 인간을 얼마나 겸허하게 만드는지 덧붙였다.

"자연은 수많은 언어를 구사합니다. 모조리 외계어죠. 과학이 하려는 일은 그 언어 중 하나를 해독하는 겁니다."

그가 과학에 관해 내린 결론은 이렇다.

"과학이 조금이라도 진전을 이룬다면 그건 인간이 특별히 똑똑해서가

2장. 어떤 배움을 선택할 것인가

아니라 끈질기게 노력했기 때문입니다. 자연은 변하지 않을 테고, 인간은 계속 시도할 겁니다."

우리가 연구한 최고의 학생들에게서도 이와 똑같은 종류의 겸손과 확신을 항상 찾을 수 있었다.

호기심을 찾아줄
기적의 습관 ─────

제법 더워진 어느 6월 저녁, 맨해튼 거리에 있는 녹음실에 도착한 티아 풀러Tia Fuller는 건물 입구 쪽 골목에 700명 가까운 사람들이 줄지어 서 있는 모습을 보았다. 콜로라도주 출신 재즈 색소폰 연주자였던 티아는 그날 이미 여덟 시간 동안 자신의 첫 재즈 앨범인 〈힐링 스페이스Healing Space〉 공연의 리허설을 마쳤지만, 골목의 다른 사람들처럼 비욘세 공연의 밴드 세션에 참여할 연주자를 뽑는 오디션에 참가하러 왔다. 전 세계적으로 유명한 R&B 가수인 비욘세의 공연에 함께할 밴드 세션이 되기만 하면 매일같이 2만 명 앞에서 연주하는 짜릿한 삶의 소용돌이를 경험할 수 있을 것이다. 신인 연주자였던 티아에게 이 경험은 연주자로서 좋은 경력이 될 것이고, 그 과정에서 무언가 배울 수 있을 터였다. 그날 이후 며칠 동안 날씨는 더 더워졌고, 티아는 유명 디바인 비욘세와 밴드를 위해 세 차례 더 연주를 선보였다. 다른 여성들로 가득 찬 방을 오가며 밴드 세션 자리를 얻기 위해 그녀 또한 온갖 노력을 기울였다.

티아의 '맨해튼 여정'은 콜로라도주 오로라에 있는, 음악적 감수성이 넘치던 집에서부터 시작되었다. 티아의 부모는 모두 교육자이자 음악가였고, 그녀의 집과 마당에는 존 콜트레인John Coltrane, 캐넌볼 애덜리Cannonball Adderley, 찰리 파커Charlie Parker의 색소폰 연주곡이 흘러넘쳤다. 그녀의 부모는 노래도 하고 연주도 했다.

"집을 청소하거나 바비큐 파티를 할 때도 늘 음악이 흘러나왔어요."

티아의 회고다. 티아는 3세 무렵부터 피아노를 배우기 시작했지만, 13세가 된 해 어느 날엔가 부엌 회전의자에 앉아 색소폰을 연주하겠다고 가족에게 선언했다.

세월이 한참 흘러 티아는 어린 시절 자신의 선언을 담은 비디오를 보았다. 그 영상은 티아가 무의식적으로 시작한 이 여정이 언제 어디서부터 시작된 것인지 알려주었다. 티아는 고등학생 때도 색소폰을 연주했지만, 그뿐만 아니라 치어리더, 행진 악대 등 활발한 친교 활동과 학업으로도 분주한 삶을 보냈다. 학교 성적은 좋았지만, 성적을 잘 받기 위해서 말고는 공부에 특별히 관심이 있지는 않았다. 티아는 당시 자신이 하고 싶은 일과 되고 싶은 사람에 대한 명확한 비전을 갖고 있지 않았다고 말했다.

고등학교를 졸업한 티아는 흑인 여성들을 위한 학교인 스펠만대학에 입학했다. 색소폰을 연주하던 그녀가 음악대학이 아닌 인문대학을 선택한 이유는 폭넓은 교육을 받고 싶었기 때문이다. 그러나 그녀는 입학 후에도 여전히 '높은 성적을 받는 데만' 전념했다. 특별한 목표나 관심사가 있는 것은 아니었다.

"신입생 때 공부를 한 건 단지 좋은 성적을 받기 위해서였어요. 그 이상이나 이하도 아니었죠."

훗날 티아는 이렇게 털어놓았다.

스펠만대학의 신입생은 '아프리칸 디아스포라African Diaspora', 다시 말해 아프리카인들이 전 세계로 퍼져 나가게 된 역사, 특히 노예가 되어 강제로 이주당한 역사를 배우는 1년의 커리큘럼을 의무로 수강해야 했다. 이 과정은 여러 역사 연구를 소개하며 자기 인식 능력을 심화시켰고, 매주 여러 편의 짧은 글도 작성했다. 작성한 글에 대해 풍부한 피드백을 받으며 글쓰기 실력이 향상되도록 돕는 과정이기도 했다. 티아는 이 과정에서 역사 과목에 점점 더 매료되었지만, 글쓰기 과목에서는 어려움을 겪었다. 결국 그녀는 D를 받았다.

티아는 성적에 크게 낙담해 패배감에 빠졌다. 하지만 이 실패 경험은 티아에게 중요한 전환점이 되었다. 1년간 이어지는 과정이었기에 아직 한 학기가 더 남아 있었다. 물론 지금보다 더 나쁜 성적을 받을 가능성도 있었다. 봄 학기가 되자 티아는 교수를 찾아가 도움을 청했다.

"글에 짜임새가 없어 생각을 뒷받침하지 못한단 피드백을 받았어요."

그 후 놀라운 일이 일어났다. 티아는 변했다. 스스로 배움의 주도권을 쥔 채 자신이 쓰는 글과 배우는 내용에 책임감을 느끼기 시작한 것이다. 티아는 다른 학생들의 도움을 받으며 성실하게 공부했다. 논지를 구성했고, 문장을 이리저리 다듬으며 수정했다. 자기 생각을 분석하며 말하고자 하는 바가 무엇인지를 끊임없이 자문했고, 자신의 논지를 뒷받침하는 근거를 캐물었다. '내가 여기서 가정한 게 뭐지?' '어떤 개념을 사용하고 있지?' '이 부분을 옮기면 어떨까?' 매번 다른 시도를 할 때마다 기숙사에 있는 친구들에게 의견을 구했다. 어느 날 인터뷰 도중 차를 마시다 갑자기 생각난 듯 티아가 말했다.

"저는 운이 아주 좋았어요. 공부에 관심도 많고, 기꺼이 저를 도울 마음까지 내어준 친구들이 많았으니까요."

그 후 몇 개월에서 몇 년이 지나며 티아는 점점 과학, 수학, 사회과학, 인문학, 언어, 예술 등 다양한 과목에 관심을 갖게 되었다. 심리학 강의를 수강하던 그녀는 수면과 잠재의식에 관한 연구에도 큰 흥미를 느꼈다. 서양 음악에 관한 강의를 수강하며 그 내용을 자신이 사랑하던 재즈 음악과 통합하는 방법을 배우게 된 티아는, 어떤 음악이든 배우고 나면 음악 전체를 이해하는 수준이 높아진다는 것도 깨달았다. 티아는 곧 어떤 주제에 관한 큰 질문과 중요한 개념 그리고 스스로 한 통찰 사이의 연관성에 사로잡혔다. 티아의 기숙사 방은 다양한 주제에 대한 토론이 끝없이 벌어지는 세미나장으로 변모했다. 강의를 향한 티아의 관심과 열의는 나날이 커졌고, 공부할 때도 에너지를 아낌없이 쏟았다. 그녀는 늘 사전, 노트, 형광펜을 갖고 다녔다.

"책을 읽을 때마다 필요한 부분에 필기하며, 그 내용들이 서로 어떻게 연결되는지 생각했어요."

100년 전 토머스 에디슨이 혁신적인 실험실을 마련했던 곳에서 멀지 않은 뉴저지주 웨스트오렌지에서 티아는 자신이 공부에 매진했던 시절을 회고했다.

전과 달라진 티아는 벼락치기 대신 오랜 시간 공부하며 한 주제에 대해 깊이 있게 탐구했다. 스스로 질문할 시간을 충분히 마련했고, 가능한 한 배운 내용들을 폭넓게 연관 지어 생각하고자 했다.

"핵심 단어나 항목으로 학습 카드를 만들곤 했어요. 반복해서 복습하며 각 단어의 의미와 적용할 수 있는 내용을 생각했죠."

티아는 오랜 시간 그 내용이 자신의 일부가 될 때까지 보고 또 보면서 공부했다고 말했다. 비교하고 대조하면서 새로 알게 된 지식이 자신이 갖고 있던 기존의 생각이나 지식에 어떤 의문을 제기하며 도전 정신을 불러일으킬 수 있을지 곰곰이 생각했다. 티아는 대체로 친구들과 함께 공부하며 떠오르는 아이디어를 계속 논의했다. 서로에게 퀴즈를 내거나 생각을 주고받으며 새로운 단어들에 익숙해질 때까지 토론을 이어갔다. 티아와 친구들은 시험이 객관식 문제로 출제될 것을 알아도 서술형 문제에 대한 개요를 작성했다. 티아에게 공부는 단순히 시험을 준비하는 과정이 아니라 아이디어와 지식을 탐구하는 과정이었다. 공부한 장소도 다양했다.

"공부한 내용을 잘 기억할 수 있었던 이유 중 하나는 그걸 어떤 장소에서 봤던 식으로 기억했기 때문이에요."

티아의 열정은 음악을 중심으로 가장 크게 발전했다. 어린 시절부터 꿈꾸어 왔던 재즈 색소폰 연주자가 되겠다는 열망이 나날이 커갔다. 스펠만대학 신입생이 되고 첫 학기가 시작되기 전, 티아는 재즈 음악가였던 조 제닝스Joe Jennings 교수를 만났다. 그날 이후로 제닝스 교수는 티아의 멘토이자 '제2의 아버지'가 되어주었다. 제닝스 교수의 세심한 지도 아래에 —그는 '함부로 재단하지 않는' 수많은 피드백을 주었다— 티아는 음악가로서의 재능을 찬란하게 꽃피웠고, 탁월한 연주를 하겠다는 의지를 갖게 되었다.

티아는 음악적 재능은 잠재의식에 스며들 때 더욱 강력해진다고 주장했다. 그 수준에 도달하면 구조를 세우게 되고, 그렇게 세운 구조가 반사신경에도 영구적으로 각인된다는 것이다. 티아는 하루에도 예닐곱 시간씩 색소폰을 연습했고, 목표를 달성하기 위한 계획을 세웠다.

"10년, 5년, 1년, 6개월, 한 달, 2주, 일주일 그리고 다음 날. 이런 식으로 목표를 설정했어요."

티아는 매일 자기 전 10분 정도 일기를 쓰며 다음 날 할 일을 계획했다.

"보통 아침 7시에 일어나서 운동하러 체육관에 갔죠. 운동이 끝나면 샤워한 다음 옷을 갈아입고, 강의실에 갔어요."

강의 사이에 비는 시간에는 색소폰을 연습하고 공부했다.

"균형 잡힌 생활을 하려고 노력했어요. 연습하고, 강의를 수강하고, 도서관 가는 것뿐만 아니라 친구들과 보낼 시간까지 모조리 계획해서 지켰어요. 그 계획들은 매일 밤 자기 전에 세웠죠."

티아는 식사 시간까지 계획했다. 보통 하루 세 끼 식사하고, 붉은 고기는 피했으며, 식단에는 채소가 포함되었다.

"운동, 연습, 공부, 친구들과의 만남. 모든 게 제 생활방식이 됐어요."

티아는 큰 프로젝트가 있을 때마다 먼저 그것을 끝낸 자기 자신을 '상상'했다.

"터널 끝에 있는 빛에 집중했고, 그 성취가 의미하는 바를 생각했죠. 비전을 구체화할 때 도움이 됐어요."

'비전'을 세운 후에는 가능한 온갖 자원을 동원해 그 비전을 실현하려 노력했다. 티아는 대학에 입학한 후 자신의 네트워크를 만들기 시작했다. 학업과 성장에 도움이 될 인연들을 만든 것이다. 국제재즈교육자협회 같은 단체도 가입해 명함을 모았다. 매주 금요일 저녁 6시 이후에는 늘 색소폰을 챙겨 지역 재즈클럽에 갔다. 행여 즉흥 세션 때 연주할 기회가 있을까 싶어서 준비해 간 것이다. 주중에는 밤늦게 열리는 잼 세션에 몰래 나가기도 했다.

2학년이 된 티아는 인류애, 보살핌, 용서, 지혜, 영성 등을 강조하는 사회단체에도 가입했다.

"다들 제가 활동하던 단체를 여학생들이 모이는 동아리쯤으로 생각했지만, 실은 그 이상이었어요."

뿌리는 종교적이었지만 기독교 단체는 아니었다. 단체에서는 일주일마다 해야 하는 의례들이 있었다. 그중 하나는 강의 과제에 대해 교수 혹은 다른 학생과 이야기하는 것 외에는 아무하고도 대화하지 않는 것이었다. 티아는 단체 활동과 성경 구절을 읽는 일상에서 큰 위안을 얻었다.

티아가 자신의 심층적 학습법을 발전시키고, 대학 생활을 성공적으로 해낼 수 있었던 것은 그녀의 열정과 호기심을 갖고 삶을 대하는 능력 그리고 내재적 동기 덕분이다. 티아는 비전을 세워 자신의 배움을 주도했다. 이를 통해 자신이 어떤 사람이 되고 싶은지 알 수 있었고, 자신을 지탱해 줄 습관을 개발해 실천했다.

"모든 게 제 생활방식의 일부가 돼야 했어요."

티아가 내린 결론이다.

티아는 스펠만대학을 우수한 성적으로 졸업했다. 더 공부하겠다는 계획은 없었지만, 콜로라도대학교 측에서 티아에게 전액 장학금을 주겠다며 재즈 교육 분야 석사 학위를 취득해 보라고 제안했다. 콜로라도대학교에서 석사 학위를 마친 티아는 뉴욕으로 이사했다.

다시 돌아와, 티아가 오디션을 마친 뒤 시간이 지나 '아버지날' 전의 금요일이 되었다. 하루 종일 앨범을 녹음하던 티아는 공연 제작진의 전화를 받았다. 추가 오디션을 보러 오라는 연락이었다. 결국 티아는 일요일에 밴드 세션으로 합격했다는 소식을 들었다. 이후 티아는 자신이 인생에서 다른 모든 일을 대했던 태도와 마찬가지로 비욘세 밴드에서 연주하는 일에도 임했다. 언젠가 기자와의 인터뷰에서 티아는 자신에게는 그때 밴드에서의 경험 또한 배움을 확장시켜 주는 경험이었으며, 세계 최고의 가수가 일하는 모습을 지켜보며 리더의 역할은 무엇인지 배우려 노력했다고 말했다.

어린 시절에 나타난 내재적 동기, 깊이 있는 탐구 그리고 적응 전문성을 기르는 데 필수 요인인 호기심은 끝까지 사라지지 않기도 하지만, 어떤 경우에는 나타났다가도 금방 사라진다. 때로는 사라졌다가 다시 나타나기도 한다. 당신은 어린 시절의 것들을 다시 찾을 수 있는가? 얼마 전 조카를 다시 만났다.

"요새 뭐 하고 지내니?"

"천문학을 가르치고 있어요."

조카가 웃으며 대답했다.

3장

무엇을 생각할 것인가

"어떻게 생각하는 동안 자기가 하는 생각에 대해 생각할 수 있을까요?"

얼마 전 내가 가장 즐겨 찾는 퓨전 페루 레스토랑에서 일하는 대학생에게 했던 질문이다. 학생은 당황한 표정을 지으며 나를 쳐다보았다.

"생각을 너무 많이 하는 거 같은데요."

학생이 내 테이블에 로스트 치킨, 플랜테인(남미의 열대과일), 밥이 담긴 접시를 내려놓으며 대답했다. 하지만 내 질문에 대한 대답은 대학에서 성과를 거두고, 창의적인 삶을 찾기 위해서라면 꼭 필요하다. 이 질문을 통해 실제로 인생을 사는 방식과 사고 패턴에서의 명확성을 높일 수 있다.

자신의 사고 패턴과 학습 접근법을 알면 내가 어떤 사람이 될지에 관한 문제에서 좀 더 주도권을 잡을 수 있다. 생각이 어떻게 작동하는지 파악해야 능력을 향상시킬 수 있기 때문이다. 폴 베이커 교수는 이 사실을 제대로 알고 있었다. 창의적이고 비판적으로 사고하는 사람들은 자기 자신과 대화하며 자신의 사고 패턴을 파악하고 조율하여 개선할 수 있다.

우리가 인터뷰했던 혁신적이고 생산적인 사람들에게도 이 같은 이야기를 반복해서 들을 수 있었다.

당신은 과거의 학생들에 비해 유리하다. 지난 40년 동안 여러 연구자가 자기 자신을 바라보는 방법을 연구하고 개발했다. 이 장에서는 그 새로운 방법 중 일부를 활용하여 당신이 전에는 해본 적 없었을 방식으로 자신을 파악할 수 있도록 돕고자 한다. 이를 위해 베이커 교수는 자기 자신과 대화하라고 조언했었다. 그 말은 자신이 어떻게 공부하고, 무엇으로 동기가 부여되며, 아이디어를 어떻게 떠올리고, 공간, 선, 시간, 소리, 색 등에 어떤 반응을 보이는지 파악해 보라는 의미다. 이러한 탐색은 스스로에게 큰 도움이 된다. 이 외에 인간 정신과 그 정신이 어떻게 작용하는지에 관해서도 살펴볼 것이다.

예측이 빗나갈수록
사고는 확장된다 —————

〈트루먼 쇼〉라는 영화가 있다. 영화배우 짐 캐리가 인기 리얼리티 TV 쇼의 주인공으로 평생을 산 트루먼 버뱅크라는 남성을 연기한다. 트루먼은 세상 밖에 또 다른 세상이 존재한다는 사실을 전혀 모른다. 자신이 사는 세계가 카메라가 숨겨진 정교한 스튜디오라는 사실, 그곳에서 일어나는 일이 모조리 전 세계에 방영되고 있다는 사실도 모른다. 우리 역시 그처럼 자기 생각에 갇힌 수감자일 수 있다. 즉 자기 생각 외에 다른 것은 아무엇도 모른다는 점에서 생각의 포로일 수도 있는 것이다. 하지만 감방을 열고 탈출하기 위한 열쇠 또한 바로 그 생각 속에 있다. 그 이유에 대해서 알아보자.

태어날 때 우리는 세상에 대해 아무것도 알지 못했다. 종교도 없었고, 정당에 속하지도 않았으며, 좋아하는 스포츠팀이나 배우도 없었다. 자동차를 운전할 줄도 몰랐다. 공원, 의자, 밤나무 아래 자라는 라일락 등 그 어떤 것도 전혀 알지 못했다. 심지어 언어조차 몰랐다. 그럼에도 우리는 보고, 듣고, 느끼고, 맛보고, 냄새를 맡을 수 있었다. 수백만 가지 빛과 소리가 눈과 귀를 강타했고, 섬유의 질감과 부모의 손길을 느꼈고, 모유를 맛보며 세상의 냄새를 맡았다. 우리의 두뇌는 그렇게 입력된 감각 정보를 이해하려 노력했다. 이 홍수같이 쏟아지는 신호를 해독하기 위한 사전이 기저귀 속에 있었던 것은 아니다. 어떤 도구도 없이 머릿속 500그램도 채 안 되는 '두뇌'라는 녀석은 꽤 놀라운 일을 해냈다. 이 감각 정보들에 패턴이 있음을 알아차린 것이다. 단서를 모으는 탐정처럼 두뇌는 세상이 작용하는 방식에 대해 어떤 모델을 구축했다. 처음 그 모델은 매우 단순했지만(예를 들어 '울면 밥을 주는군' 같은 생각), 시간이 지나며 복잡해졌다. 우리는 서서히 소리를 듣고, 사물을 알아보며, 행동의 성격을 알아차리기 시작했다. '연결' 작업을 시작한 것이다.

훨씬 더 놀라운 사실은 우리의 뇌가 이 같은 기이하고 놀라운 과정을 시작하며 스스로 창안했던 모델을 사용해 새로운 감각 정보들을 파악한다는 것이다. 그것도 '평생' 말이다. 그래서 우리는 이전에 한 번도 들어가 본 적 없는 방에서도 그것이 방임을 파악할 수 있다. 빛이 눈의 망막에

닿을 때뿐만 아니라 어두운 공간에서도 손의 신경을 자극하는 물체의 촉감으로 우리는 방향을 느끼고 움직일 수 있다. 예를 들어 이 과정에서 뇌는 다른 시간과 장소에서 입력된 감각 정보를 통해 미리 만들어둔 모델을 바로 호출해 어둠 속 물체가 의자임을 파악한다. 이러한 모델이 머릿속에 자리 잡고 있지 않다면 망막을 간지럽히는 빛도 아무 소용이 없었을 것이다. 우리의 뇌는 완전히 새로운 상황도 오래전 다른 공간에서 직접 구축한 정신 모델을 통해 해석하는 마법 같은 능력을 개발해 왔다.

하지만 이러한 능력은 오히려 세상을 보는 단일한 방식 안에 우리를 가두는 '감옥'이 될 수도 있다. 특히 무슨 일이 일어나고 있는지 제대로 생각하지 않을 때 더욱 그렇다. 1장에서 언급했던 물리학과 학생들을 기억하는가? A를 받았지만, 운동 원리가 실제로 어떻게 작동하는지는 전혀 모르는 학생들이 바로 감옥에 갇힌 두뇌의 좋은 예시다. 물리학과 학생들은 일상의 경험을 바탕으로 자신의 생각을 형성했다. 그들의 사고 패턴에서는 '자극이 없으면 아무것도 움직이지 않는다. 그러니 힘이 멈추면 운동도 멈춘다.' 그러나 물리학자들은 오래전부터 어떤 물체든 일단 움직이기 시작하면 (마찰 같은) 어떤 힘이 운동을 멈추지 않는 한 그 물체는 계속 움직인다는 사실을 알고 있었다. 힘은 물체의 운동을 지속하기 위해서가 아니라 물체의 운동을 시작하기 위해서 필요하다는 사실을 알고 있었다는 뜻이다. 이 미세한 지식의 변화는 위성을 궤도로 보내거나 인류를 달에 보낼 때, 하다못해 크게 원을 그리며 끈에 매단 공을 휘두르다 갑자기 탁 놓으면 공이 어느 방향으로 갈지 예측할 때도 엄청난 차이를 만든다. 그러나 학생들의 두뇌는 지식을 다른 방식에서 탐색해 보는 것을 허락하지 않았다. 그 결과 학생들은 두 물리학 교수가 직접 물체의 운동 과정을 시연해 주었음에도 대부분 운동 원리의 작동 결과를 제대로 예측하지 못했다.

어느 분야든 배움을 제약하는 요인은 위에서 말한 과정과 비슷하게 작동한다. 역사를 공부하는 학생들은 과거의 모든 사회가 자신이 속한 사회와 똑같이 작동할 것이라고 생각한다. 나름 합리적인 생각이다. 학생들은 자신이 사는 세상을 기준으로 스스로 만든 상자 같은 모델에 5세기 그리스나 20세기 초 미국의 상황을 끼워 맞추려 한다. 그 결과 그들은 인간이란 늘 비슷한 편견, 욕망, 가치관 혹은 사회적 관습을 갖는다고 추정한다. 하지만 이렇게 되면 과거에 살았던 사람들의 행동의 동기를 전혀 이해하지 못한 채 '인종' 같은 개념이 늘 인간 사고의 일부였다고 결론 내릴 수도 있다. 가령 고대 중국에는 현대의 인종 개념이 없었다. 그러나 일부 학생들은 고대 중국인들이 당시 중국 외부의 관습에 대해 가진 편견이 (문화적 편견이 아니라) 인종차별이었다고 생각한다. 또한 많은 학생이 오늘날과 같은 방식으로 이전의 기독교도들이 크리스마스를 기념했다고 생각하지만, 이러한 통념은 딱히 크리스마스 같은 명절을 챙기지 않으려 했던 청교도들은 전혀 고려하지 않은 것이다. 전쟁에 대한 관념 역시 시간이 지나면서 상당히 변했지만, 현대적 관점에서만 생각하는 학생들은 과거에 벌어진 전쟁이나 갈등의 원인을 이해할 때 큰 어려움을 겪는다.

우리는 누구나 자신의 현실을 구성하고, 현실을 구성했던 그 정신 모델(패러다임)을 이용해 새로운 감각 정보를 받아들이며 이해한다. 그러지 않으면 장소를 이동하는 일조차 쉽지 않을 것이다. 하지만 대체로 자신이 만든 정신 모델에 스스로 의문을 제기하지 못한다. 게다가 완전히 새로운 모델을 만드는 것은 더더욱 어렵다. 우리는 새로운 개념을 '오래된 상자'에 끼우려는 강력한 (그리고 대개는 성공적인) 습관을 보유했기 때문이다. 그러다 보면 결국 창문을 죄다 닫은 깜깜한 감옥에 갇힌 자신을 발견하게 될 것이다.

이 감옥에서 탈출하려면 우리 뇌가 실제로 어떻게 작동하는지, 즉 어떻게 현실을 구성해 가는지 알아야 한다. 그래야만 자신이 만든 한계를 넘어 다른 각도에서 세계를 상상하는 것이 가능하다. 사실 기존에 구축한 모델이 자신에게 맞지 않는 상황에 놓이지 않는 한, 다른 각도에서 세계를 바라보는 통찰이 일어날 확률은 매우 낮다. 다른 각도에서 세계를 바라보는 것, 즉 이 새로운 통찰의 순간을 '예상 실패'라 부른다. 두뇌는 (스스로 만든 모델 때문에) 어떤 일의 특정 결과를 예상하는데, 예상과 다른 결과가 발생하면 즉시 사고를 멈추고, 다시 이해해서 새로운 정신 모델을 구축해야 한다. 그렇다면 이 과정은 어떻게 이루어질까? 기존 지식을 의심할 만큼 경천동지驚天動地할 계시가 담긴 책을 읽을 수도 있을 것이다. 아니면 교수가 학생들의 사고를 자극하기 위해 미리 설계해 둔 질문을 던질 수도 있다.

"삶은 놀라움으로 가득 차 있어요. 알아채기만 한다면 말이죠."

닐 디그래스 타이슨의 말이다. 우리는 자기 생각이 '도전장'을 받지 못하도록 피하는 일에 아주 능하다. 예상 실패가 그 영향을 제대로 끼치려면 충격적이고 과감해야 한다. 또한 자신이 구축한 정신 모델이 제대로 작동하지 않는다면 왜 작동하지 않는지 그 이유에도 주의를 기울여야 한다.

일부 사람들은 우리가 앞에서 본 물리학과 학생들처럼 자신의 사고 패턴에 반하는 일이 반복되어도 기존의 정신 모델을 고수한다. 실험 당시 두 물리학 교수는 물리학 개론 강의가 끝난 후 학생들이 물리적 운동 원리를 이해하지 못한다는 사실을 깨닫고, 일부 학생들에게 물체의 운동을 시연해 보였다. 그러고는 학생들에게 끈에 묶은 공을 커다란 원 모양으로 휘두르다가 그 끈을 놓으면 공이 어느 방향으로 갈지 다시 물었다. 학생들은 잘못된 운동 원리에 대한 개념을 사용해 불가능한 결과를 예측했다. 교수들은 실제로 공을 던지며 실험했고, 학생들은 그 실험을 관찰하며 자신의 예측이 틀렸다는 사실을 깨달았다. 그러나 일부 학생들은 오류를 인정하고 운동 원리에 대한 이해를 바로잡는 대신 자신의 예측이 틀렸음에도 교수들과 논쟁을 벌이며 온갖 복잡한 방식으로 머리를 굴려댔다. 자신의 실수를 마주하고, 기존의 통념을 재고해야 마땅한데도 그들은 그러지 않았다.[1]

그들이 예상 실패를 경험하고도 기존의 통념을 고수한 이유는 단지 충분한 주의를 기울이지 않았기 때문일 수도 있다. 아니면 오래된 모델에 대한 정서적 집착이 심했기 때문일 수도 있다. 내가 미국사를 강의하던 당시, 과거에 있었던 어떤 역사적 사건을 두고 거의 종교적 신념에 가까운 확신을 가진 채 강의를 수강한 학생들을 만난 적이 있다. 그들은 다른 각도의 역사적 사실을 뒷받침하는 증거를 접하고도 그 부분에 대해 고려조차 하려 들지 않았다. 반면 우리의 연구에 참여해 인터뷰했던 사람들은 자신이 배우는 것들에 아주 깊은 관심을 보였다. 또한 세상이란 매혹적이고 끝없이 흥미로운 것이라 생각했으며, 새로운 발견을 곧 자신의 생각을 성장시키기 위한 하나의 탐구 과정으로 여기며 그 발견에 매료되었다. 그들에게 새로운 사고 패턴의 등장은 큰일이라거나 전혀 부담스러운 일이 아니었다. 실제로 그들은 자기 생각과 다른 통념에 흥미를 느꼈고, 이를 통해 익숙한 대상이나 상황을 새로운 방식으로 보았다.

"실패할 때야말로 뭔가 배울 수 있습니다."

버지니아대학교의 어느 학생이 해준 말이다.

세상을 바라보는 새로운 방식을 있는 그대로 받아들일 줄 아는 학생들은 누구일까? 젊은이들에게 양초와 성냥 한 갑, 핀 몇 개를 주고, 받은 물건만 사용해 양초를 판지로 된 벽에 수직으로 고정한 뒤 불을 켤 방법을 찾아보라고 요구했다. 당신도 한번 상상해 보라. 사실 이 고전적인 문제의 해법은 간단하지만, 어떤 이유에서인지 그 해결책을 쉽게 떠올리는 경우는 많지 않다(정답은 잠시 후에 말하겠다). 이 문제를 해결하기 위해서는 기존 규범을 탈피해 생각하는 능력이 필요하다. 그래서 이 테스트는 예상 실패의 '혜택'을 받는 사람들에게 유리하다. 그렇다면 문제를 해결한 예상 실패의 수혜자들은 평균 학점이 높거나 전공 분야가 남달랐을까? 이러한 사람들의 공통점은 과연 무엇일까?

노스웨스턴대학교 켈로그경영대학원의 연구자들은 이 문제를 신속히 해결한 사람들 대부분이 해외에 거주한 경험이 있고, 그 경험으로 낯선 사회의 새로운 문화에 적응한 적이 있다는 사실을 발견했다.[2] 단순한 해외여행 정도의 경험만으로는 도움이 되지 않는 것 같았다. 다른 문화가 있는 새로운 장소에 적응해 본 경험이 있는 사람들은 새로운 모델에 더 개방적이었기 때문에 문제도 더 창의적으로 해결할 수 있었다. 그들은 해외에 거주하면서 다른 언어로 소통해야 했고, 현지인들이 언제 무엇을 먹는지 등 새로운 문화와 관습에 익숙해져야 했다. 심지어는 어떤 전기 플러그를 사용하는지 파악해야 했고(전기가 아예 없을 때도 있었다), 낯선 사람을 맞이하는 방식에도 적응해야 했다. 다시 말해 해외에 거주하며 일상의 흔한 관행을 알아가려는 단순한 노력에서조차 예상 실패를 다반사로 겪어야 했던 것이다.

그렇다면 대학에 입학하기 전에 다른 나라로 이민을 다녀와야 할까? 아니다. 무엇이든 제대로 이해하기 전에 예상 실패를 여러 차례 경험하며 수십 번 다시 생각할 기회를 얻으면 된다. 훌륭한 스승은 예상 실패를 초래하는 도전을 시도하도록 돕는다. 우리는 자기 자신이나 타인에게 도전할 수 있고, 타인도 당신에게 도전할 수 있다. 우리가 연구한 사람들은 자신의 성향과 다른 사람을 찾아다녔다는 이야기를 많이 했다. 어떤 문제를 다른 관점에서 생각할 수 있도록 자극을 주는 사람과 관계를 맺으려 노력했다는 것이다. 노스웨스턴대학교의 캐서린 필립스_{Katherine Phillips}는 서로 다른 사회적 집단 출신끼리 함께 일하는 것만으로 (설사 그래서 불편하더라도) 더 나은 문제 해결사가 되는 데 훨씬 도움이 된다는 사실을 알아냈다.[3] 실제로 사회적 불편함은 오히려 '숨은 이득'이 될 수도 있다. 불편함을 회피하지 않고 수용한다면 도전적 사고를 받아들여야 하는 환경에 스스로 들어갈 수 있기 때문이다.

우리가 인터뷰했던 사람들에게서도 동일한 패턴을 찾을 수 있었다. 그들은 대개 다양한 문화에서 일했다. 그래서 일상적인 패턴에서 벗어나 본 경험이 많았다. 또한 낯선 도전을 즐겼고, 타인과 섞일 기회를 반겼다. 어린아이 같은 열의로 낯설고 새로운 상황에 뛰어들었다. 심지어 기존 모델에 심하게 거슬릴 정도로 감각적인 충격을 가하여 새로운 창조 기회를 즐겼고, 그 필요성을 높이 사기까지 했다.

두뇌가 정신 모델을 구축해 현실을 구성한다는 것을 이해하면 그 과정을 특정 방향으로 인도할 수 있다. 또한 그 과정에서 구성된 것들을 활용해 세상을 재해석할 수 있다는 사실을 알게 되면 기존 사고 패턴에도 의문을 제기하고, 그 생각과 싸우고, 기존 사고 패턴에 둘러싸인 감옥에서도 탈출할 수 있다. 또한 기존에 구축한 정신 모델이 제대로 작동되지 않는 환경에 놓이게 되면 기존 모델에서 벗어나 새로운 모델을 구축하고, 지식과 창작 능력을 넓히는 역량도 더욱 커질 수 있다. 이러한 예상 실패의 힘을 활용한다면 비록 불편한 관계일지라도 더 큰 창의력을 촉진시켜 줄 수 있는 사람들에게 의도적으로 자신을 노출할 수 있다. 자신의 사고 패턴을 성찰하는 일은 자신이 지닌 정신 모델의 힘을 판단하는 것부터 시작한다. 그러려면 자신의 기존 정신 모델을 벗어나는 데 필요한 것이 무엇인지 파악해야 한다.

앞에서 낸 양초 문제의 정답은 다음과 같다. 성냥갑의 성냥을 다 쏟아내서 버리고 빈 성냥갑을 벽에 붙인 다음, 양초를 성냥갑 속에 넣어 세우고, 성냥 하나를 써서 촛불을 켜면 된다.

삶의 조각을
맞추어가는 일 ──────────

자신의 사고 패턴을 알아보려면 두개골 내부에 있는 회백질이 복잡하다는 사실도 알아야 한다. 뇌과학과 심리학 연구를 통해 우리는 자기 자신을 이해할 수 있는 새로운 개념과 방법을 알게 되었다. 이것들은 하나의 도구로 작용하며 자기 자신과 나누는 대화를 심화시키고, 효과적이고 창의적인 사고를 가능하게 한다. 지금부터 하나의 뇌가 아니라 '세 개의 뇌'를 살펴보며 일부 과학적 연구의 핵심 성과들을 활용해 보고자 한다. 세 개의 뇌는 각각 '스팍(미국 유명 SF 시리즈인 〈스타 트렉〉에 나오는 논리적이고 냉철한 등장인물의 이름인 스팍에서 따왔다 - 옮긴이)의 뇌Spock brain' '악어의 뇌alligator brain' '쾌락의 뇌pleasure brain'라고 부르기로 한다.

'스팍의 뇌'는 정신 모델을 만들고, 그 모델을 저장하며(여러 가지를 기억하며), 그 모델을 이용해 새로 들어온 감각 정보들을 해석한다. 스팍의 뇌는 추론하고 결정하는 역할이기 때문에 크고 복잡하다. 또한 뇌의 다양한 부위들을 통합하며 작동한다.

'악어의 뇌'는 스팍의 뇌 한가운데 자리 잡은 아몬드 모양의 아주 작은 조직이다.[4] 밴더빌트대학교 의과대학의 뇌과학자 지넷 노든Jeanette Norden은 악어의 뇌의 기능을 다음과 같이 설명했다.

"아주 먼 옛날, 누군가 길을 걷고 있다 상상해 보세요. 이때 갑자기 주변 시야에서 뭔가 움직이는 게 포착됩니다. 길을 걷던 사람은 돌아서서 그게 뭔지 확인하죠. '커다란 이빨이 달린 커다란 고양이군.' 정상적으로 작동하는 뇌(스팍의 뇌)를 사용해 앞에서 움직이던 게 뭔지 그렇게 해석한 다음, '아, 검치호랑이구나'란 결론을 내린다고 해봅시다. 하지만 그때쯤이면 이미 그는 그 호랑이의 점심밥이 됐을 겁니다. 이런 이유로 뇌엔 훨씬 더 빨리 작동하는 두 번째 시스템이 필요합니다. 싸우거나 도주하도록 자극하는 뇌죠. 뇌의 정상 경로를 통해 앞에서 움직이는 녀석이 뭔지 알아내기 전에 이미 도망치도록 하는 뇌 말입니다."

그 두 번째 시스템, 소위 악어의 뇌는 노든이 말한 '싸우거나 도주하는' 반응을 일으킨다. 이는 두려움을 유발하는 상황에서 유용하다. 하지만 우리 뇌는 물리적 위협 상황과 심리적 위협 상황을 잘 구분하지 못한다. 위협을 느끼면 악어의 뇌는 부신에서 코르티솔이라는 호르몬을 방출시킨다. 이 화학물질을 반복적으로 흡수하면 스팍의 뇌에서 이루어지는 기억 형성 과정에 방해가 될 수 있다. 극도의 스트레스를 받는 사람들에게 자기 이름조차 기억하지 못할 때가 생기는 이유다.

학생들에게는 이러한 위협이나 불안이 상당한 영향을 끼친다. 예를 들어 시험을 앞두고 큰 불안을 느끼게 되면 악어의 뇌가 정상적인 사고를 방해한다. 과도한 시험 불안에 시달리며 악어의 뇌가 날뛰도록 방치할 수밖에 없는 상황에 놓이는 것이다. 물론 긴장을 풀면 해결된다. 자신의 뇌에서 일어나는 일을 파악하면 긴장 풀기가 훨씬 더 쉬워진다. 하지만 이 과정을 이해하지 못하면 긴장을 풀기란 거의 불가능해진다. 일부 학생들은 규칙적으로 긴장을 푸는 운동을 한다고 말했다. 스트레스를 이해하는 것만으로도 압박감을 느낄 때마다 잠깐 멈추고 긴장을 푸는 습관을 만들 수 있었다고 말한 학생도 있다.

"시험 중에 공황 상태에 빠지면 몇 분 동안 마음을 가다듬어요. 그건 절대 시간 낭비가 아니죠."

자신을 이해하고, 관점을 더 넓히면 큰 변화가 찾아온다고 말한 학생도 있다. 스티븐 콜베어의 어머니가 그에게 해준 조언을 기억하라.

"순간의 실망은 영원이란 관점에서 보면 사소한 일이다."

당면한 그 순간은 무시무시해 보일 수 있다. 하지만 걱정해 보았자 상황만 더 악화시킬 뿐이다.

이제 다시 스팍의 뇌로 돌아가 보자. 스팍의 뇌는 기억과 추론, 결정 등 여러 가지 기능을 수행하는 일련의 시스템이다. 이 시스템은 매우 복잡하다. 굳이 이 지면에서 뇌과학의 길로 새고 싶지는 않다. 하지만 스팍의 뇌가 복잡한 방식으로 작동한다는 점은 명심해야 한다. 하버드대학교의 심리학 교수 엘런 랭어Ellen Langer는 이 시스템의 복잡성을 이해하는 법을 제시했다. 랭어 교수는 스팍의 뇌가 '무심'과 '전념', 두 가지 방식으로 작동한다고 말했다. '무심한 뇌'는 기계처럼 자동으로 작동한다. 수백 번 걸었던 길을 걷거나 수백 번 풀어본 문제를 풀 때 별다른 생각 없이 저장된 지시를 따르기만 하면 된다.[5]

반면 '전념하는 뇌'는 주의를 기울이는데, 이것이 그저 응시한다는 의미는 아니다. 어떤 관념이나 단어, 사건, 물체 등에 주의를 기울인다는 것은 내가 그것을 의식적으로 인지하고 있으며, 어떻게 반응하는지 내가 지금 갖고 있는 호기심과 그 호기심에 집중하는 방식까지 생각한다는 뜻이다. 즉 머릿속에서 생각할 거리를 이리저리 굴리며 생각의 대상 그리고 그것과 상호작용하는 방식 모두를 새로운 시각에서 이해할 방법이 무엇인지 찾는 것이다. 나는 내가 생각하는 사건이나 대상에 관한 개념이나 방법을 다룰 새 범주를 계속 만들 수 있고, 타인이 내가 만든 범주에 도전 장을 내미는 다른 범주를 만들 수 있다는 사실도 알고 있다. 나는 이전에 없던 새로운 방식으로 대상을 살펴보며 이를 이해하고, 비교하고 대조하며, 활용하는 모습도 상상해 본다. 그러면서 내가 모르는, 혹여나 내 생각을 뒤집어 버릴 수도 있는 것이 무엇일지 항상 궁금해했다. '나는 뭘 놓치고 있는가?' '다른 상황이라면 나는 이걸 어떻게 이해하거나 활용할까?' '내가 이걸 다르게 생각한다면 어떨까?' '다른 사람은 이걸 어떻게 생각할까?' 이는 어떤 하나의 사안을 깊이 생각하는 방식이기도 하다.

셰리 카프카와 다른 학생들은 베이커 교수의 강의에서 받았던 '훈련'을 통해 전념하는 뇌에 도달할 수 있었다. 그들은 강의 때마다 무대 위를 걷거나 나뭇가지, 돌, 풀잎과 같은 평범한 물체 혹은 사건을 새로운 시각에서 다시 바라보았다. 그리고 그것이 가진 리듬, 선, 소리, 실루엣 등에 대해 생각했다. 또한 공간에 대해서도 생각하며 그 공간에서 완전히 새로운 방식으로 움직이려 고민했다. 물체를 탐구하고, 그 선을 확장해 리듬을 만들고, 궁극적으로는 그 과정에서 흘러나오게 된 캐릭터와의 대화를 창조했다. 무엇보다 그들이 탐색 과정을 통해 자신의 사고 패턴이 작동하는 방식, 자신이 무언가를 이해하는 방식 그리고 자신이 그것을 완전히 다른 관점에서 이해할 가능성과 방식에 주의를 기울였다는 점이 가장 중요하다. 한마디로 그들은 전념을 배우고 있었다.

무심이나 전념의 상태가 무엇을 의미하는지 깨달으면 자신의 사고 패턴도 조율할 수 있다. 스팍의 뇌는 무심과 전념, 두 가지 방식 중 어느 방식으로든 작동시킬 수 있다. 가장 높은 수준의 전념 상태는 자신이 전념하고 있다는 사실을 자각하고, 무심과 전념의 차이를 아는 상태다. 랭어 교수는 이러한 사람들에게서 세 가지 특징을 발견했다. 전념하는 사람들은 새로운 범주를 끊임없이 창조했다. 또한 새로운 정보에 개방적이며, 늘 두 가지 이상의 관점을 생각했다. 그들은 참신함과 차별성의 의미를 인지했다. 늘 다양한 맥락과 관점에 주의를 기울이며 삶을 살았다. 랭어 교수는 전념이 무심으로 바뀌었다가 다시 무심이 전념으로 바뀌며 각자의 상태로 돌아간다고 했다. 무심한 상태에서는 두뇌가 기존의 오래된 범주에 갇혀 '새로운 신호'에 주의를 기울이지 않으며, 생각의 관점 또한 하나밖에 없는 것처럼 작동한다. 이 같은 무심에 대해 랭어 교수는 마치 자동 조종 장치와 같다고 말했다.

하지만 '절대 진술'을 '조건 진술'로 바꾸기만 해도 전념 상태에 도달할 수 있다. 예를 들어 한 교수가 어떤 물체를 보고 "무엇**이다**"라고 말했다고 해보자. 만일 그 말을 "무엇**일 수 있다**"라고 바꾼다면 생각에도 큰 차이가 생길까? 랭어 교수는 한 실험에서 학생들을 두 그룹으로 나누고, 각 그룹에 어떤 물건을 하나씩 주었다.[6] A 그룹은 "이건 개가 씹는 장난감**이다**"라는 말을 들었고, B 그룹은 "이건 개가 씹는 장난감**일 수 있다**"라는 말을 들었다. 실험이 진행되고, 두 그룹 모두 지우개를 써야 할 일이 생겼다. **"일 수 있다"**라는 말을 들은 학생들만 개 장난감을 지우개로 사용했다. **"이다"**라는 말을 들은 학생들은 개 장난감이 지우개가 될 수 있다는 아이디어를 전혀 떠올리지 못했다.

언어가 우리의 사고를 어떻게 형성하는지 인식해야 한다. 그러면 우리

———————

가 일상에서 접하는 모든 것에 다른 범주를 적용해 볼 수 있다. 랭어 교수는 학생들이 사용하는 단어나 표현을 바꾸는 것만으로 전념 상태에 도달하는 경우가 많아진다는 사실을 여러 차례 발견했다. 누구나 사용하는 단어와 표현의 범주를 바꾸기만 해도 세상과 자신을 변화시킬 엄청난 힘을 발휘할 수 있다. '내가 이 문제를 완전히 오해하고 있을지도 몰라.' '내가 직면한 문제를 다른 방법으로 바라볼 수 있을까?' '내가 사용할 수 있는 다른 단어나 표현이 있을까?' 뇌는 더욱 창의적으로 변하며, 삶은 더욱 흥미진진해질 것이다.

랭어 교수는 또 다른 실험에서 물리학을 배우는 고등학생들을 두 그룹으로 나누었다. 짧은 영상을 보여주며 C 그룹에 "이 영상은 물리학에 대한 **여러 관점 중 하나를 제시하는 데 불과합니다.** 여러분에게 도움이 될 수도 있고, 안 될 수도 있죠. 문제를 푸는 데 도움이 될 만한 추가적인 방법이 있다면 자유롭게 사용하세요"라고 요청했다. 반면 D 그룹에는 "영상을 보고, 본 내용을 문제에 적용하세요"라고만 말했다. C 그룹은 개념을 훨씬 더 깊이 이해했고, 문제를 해결할 때도 상상력을 더 풍부하게 사용했다. D 그룹의 일부 학생들은 영상 자료에 불만을 제기했지만, C 그룹에서는 아무도 불만을 제기하지 않았다. 게다가 C 그룹의 학생들은 자신이 하는 과제를 즐겼다. 수많은 실험을 통해 랭어 교수의 연구팀은 전념하는 공부가 즐거움을 만드는 반면, 무심한 공부는 지루함을 유발한다는 사실을 발견했다.

교과서 속 표현을 바꾸는 것만으로도 이러한 변화를 만들 수 있다. '그럴 수도 있다'와 '일 수도 있다'와 같은 표현을 읽은 학생들은, 이러한 표현이 없는 똑같은 내용을 읽은 학생들보다 훨씬 더 많은 해결책을 상상했다. 그들은 독서도 더 즐겼는데, 무엇을 읽든 대체로 그 안에서 참신한 것들을 찾아냈다. 다른 결말을 상상하거나 다른 시간대 혹은 장소에 있는 사람이 같은 문장을 어떻게 읽거나 들을지 생각할 때 학생들은 더 많은 내용을 기억했다. 게다가 내용을 더 재미있다고 느꼈고, 창의적인 역량을 더 발전시켰다. 랭어 교수는 신체의 각 명칭을 암기하는 일이 얼마나 지루할지 상상해 보라고 말했다. 하지만 만약 신체 모형을 조립하거나 분해하는 게임을 통해 외운다면 암기 과정도 흥미로운 작업이 될 수 있다. 역사도 마찬가지다. 스탠퍼드대학교의 어느 교수는 학생들에게 자신을 독일 역사 속 특정 인물로 꾸미며 그 인물의 관점에서 역사의 발전에 관한 일기를 써보라고 했다. 가령 한 학생에게는 1900년 베를린의 어느 매춘부의 자식으로 태어났다고 상상해 보라고 말했다. 1900년 매춘부의 자식이 된 그 학생은 1914년에 발발했던 전쟁이나 1920년대 나치당과 아돌프 히틀러의 등장을 어떻게 생각하게 될까? 이런 식의 게임은 누구나 할 수 있다. 새로운 관점에서 대상을 살펴보고, 새로운 범주를 창조할 수 있다. 다양한 방식으로 자신만의 삶의 조각을 부단히 만들어나갈 수 있다.

생각을 통제하는
생각들 ────────

랭어 교수가 사고 능력을 무심과 전념으로 나누었다면, 뇌과학자 키스 스타노비치Keith Stanovich는 '자동적 사고'와 '성찰적 사고'로 나누었다. 혹시 똑똑한 사람들이 때때로 왜 어리석게 행동하는지 궁금해한 적이 있는가?[7] 스팍의 뇌라고 해서 늘 뇌가 스팍처럼 논리적이지는 않다. 우리의 뇌는 게을러서 언제나 제일 쉬운 방법을 찾으려는 경향이 있다. 참신하게 생각하고 깊이 있게 성찰하기보다 익숙한 길을 따르는 자동적 사고를 활용할 때가 더 많다. 연구에 따르면 자동적 사고가 사용하는 일련의 규칙들이 있다. 뇌는 문제를 해결하기 위해 작은 규칙들을 만들어두고, 새로운 어려움에 직면했을 때 더 생각하지 않고 만들어둔 규칙을 자동으로 적용한다. 스팍의 뇌가 틀에 박힌 자동적 사고에서 벗어나려면 의도적인 노력을 기울여야 하므로 틀에 박힌 사고가 무엇인지 알아두면 도움이 된다.

내 편 편향

사람들은 대개 자기 관점에서 사고하는 경향이 있다. 과학자들은 이러한 경향을 '내 편 편향' 또는 '확증 편향'이라 부른다. 예를 들어 어느 연구에서 정치인들이 앞뒤가 맞지 않는 발언을 했을 때 그 사실을 쉽게 알아차리는 경우는 해당 발언을 한 정치인이 자신이 지지하지 않는 정당 소속임을 알고 있었을 때뿐이었다. 반면 앞뒤가 맞지 않는 발언을 한 정치인이 자신이 지지하는 정당 소속이라면 그 모순을 전혀 알아채지 못했다. 심리학자 드루 웨스틴Drew Westen이 미국 정치인들, 일부는 공화당, 일부는 민주당의 발언을 사람들에게 들려준 후 발견한 사실 역시 같은 현상이다.[8] 대학생들에게 (장기 매매 합법화같이) 논란이 되는 정책에 대한 찬반 토론을 시킬 경우 대체로 양쪽에서 비슷한 수준의 합리적인 논리를 만들어낸다. 하지만 (대학 재정 충당을 위한 등록금 인상처럼) 자기 삶에 더 밀접한 주제에 대한 찬반 토론을 시켜보면 자신이 이미 믿고 있는 주장에 반대되는 근거는 별로 떠올리지 못한다.

내 편 편향은 심지어 자신의 편견을 판단하는 데도 영향을 끼친다. 여러 연구를 통해 대개 자신이 타인보다 더 객관적이라고 생각하는 경향이 있다는 사실이 드러났다. 특히 타인이 자신과 반대되는 의견일 때 그랬다. (내 편 편향에 대해 알게 되었을 때 당신은 어떠했는가? 혹시 나는 이 편향에 해당하지 않는다고 생각하지는 않았는가?) 누구나 자신이 이미 믿고 있는 주장을 확인하기 위해 증거를 찾고, 가설을 실험하며, 관련 정책을 평가하려는 경향이 있다. 자신이 틀렸다는 사실을 입증하는 근거를 찾는 것보다 자신이 옳다는 사실을 입증하는 근거를 찾기가 더 쉽기 때문이다. 그렇지만 자기 생각이나 의견과 다를 가능성이 있는 사실을 확인하고 입증하는 일이야말로 합리적 사고에 접근하는 근본적인 방법이다.

스타노비치는 심리학자 리처드 웨스트Richard West와 함께 내 편 편향을 극적으로 입증한 바 있다.[9] 그들은 미국인 수백 명에게 어느 독일산 자동차가 위험하다는 소문을 가짜로 지어내 퍼뜨렸다. 소문에 따르면 이 독일산 자동차가 사고 시 다른 차량에 탑승한 사람들을 사망하게 하는 비율이 일반 자동차의 8배나 더 높았다. 그들은 미국인들에게 미국 정부가 미국 고속도로에서 이 독일산 자동차를 금지해야 하는지 물었고, 약 80퍼센트가 '그렇다'고 응답했다. 그러나 어느 미국산 자동차가 사고 시 다른 자동차보다 8배나 더 많은 사람을 사망에 이르게 했다는 진실을 들은 미국인 중 독일 정부가 독일 고속도로에서 미국산 자동차를 금지해야 공정하다고 응답한 사람은 겨우 50퍼센트에 불과했다.

현저성 편향

누구나 '현저성(생생함) 편향'에 영향받는다. '생생한' 예시를 하나만 들어도 방대한 통계 자료를 쉽게 외면한다. 그리고 통계 자료가 가리키는 사실과 정반대를 가리키는 예시를 쉽게 믿는다. 생생하게 전달되는 정보는 지루한 사실보다 더 큰 관심을 끈다. 증거를 통한 사고가 어렵다고 회피해 버리는 것이다. 랭어 교수가 이러한 현상을 본다면 '결여된 전념 상태'라고 할 것이다. 스타노비치는 "인간은 두뇌 구두쇠다"라고 말했다. 뇌를 신중하고 주의 깊게 사용하지 않고, 그저 생생함에만 주목한다는 단순한 규칙을 세워 두뇌 에너지를 낭비하지 않으려 한다는 것이다.

예를 들어 2001년 9월 11일 세계무역센터 테러 이후 미국 내 항공기 이용이 감소한 이유는 비행기 탑승을 두려워하는 사람들이 증가했기 때문이었다. 많은 사람이 비행기 대신 장거리 운전을 택했지만, 사실 이는 어리석은 선택이다. 비행기보다 자동차로 인한 사고율이 훨씬 더 높기 때문이다. 스타노비치는 2001년 말에만 300명 이상이 직접 장거리를 운전하다 사망했다고 추산했다. 하지만 두뇌라는 인지 구두쇠는 이 같은 수학적 계산조차도 생생한 예시를 직접 볼 때까지 제대로 하지 못했다.

만약 1만 명이 사는 마을에서 1288명을 사망에 이르게 한 질병과 100명이 사는 마을에서 스물네 명을 사망에 이르게 한 질병이 있다면 둘 중 어느 병이 더 심각할까? 워싱턴대학교 학생들에게 이 질문을 던졌을 때 학생들은 대부분 1288명의 사망을 더 심각하다고 여겼다. 사실 사망률로 따지자면 1만 명 중 1288명의 사망률이 더 낮다. 하지만 숫자가 클수록 더 생생하게 느껴진 것이다. 펜실베이니아주에서 진행된 한 실험에서는 300만 명의 잠비아인과 1100만 명의 에티오피아인이 굶주림에 직면했다는 정보를 접했을 때보다 어느 어린 소녀의 사진과 그 소녀의 비참한 상황을 들었을 때, 대학생들이 국제아동구호단체인 '세이브더칠드런'에 더 적극적으로 기부한 것으로 나타났다. '구체적인 피해자'가 '차가운 통계'보다 더 생생하게 느껴진 것이다. 붉은 고기를 먹으면 소해면상뇌증에 걸릴 수 있다는 말을 들었을 때와 붉은 고기를 먹으면 광우병에 걸릴 수 있다는 말을 들었을 때 어떤 말이 더 두려운가?

무엇을 가장 생생하게 느끼는지는 성격도 한 요인이 될 수도 있다. 낙관적인 사람에게 그가 1000명 중 300등이라고 말한다면 100명 중 30등이라는 말을 들었을 때보다 더 좋아한다. 비관적인 사람에게서는 그와 반대되는 반응을 볼 수 있다. 하지만 따지고 보면 동일한 석차다.

실제 비율보다 높은 숫자에 더 생생함을 느끼는 사람들도 있다. 몇 년 전 한 연구에서 학생들은 슬롯머신에서 잭팟을 터뜨리는 비율에 대해 '10분의 1'보다 '100회 중 9회'의 확률이라는 말을 듣고 더 좋아했다. 사실 10분의 1이 100분의 9보다 더 큰 확률인데도 말이다.

프레이밍 편향

마지막으로 문제나 질문을 둘러싼 '프레임'이 질문 답변 방식에 영향을 끼칠 수 있다. 당신은 연간 25만 달러 '이상의' 소득을 얻는 사람들의 세금을 '인하'하는 데 찬성하겠는가? 보통 세금 인하 정책을 지지하기에 이 세금 인하에도 찬성할지 모른다. 하지만 25만 달러 '미만의' 소득을 얻는 사람의 세금을 '인상'하는 데 찬성하는지 질문했다면 당신은 반대했을지도 모른다. 사실 이 두 질문은 정확히 동일한 정책을 **나타낼 수 있다.** 마찬가지로 주택 소유자, 즉 임대인의 세금을 감면한다면 박수를 칠지도 모른다. 하지만 스타노비치가 지적했듯 같은 정책을 '임차인에게 내리는 벌칙'으로 바꾸어 부른다면 매우 불공평하다고 느낄지도 모른다. 만약 국가 부채를 늘리지 않고, 전반적으로 세금을 감면하는 정책을 제시한다면 지지하겠는가? 그렇다면 그 정책의 이름을 바꾸어 (장학금 같은) '정부 복지를 줄이는 정책'이라고 말해도 여전히 지지하겠는가?

당신이 다니는 대학에서 심리 실험을 했는데, 당신이 이 실험에 참여했다고 가정해 보자. 실험 연구자가 당신에게 50달러의 '보수를 준다'고 했다. 당신의 친구도 함께 참여했는데, 친구는 50달러의 학비를 '환급받는다'는 말을 들었다. 50달러를 즉시 쓸 가능성이 더 큰 학생은 누구일까? 바로 당신이다. 보수를 받는다는 말을 들으면 현재 경제 상황보다 더 나아졌다고(돈을 더 쓸 여유가 생겼다고) 느끼기 때문이다. 반면 환급은 단순히 (학비를 내기) 이전 상태로 돌아간다는 의미를 전달할 뿐이다. 돈이 더 생긴 것이 아니라 그저 기존 상태로 돌아가는 것이기 때문에 이 같은 프레임으로 반응하는 방식이 달라질 공산이 크다.

프레이밍이 이처럼 강력한 영향을 미친다면, 그것은 다시 말해 타인이 내 사고 패턴을 형성할 수 있다는 뜻이기도 하다. 하지만 자신의 사고 패턴을 제대로 이해하는 법을 배운다면, 즉 '사고 훈련'을 통해 내 편 편향·현저성 편향·프레이밍 편향의 자연스러운 패턴도 찾아낼 수 있다. 사고 훈련은 수준 높은 대학 교육을 통해 받을 수 있다. 또한 보통 때는 떠오르지 않을 새로운 사고 패턴을 개발하는 과정에서도 사고 훈련이 가능하다. 과학적 사고를 통해 특정 가설이나 언설言說에 대한 의구심을 뒷받침할 근거를 찾고, 그것들을 무력화하는 **증거를 탐색하는** 법을 배울 수 있다. 통계학에서는 **확률을 기준으로 사고하는** 법을 배울 수 있다. 역사학과 인류학에서는 시간의 흐름에 따른 변화를 이해하는 법, 즉 **역사적 관점을 키우는** 법을 배워야 한다. 우리가 사는 시대와 장소가 강요하는 정신 모델을 벗어나 다른 모델을 활용해 지금과는 다른 시대와 문화를 이해할 수 있어야 한다. 대학에서 공부하는 학문은 사고하는 법과 자신의 사고 패턴을 성찰하는 법을 알려준다. 창의력이 뛰어난 사람들은 다양한 학문을 통해 인생을 탐구하며, 학문 사이에 존재하는 상호 연관성을 인식한다. 그들은 통합하는 법을 배우고, 이를 유념해서 의식적으로 사고하는 법을 배운다. 어떤 수학자는 무용을 보며 그 창작물 뒤에 숨겨진 기하학을 보고, 어떤 무용수는 몸을 움직이는 기량을 높이기 위해 뛰어난 수학자처럼 사고할 수도 있다.

수년간 대학 교육 전반에 걸쳐 교수들은 특정 학문 내에서 사고한다는 것이 무엇을 의미하는지 고민했다. 또한 과학적·역사적·사회적·경영적·창의적으로 다양한 사고 패턴을 다른 형태의 사고 패턴과 어떻게

3장. 무엇을 생각할 것인가

통합해야 참신하게 이해하고, 감상하고, 창조하고, 이론을 세우고, 문제를 해결하는 방법을 찾을 수 있는지도 고민하고 있다. 교수들은 학생이 자신의 사고 패턴을 성찰하도록 도울 새로운 방법을 모색하고 있다. 그러니 그들과 적극적으로 대화하라. 이러한 시도를 하는 학교와 학과, 교수를 찾아가야 한다. 대학이 이러한 시도를 아직 하고 있지 않다면, 하라고 요구해야 한다.

즐거움이
세상을 바꾼다 ─────────

인간에게 '쾌락의 뇌'가 있다는 인식은 아마도 뇌과학에서 가장 위대한 발견일 것이다. 게다가 이러한 인식은 점점 더 커지고 있다. 노든은 이를 두고 "인간이 만들어진 목적은 세상을 즐기기 위해서다"라고 역설했다. 쾌락의 뇌는 사실 두뇌에 있는 특정 부위가 아니라 삶에서 커다란 기쁨을 찾기 위한 일련의 연결망이다. 우리와 인터뷰했던 사람들은 쾌락, 즉 미지의 것을 향한 경외심과 자기 일에 대한 열의 그리고 삶에 대한 열정을 보여주었다. 그들은 타인의 위대한 지적 성과를 발견하고, 그것이 자신의 사고 패턴과 창의적 성장에 도전장을 내밀었다는 점에 흥분했다. 물론 타인의 성취를 보고 움츠리거나 질투심을 느끼는 사람들도 있지만, 우리와 인터뷰했던 사람들은 타인의 성과를 성장 기회로서 기꺼이 받아들였다. 타인의 성취가 자신의 사고와 성장에 제기한 '도전 과제'를 받아들이는 것에서 순수한 기쁨을 느꼈다. 그들이 기쁨을 느낄 수 있었던 비결은 목적지가 아니라 목적지까지 가는 여정을 즐거워했기 때문이다. 창조의 결과가 아니라 창조하는 과정에 몰입한 것이다. 또 한 가지 비결은 그들이 어떤 과제를 대할 때 필요악이 아니라 실제로 과제 자체를 즐겼다는 데 있다. 그리고 이 모든 비결을 하나로 묶어준 가장 큰 힘은 바로 일과 삶의 즐거움을 가능성으로만 대하지 않고, 현실화할 수 있다고 믿는 단순한 인식이다. 자신이 일과 삶을 조화롭게 즐길 수 있는 내적 역량을 갖고 있음을 알면 그 역량을 켤 스위치를 찾으려 할 테고, 그러면 그 스위치 또한 자기 자신에게 있다는 사실을 알게 될 것이다.

"여러분이 이 강의실에 들어올 때 장착해야 할 건 여러분 자신과 참여 의지입니다. 바로 거기에, 이 강의에서 여러분이 하는 모든 게 달려 있습니다."

'능력 통합' 강의 첫날, 베이커 교수가 했던 말을 떠올려 보라.

쾌락과 배움 사이의 연결고리는 다양한 연구를 통해 발견되었다. 랭어 교수는 여러 실험으로 사람들이 전념 상태에서 더 많은 것을 배울 수 있을 뿐만 아니라 더 많이 즐거워한다는 데 주목했다. 또한 프레이밍이 사람들의 활동 대응 방식을 형성한다는 점도 발견했다. 랭어 교수는 한 그룹에게 과제를 주며 "일을 한다"라고 말하고, 다른 그룹에게는 같은 과제를 주며 "게임을 한다"라고 표현을 바꾸어 말한 어느 유명한 실험을 진행했다. 결과는 당신이 짐작하는 그대로다. "일을 한다"라는 말을 들은 그룹은 정신이 딴 데 가 있거나 지루해했던 반면, "게임을 한다"라는 말을 들은 그룹은 똑같은 과제인데도 즐겁게 참여했다. 바너드대학의 역사학 교수 마크 칸스_{Mark Carnes}가 했던 강의에서도 비슷한 패턴이 발견되었다. 칸스 교수는 학생들이 어떤 역할을 맡아 직접 강의하되 시간적 배경은 과거인 '정교한 게임'을 고안했다. 이 게임에 참여하며 학생들의 관심사와 참여도는 크게 달라졌다. 학생들은 다양한 관점을 존중할 줄 알게 되었고, 역사에 대한 이해도도 크게 높아졌다.[10] 나 역시 냉전 시대 역사를 다루는 강의에서 학생들이 역사 속 한 인물을 맡아 시뮬레이션 하도록 유도하는 사례 연구를 활용해 비슷하게 좋은 결과를 얻었다.

강력한 프레이밍으로 타인이 만드는 프레임에도 주의를 기울일 수 있고, '프레임의 독재'를 벗어나 자기 일을 즐기게끔 도울 수 있는 세계관을 스스로 조합하는 것도 가능하다. 우리는 모두 뇌 깊숙한 곳에서 쾌락의 정수를 뽑아내는 스위치를 찾을 수 있다. 나는 이것이야말로 우리가 인터뷰했던 사람들이 끊임없이 지속한 작업이라고 생각한다.

수많은 학교에서 우리가 배우는 온갖 내용을 지루하고 따분하게 프레이밍한다. 점수는 외부의 동기 유발 요인이 될 수 있지만, 내적 흥미는 감소시킨다. 학생들은 대개 자기 자신이 아닌 교수를 위해 공부한다. 자신의 목표가 아니라 과제 수행과 요구 충족을 위해 공부했다. 그러나 우리와 인터뷰했던 사람들은 이러한 환경을 극복하고, 자신의 사고를 끊임없이 성찰하면서 세상을 재구성했다. 티아 풀러는 한번 색소폰 연주 연습을 시작하면 지루한 음계 연습을 몇 시간이고 했다. 자신이 되고 싶은 사람이 어떤 모습인지 잘 알았고, 배움의 주도권을 쥐고 있었던 덕분에 티아는 공부하는 과정에서 즐거움을 발견할 수 있었다. 타인을 위해 '해야만 하는' 공부가 아니라 그녀 스스로 '선택한' 공부였기 때문이다. 그렇지 않았다면 불가능했을 것이다. 영국의 코미디언 스티븐 프라이Stephen Fry가 셰익스피어를 망치는 것은 학교가 아니라는 말을 한 적이 있다. '정신 상태가 나태하지 않다면', 즉 자기 생각을 곱씹으며 쾌락의 스위치를 자신이 직접 조정하고 있다는 사실을 안다면 학교는 셰익스피어의 작품을 올바르게 감상하는 일을 방해할 수 없으니 학교가 셰익스피어를 망친다는 말은 어불성설이라는 것이다. 프라이는 그 말이 지리 과목에서 그랜드캐니언과 레이크 지방에 대해 배우는 바람에 그곳의 풍광을 제대로 즐길 수 없다고 말하는 것이나 다름없다고 말했다.

"셰익스피어는 풍경 같은 겁니다. 그냥 거기 있을 뿐이죠. 누가 망치고 말고 할 게 없어요."[11]

우리가 연구했던 사람들의 삶에 어마어마한 변화를 초래한 것은 위대한 스승들이었다. 그들은 가장 탁월한 스승 밑에서 역량을 꽃피웠다. 최악의 스승 밑에서 시들어간 적도 있지만, 항상 자기 내면에서 쾌락의 스위치를 찾아냈다. 배움의 주도권을 쥐고, 세계의 프레임을 다시 구축하고, 능동적으로 목표를 추구하며 다시 일어섰다.

일련의 연구에서는 심지어 웃음까지도 배움에 큰 영향을 끼친다는 사실이 밝혀졌다. 노스웨스턴대학교의 심리학 교수 마크 비먼Mark Beeman과 그의 연구팀은 학생들에게 단어 퍼즐을 풀기 전 영화배우 로빈 윌리엄스의 코미디 연기를 담은 짤막한 영상을 보여주었다. 윌리엄스의 영상을 본 학생들은 중립적이거나 불안을 유발하는 영상을 본 학생들에 비해 단어 퍼즐 성적이 유의미하게 높았다. 비먼 교수와 연구팀은 좋은 기분이 세계의 온갖 변화를 만들 수 있다는 것, 웃음과 웃음에 동반된 쾌락은 두뇌가 복잡한 문제를 풀도록 준비시킬 수 있다는 것, 특히 정신적 혼동이라는 정글을 헤쳐 나갈 수 있는 예상치 못한 통찰을 발전시킨다는 것을 발견했다.[12] 우리 또한 고도의 성취를 일군 사람들을 인터뷰하며 그들이 얼마나 쉽게 웃고 쾌활하게 떠드는지, 세상을 주제로 얼마나 즐거워하는지 보고 깜짝 놀랐다.

달려오는 기차에
올라타는 법 ─────

우리를 이해하기 위한 또 다른 중요한 사실은 사회심리학에서도 찾을 수 있다. 당신이 살고 있는 사회에 부정적인 고정관념이 만연해 있다면 그러한 고정관념의 존재만으로도 당신의 성과에 영향을 줄 수 있다. **당신이 그 고정관념을 거부한다고 해도 마찬가지다.** 마지막 부분을 강조한 이유는 그것이 이 연구에서 가장 중요한 발견이기 때문이다. 1930년대로 거슬러 올라가 보자. 영국의 미술사학자 케네스 클라크Kenneth Clark는 인간은 자신이 속한 집단이 무엇이든, 그 집단에 대한 부정적인 고정관념을 받아들이게 되면 그 부정적 고정관념의 이미지가 자연히 개인 성과에 영향을 끼친다는 사실을 입증했다. 가령 수학을 잘하지 못한다는 부정적 이미지가 만연해 있는 특정 집단에 속한 사람이 그 고정관념이 사실이라고 받아들이면 그는 실제로 수학을 잘하지 못하게 된다.

심리학자 클로드 스틸Claude Steele과 조슈아 애런슨Joshua Aronson은 실험을 통해 특정 집단에 속한 사람이 그 집단에 대해 일반적으로 퍼져 있는 부정적 고정관념을 받아들이지 않는다고 해도 그 이미지에 영향을 받을 수 있다는 사실을 발견했다.[13] 가령 앞에서 말한, 수학을 잘 못한다는 고정관념이 있는 어떤 특정 집단에서 수학을 잘하고 싶은 사람이 있다면 그는 타인이 이 부정적인 고정관념을 가지고 자신을 판단한다는 사실에 어느 정도 불편함을 느끼고, 그의 악어의 뇌는 부신에게 지시해 코르티솔을 분비시킨다. 결국 논리적 사고를 담당하는 스팍의 뇌 또한 집중은커녕 자동적 사고조차 제대로 수행하지 못하게 되며 그는 땀을 많이 흘리게 되고, 심장박동이 빨라져 시험 성적도 떨어지게 된다.

'여성은 고등 수학을 잘하지 못한다' '아프리카계 미국인들은 학업을 제대로 이행하지 못한다' 같은 부정적 고정관념들이 미국을 비롯한 많은 국가에 존재한다. 나 같은 미국 남부 지역 출신은 '논리적인 문장을 세 개도 구사하지 못한다'는 부정적 고정관념이 있다. 만일 당신이 여성이라면 여성은 수학을 잘하지 못한다는 고정관념의 존재 사실만으로도 당신의 수학 성적은 나빠질 수 있다. 부정적 고정관념이 내게 불리하게 두뇌를 작동시킨다는 사실을 인식하지 못하는 이상 그렇다. 마찬가지로 '운동선수는 머리가 좋지 않다'는 부정적 고정관념의 존재를 알고, 그것을 극복하고자 하는 운동선수 역시 비슷한 경험을 할 수 있다. 또한 미국에서 아프리카계 · 히스패닉계 · 원주민 출신 미국인이라면 거의 모든 분야에서 이와 비슷한 경험을 할 수 있다. 인종 범주가 존재하는 사회에서는 인종에 관련된 가장 추악한 편견이 광범위하게 등장한다.

사회에는 부정적이든 긍정적이든 고정관념이 폭넓게 존재하기 때문에 대부분 우리는 인생의 어느 시점에서 고정관념의 위협을 받은 경험이 있다. 스틸은 고정관념이 전혀 없었던 과거의 사회에서도 고정관념의 위협이 생겨날 수 있다는 사실을 발견했다. '유럽계 미국인 남성은 원래 수학을 잘하지 못한다'는 부정적 고정관념은 존재하지 않는다. 그런데 스틸이 유럽계 미국인 남학생들에게 아시아계 미국인이 대체로 수학시험을 더 잘 본다고 말하자 유럽계 미국인 남학생들은 갑자기 부정적 비교의 그늘에 놓이게 되었다. 사회심리학 실험실에서 갓 태어난 고정관념의 피해자들은 신선한 커피를 끓이듯 팔팔 끓어올랐고, 그들의 두뇌에 있는 악어의 뇌는 불꽃놀이처럼 폭발하며 코르티솔을 방출시켰다. 결국 유럽계 미국인 남학생들은 시험을 치르기도 전에 지레 포기했고, 당연히 그들의 성적도 저조했다.[14]

대중적으로 널리 퍼진 부정적 고정관념을 토대로 가시 돋친 말을 들으며 살아온 집단에 속한 사람일수록 특히 이와 같은 문제가 심각하다. "이렇게 똑똑한데, 왜 부자가 되지 못했지?"라는 말은 가난한 사람들은 아둔하다는 고정관념으로 고착되기 쉽다. 한 연구에 따르면 이러한 부정적인 고정관념과 그에 따른 이미지는 저소득층 학생들의 성적을 떨어뜨렸다. 온갖 종류의 인종차별적 발언은 깊고 추한 고정관념을 반영하고 지속시킨다. 아프리카계·히스패닉계·원주민 출신 그리고 그들의 상처에 공감하는 다른 사람들에게도 해를 끼친다. 종교와 성전聖戰에 관한 발언도 마찬가지고, 때로는 말투도 부정적인 고정관념과 이미지를 덧씌운다. 이제 스티븐이 자신의 남부 억양을 고치려고 노력했던 일이 전혀 새로운 의미로 다가올 것이다. 이 같은 타격을 받으며 생긴 상처는 기억 내부에 깊숙이 남는다. 사회에 스며들어 반복되는 이러한 고정관념과 편견들은 되새겨지며 잠재의식에 부루퉁하게 들어앉아 예기치 않을 때 언제든 느닷없이 튀어나올 태세를 갖추게 된다.

몇 년 전 사회심리학자 마거릿 시Margaret Shih는 이 문제와 관련해 새로운 의문을 제기했다. 그녀는 문화적 범주가 대부분 부정적이지만, 긍정적인 범주도 있다고 말했다. 앞에서는 여성과 수학 사이의 부정적 고정관념을 언급했지만, 미국에는 '아시아인과 아시아계 미국인에게는 선천적으로 신비한 수학적 재능이 있다'고 통용되는 관념도 있다. 이러한 통념 아래에서 아시아계 미국인 여성에게는 어떤 일이 발생할까? 시는 아시아계 미국인 여성들이 여성보다 아시아인이라는 정체성에 집중하면 그 여성들이 수학 시험을 훨씬 더 잘 본다는 것을 발견했다.

시는 세 개의 비교 그룹을 만들었다. 세 그룹 모두 수학 관련 분야에서 꽤 성적이 좋은 아시아계 미국인 여성들로 구성되었다. 이는 곧 각 그룹의 여성들에게 대학원 입학을 위한 고등 수학 시험GRE을 보게 하면 거의 동일한 점수가 나오리라는 신뢰할 만한 증거가 있었다는 뜻이다. 그러나 시험을 보기 전, 시가 부정적 혹은 긍정적인 사회적 고정관념을 끌어내기 위한 설문 문항으로 개입하자 각 그룹의 성적은 달라졌다. 그녀는 각 그룹에 설문지를 작성해 달라고 요청했다. 설문지에는 이름, 주소, 전화번호 등 아홉 개에서 열 개 정도 비교적 중립적인 정보를 적어 넣어야 하는 항목이 있었다. A 그룹의 설문지에는 성별 관련 항목이 있었고, B 그룹의 설문지에는 성별 대신 인종 관련 항목이 있었다. C 그룹의 설문지에는 앞의 두 그룹의 설문지에 제시된 성별과 인종 관련 항목이 아예 없었다. 세 그룹의 성적이 어떻게 달라졌는지 짐작할 수 있을 것이다. 설문지 항목으로 인해 자신이 공부를 잘하는 아시아계 인종임을 상기하게 된 B 그룹은 다른 그룹들보다 유의미하게 좋은 성적을 기록했다. 그러나 여성이라는 성별을 상기하도록 유도당한 A 그룹은 어떤 고정관념에도 얽매일 필요가 없었던 C 그룹보다 약간 저조한 성적을 기록했다.[15]

누군가 당신에게 당신에 관해 말해달라고 한다면 당신은 관심사로 본인을 소개할 수도 있을 것이다. 하지만 '남부 출신' 또는 '프랑스인' 같은 정보로 소개할 수도 있으며 인종, 성별, 나이, 직업 등으로 소개할 수도 있다. 우리는 보통 자기 자신을 특정 집단의 구성원으로서 인식한다. 그리고 그 집단은 내면에서 자기 정체성의 일부가 된다. 스스로 자신의 정체성을 구축하고, 그 정체성은 자신이 수행하는 다양한 역할에서 비롯된다. 하지만 자신이 동일시하는 집단이 어떤 추한 고정관념의 표적이 되면 자신의 가치가 떨어졌다고 느끼거나 타인이 나를 그 집단의 이미지만으로 생각할까 봐 두려워하기도 한다. 그러한 경우 정체성이 흔들리고, 심하면 자기 자신이 아무 가치도 없다고까지 느끼게 될 수도 있다. 무의식 층위에서 곪은 상처는 시험처럼 압박이 큰 상황에서 불안과 공포, 심지어 공황 발작이 되어 폭발할 수 있다.

사실 나를 향해 달려오는 기차가 어떤 기차인지 알면 그 기차에 깔리지 않을 수 있다. 내가 누구인지 제대로 이해하고, 내 자질과 역량, 경험 등을 있는 그대로 긍정적으로 평가하는 법을 배우면 자아 존중감도 유지할 수 있다. 우리는 기차에 깔리는 대신 기차에 올라탈 수 있다.

"여러분 각자는 나름의 철학, 관점, 육체적 긴장 상태, 출신 배경을 갖고 있습니다. 여러분이 자란 토양은 모두 다릅니다. 종교를 믿는 집안 출신일 수도 있고, 종교가 없는 집안 출신일 수도 있죠. 여러분은 모두 특정 시기에 어느 가족이 사는 집에서 태어났습니다. 세상 어떤 누구도 여러분과 같은 인생을 산 적이 없어요."

베이커 교수가 첫 강의에서 셰리와 다른 학생들에게 자기 자신과 대화하라고 조언했을 때 의미한 바가 바로 이것이다. 당신은 다른 누구도 불가능한 당신만의 방식으로 무엇이든 창조할 수 있다. 셰리 또한 반복적인 훈련과 연습 덕에 자신의 가치를 인식하고 존중할 수 있었다.

고정관념의 늪을
벗어나라 ─────────

물리학 개론 강의를 수강한 콜로라도대학교의 남녀 대학생들은 평소와 다른 이례적인 경험을 했다. 학기가 시작된 첫 주의 보충 강의, 조교는 학생들에게 그들이 가장 소중하게 생각할 만한 것들을 적은 목록을 주었다. 친구, 가족 혹은 지식의 습득 및 활용 등 다양한 가치들이 적힌 목록이었다. 학생들은 각자 목록에서 가장 소중히 여기는 항목을 선택하고, 자신이 선택한 항목에 관한 일련의 질문들에 답변을 적었다. 15분 정도 답변을 작성한 학생들은 3주 후 온라인 과제의 일환으로 똑같은 답변을 제출했다. 이번에도 학생들은 자신의 인생에서 가장 중요한 것이 무엇인지에 관한 글을 15분 동안 작성했다. 학생들이 쓴 내용은 물리학과 아무 상관이 없었지만, 그래도 학생들은 자신이 삶에서 가장 소중히 여기는 것과 스스로 만들어온 정체성을 다시 한번 생각해 볼 수 있었다.

콜로라도대학교 물리학과는 대부분의 물리학과와 마찬가지로 여학생이 남학생과 같은 과학적 배경을 갖고 강의를 수강해도 대체로 남학생보다 성적이 낮았다. 이와 비슷한 패턴이 전국적이다 보니 2006년 미국에서 수여된 물리학 박사 학위 중 여성에게 돌아간 학위는 28퍼센트에 불과했다. 수학, 컴퓨터 과학, 공학에서도 같은 패턴이 되풀이되었다. 과학 관련 과목에서는 시험 성적이나 개념 이해도에서 남학생과 여학생 사이의 격차가 대체로 크다. 만일 이러한 격차가 고정관념의 위협과 그로 인한 정체성 피해의식에서 발생하는 것이라면―나는 그렇게 생각하는데―자신의 가치관에 관한 글쓰기는 이러한 격차를 완화하거나 크게 줄이는 데 도움이 될 수 있다.

그리고 콜로라도대학교에서 정말 그러한 결과가 나왔다. 한 그룹은 자신이 소중히 여기는 가치에 관해 글을 썼고, 다른 그룹은 자신이 아닌 타인이 소중히 여기는 가치에 관해 같은 시간을 들여 글을 썼다. 당연한 결과였겠지만, 자신이 가장 중요시하는 가치에 관해 글을 쓴 학생들이 강의에서도 더 높은 성적을 받았다. 점수와 평점 모두 한 등급씩 올랐다. 학기 말에는 학생 전체가 기본 개념의 이해도를 측정하기 위한 비공식 시험을 치렀다. 남학생들은 어느 그룹에 속했든지 간에, 즉 자신이 소중히 여기는 가치든 타인의 가치든 상관없이 동일한 개념 이해도를 보인 반면, 자신이 소중히 여기는 가치에 관해 썼던 여학생들은 동일 그룹의 남학생들뿐만 아니라 전체 학생 중에서도 뛰어난 성적을 보였다. 여학생들은 글쓰기를 통해 자신이 소중히 여기는 가치가 무엇인지 확인했고, 자신의 진정성과 가치에 대해 생각했다. 과학계라는 고정관념이 만연한 위협적 환경에서 여학생들은 글쓰기를 통해 그에 맞서는 데 필요한 내적 자원을 끌어모은 것이다.

모든 학생에게 '대체로 남학생이 여학생보다 물리학을 더 잘한다'는 말에 동의하는지 물었다. 이 말에 가장 강하게 동의했던 여학생들이 자신의 가치를 확인하는 글쓰기를 통해 가장 큰 이득을 얻었다. 하지만 이 진술에 동의했던 남학생들은 어느 그룹에서 글쓰기를 연습했든지 간에 상관없이 진술에 동의하지 않은 남학생보다 대체로 더 나쁜 성적을 받았다. 부정적인 고정관념은 어떤 식으로든 그 관념에 사로잡힌 편협한 사람에게 해를 끼친다.[16]

가장 '나다운 나'를 찾는 여행 ──────

새해 전날 밤, 메리 앤 홉킨스Mary Ann Hopkins는 뉴욕 타임스스퀘어에서 기자간담회를 마친 후 사진을 찍으며 시간을 보냈다. 자정이 가까워지며 그녀는 뉴욕 타임스 빌딩 옥상으로 올라갔다. 그러고는 버튼을 눌러 새해를 알리는 크리스털 볼을 내렸다. 이 행복한 행사에 참석하기까지 메리 앤이 걸어야 했던 여정은 10세 무렵부터 시작되었다.

메리 앤과 여동생은 매사추세츠주 보스턴 교외에서 사립학교에 다녔다.

"어릴 때 보스턴에서 성장하면서 가장 인상 깊었던 건 도시 분위기였어요. 사람들 사이엔 세상에 대한 호기심과 새로운 문화를 배우려는 분위기가 가득했죠. 보스턴 과학박물관에서 개구리를 공부하고, 미술관에서 셰이커교도나 원주민의 작품들을 감상하곤 했어요."

맨해튼의 어느 레스토랑에 앉아서 대화를 나누던 중 메리 앤이 했던 말이다. 메리 앤의 집에는 책과 예술 작품이 가득했고, 가족 여행을 갈 때면 해변에서 서핑을 즐기며 쉬기보다 해변을 탐험하며 성게를 찾고 공부하거나 조수潮水에 대해 탐구했다. 같은 반 친구들이 여름방학에 해안 휴양지인 케이프코드로 놀러 가거나 다른 이국적인 곳에서 스키를 타는 동안 메리 앤은 동생과 함께 예술이나 과학 관련 활동을 하며 여름방학을 보냈다.

"자라면서 생각했어요. 제게 쉰다는 건 먼 길을 돌아 뭔가 새로운 걸 찾는 일이었다고요. 그런 면에서 아주 풍요로운 어린 시절을 보낸 셈이죠."

가만히 있는 법을 모르고, 뜀박질을 좋아했던 메리 앤은 몰입을 잘하는 편이었던 터라 저녁밥을 먹으라는 어머니의 말을 듣지 못해 늘 식사 시간에 늦고는 했다. 메리 앤의 어머니는 친구에게 이런 말까지 듣기도 했다.

"메리 앤은 너무 제멋대로야. 별로 큰 인물은 못 될 것 같아. 좋은 대학 가긴 글렀어."

메리 앤은 동생과 마당에 상상 속 마을을 짓고, 작은 건물들의 역사와 거기 얽힌 이야기까지 만들었다. 두 자매는 자신들이 만든 마을의 콘셉트에 맞는 옷까지 차려입고, 이야기 속 등장인물들을 연기했다. 집에 들어오면 베개를 모아 방을 만들고는 건축가가 되어 기발하고 터무니없는 방이 100만 개쯤 있는 집을 설계하는 상상에 빠졌다.

한편 메리 앤은 사물이 작동하는 원리에 매료되어 아버지와 함께 TV나 오래된 자동차를 분해했다 다시 조립하기도 했다.

"아버지는 외과 의사셨어요. 기계를 조립하는 데 특별히 관심이 있는 건 아니었지만, 우리 모두 기계가 어떻게 작동하는지 알고 싶어 했죠."

수학의 아름다움과 논리에도 큰 흥미를 느꼈던 메리 앤은 수학 과제도 좋아했다. 문제를 풀다가 막히면 아버지에게 도움을 청했지만, 아버지는 그녀에게 문제부터 설명해 보라고 말했다.

"문제를 설명하다 보면 스스로 해결 방법을 찾을 수 있었어요."

메리 앤은 또 『세계 공예 대백과World Craft Encyclopedia』 같은 책을 읽으며 코바늘뜨기 같은 뜨개질, 바느질 등을 익혔다. 도예같이 도구나 기계를 사용해 무언가를 만들기도 했다. 또한 독서도 즐겼다. 11세에 영국의 추리소설가 애거사 크리스티Agatha Christie를 알게 된 메리 앤은 이듬해까지 크리스티의 소설 여든한 편을 읽었다.

"결말에서 소설 속 논리와 퍼즐이 말끔히 풀리는 게 재밌었어요."

고등학생 때 메리 앤은 올더스 헉슬리Aldous Huxley, 레이 브래드버리Ray Bradbury, 존 스타인벡John Steinbeck, 제롬 데이비드 샐린저Jerome David Salinger의 소설들에 푹 빠졌다. 아치볼드 매클리시Archibald Macleish 같은 여러 작가들이 성경 속 이야기를 소설에 다양하게 활용한다는 것을 알게 된 후에는 성경에 대해서도 궁금증을 갖게 되었다.

"저희 집은 종교를 믿지 않아요. 그래서 성경을 공부하며 어떤 문학작품을 읽는다고 생각했어요. 성경 수업에서 제일 먼저 들었던 질문도 '당신에게 예수는 어떤 의미인가'란 질문이었죠."

고등학생 때 메리 앤은 수학과 과학 우등반이었지만, 말하기와 쓰기에서는 늘 고전을 면치 못했기 때문에 국어 보충수업을 받아야 했다. 그럼에도 창작 과목에서 D를 받았다. 메리 앤은 큰 충격을 받고 좌절감에 빠졌다. 하지만 계속해서 책을 읽었고, 대학에 입학해서는 매일 밤 자기 전에 독서하는 습관을 들였다.

"자기 전에 독서하는 습관은 여전히 갖고 있어요. 때론 잠들기 위해서 기도 해요. 헤르만 헤세의 글은 한 단락만 읽어도 전등불 꺼지듯 바로 잠이 와요. 너무 지루하거든요."

메리 앤에게 밤마다 책을 읽는 습관은 일종의 의례와 같았다.

"잠들기 전에 머리를 비우고, 다음 날 해야 하는 일을 벗어나 다른 세계로 들어가는 것 같았어요. 거의 꿈을 꾸는 거나 다름없었죠."

메리 앤이 자란 고향은 10대 소녀들이 일정 나이가 되면 여름방학을 이용해 유럽을 여행하거나 리비에라에서 일광욕하는 것을 일종의 성년식처럼 여겼다. 그녀의 부모는 딸들이 직접 세상을 경험하고 이해하기를 바랐다. 딸들이 과학과 자연을 배우고, 지구의 아름다움뿐만 아니라 그 이면의 빈곤과 고통이라는 추악한 면까지 모두 알았으면 했다. 무엇보다 책임감과 나눔이라는 윤리의식을 키우기를 바랐다. 여행은 이 모든 것과 그 이상을 이루는 방법이었다.

메리 앤이 11세였을 때 부모님은 두 딸을 이집트에 데려갔다. 가난한 아이들 수천 명이 거리에서 구걸하는 모습을 목격한 후 이집트 여행은 메리 앤에게 '문화 충격'으로 남았다(몇 년 전 다시 이집트를 찾았을 때 그러한 광경은 모두 사라졌다). 그녀는 이후에도 가족과 함께 그리스, 페루, 멕시코 등지를 여행했다. 겨우 16세라는 나이에 메리 앤은 '어스워치Earthwatch'라는 환경보호단체와 코스타리카로 탐사를 떠났다. 메리 앤은 그곳에서 과학자들과 함께 생활하며 곤충, 식물, 뱀 등의 표본을 수집했고 그들의 연구를 도왔다. 처음으로 낯선 문화에서 독립적으로 생활해 본 경험이었다.

"그땐 긴 머리를 어떻게 땋아야 하는지도 몰랐어요. 코스타리카 수도에서 밀림 한가운데에 있는 연구소까지 가려면 포장도로로 여섯 시간, 비포장도로로 네 시간을 가야 했죠."

메리 앤은 그곳에서 한 달을 살며 아주 즐거웠지만, 한편으로는 평생 개미를 싫어하고 두려워하게 되었다.

"샤워장에 들어오는 독거미엔 익숙해졌지만, 거대한 개미만큼은 정말 괴롭더라고요."

메리 앤의 회고다.

이듬해 여름, 메리 앤은 영국의 요크에서 지내며 고대 성벽 도시의 고고학 유물 발굴 작업에 참여하게 되었다. 이후 대학 2학년이 된 해 여름에는 자신의 진로에 큰 영향을 끼치는 경험을 했다. 그녀의 어머니가 메리 앤과 동생을 인도의 어느 외딴 마을에 있는 고아원으로 봉사활동을 위해 보낸 것이다.

"3개월 동안 동생과 저는 아주 외딴 곳에서 지냈어요. 마을이 하도 작아 아무도 들어본 적조차 없는 동네였죠."

메리 앤과 동생은 여름 내내 영양실조와 신체적 · 정신적 질환에 시달리는 아이들과 지냈다. 피를 보는 것에 전혀 거리낌이 없었던 메리 앤은 아이들을 병원에 데려가는 일을 도맡게 되었다.

어느 날 메리 앤은 동생과 함께 장티푸스를 앓는 13세 소녀를 병원에 데려가게 되었다. 그러나 아이는 병원으로 가는 도중 그만 패혈성 쇼크로 사망하고 말았다.

"정맥을 절개했는데 피가 한 방울도 없었어요. 아이는 아주 창백했죠."

메리 앤은 훗날 자신과 인터뷰한 기자에게 이렇게 말했다. 아이가 사망한 후, 메리 앤과 동생은 아이의 시신을 무릎에 올려놓은 채 인력거를 타고 고아원으로 돌아왔다.

"아이가 그렇게 세상을 떠나면요……, 트라우마가 남습니다. 한동안 그 일을 떠올리지 않았어요. 저는 충격적인 일은 머릿속에서 차단하는 경향이 있거든요. 다신 되돌아보지 않는 거죠."

하지만 메리 앤은 다시 고아원으로 돌아갔다. 한 번도 아니고 두 번씩이나. 대학 2학년을 마친 후 메리 앤은 동생과 다시 인도의 고아원을 찾아 봉사활동을 했고, 이듬해에는 소말리아에서 비슷한 봉사활동을 했다. 그해 여름은 메리 앤에게 잊을 수 없는 깊은 인상으로 남았다.

메리 앤이 대학을 두고 내린 결정은 가족에게서 많은 영향을 받았다. 이모, 삼촌, 부모, 조부모가 모두 하버드대학교 출신이었던 데다 심지어 그녀는 하버드대학교가 있는 지역에서 살고 있었다. 처음에 메리 앤은 수학을 전공할 생각으로 하버드대학교에 입학했지만, 곧 라틴어와 고전 문학의 아름다움에 매료되어 전공을 바꾸었다.

"라틴어는 수학과 많이 닮았어요. 시의 리듬과 구조엔 내재된 아름다움과 논리가 있죠. 그걸 보면 에미넴과 투팍의 랩이 생각나요. 내적 리듬 체계가 같거든요. 고등학생 때 기계적으로 번역하던 거와는 전혀 달랐어요. 누군가가 알려주는 라틴어 단어들의 아름다움이 그토록 근사하게 어우러지는 모습을 보면 생각이 전혀 달라져요."

고등학생 때 메리 앤은 웅변 동아리에 가입하고, 희곡을 읽고, 물리 교사의 아내가 학교 연극에서 사용하기 위한 의상을 제작하는 일을 돕기도 했다.

"저는 재봉을 할 줄 알고 있었기 때문에 의상 제작은 그렇게 어렵지 않았어요."

대학 신입생 시절에는 연극 무대 디자인 관련 강의를 수강했고, 졸업할 때까지 매년 적어도 한 번, 많으면 두 번씩 친구와 연극에 참여하며 무대를 디자인하거나 조명을 제작했다. 하지만 그때 같이 참여했던 친구는 에이즈로 사망했다. 메리 앤은 이렇게 회상했다.

"일단 연극계에 한번 발을 들이면 저를 찾는 사람들이 많아져요. 조명을 제작해 달거나 무대를 디자인하거나 의상을 만들었죠. 추가 강의까지 수강하면서 연극을 세 편이나 진행했던 학기도 있어요. 말도 안 되는 일정이었죠."

대학 4학년 때 메리 앤은 의술의 신인 아스클레피오스와 고대 그리스인들이 그를 숭배하며 치료하던 방식에 매료되었다. 그래서 관련 주제로 학부 졸업 논문을 쓰고 케임브리지대학교 대학원에 입학했다. 메리 앤은 고대 의술과 과학을 전공한 역사가 제프리 어니스트 리처드 로이드 Geoffrey Ernest Richard Lloyd 에게 배울 요량이었다. 결국 그에게 배우지는 못했지만, 고대 그리스의 종교적 의술과 이성적 의술을 주제로 석사 논문을 썼다. 수백 년 동안 고대 그리스인들은 질병과 의술을 신들의 소관으로 여겼지만, 기원전 5~4세기에는 좀 더 합리적인 논리로 발전시켰다. 메리 앤은 이러한 인류의 사고 패턴 전환에 매력을 느꼈다.

'모든 걸 신들의 소관으로 돌리던 관행을 왜 하필 그때 벗어날 수 있게 된 걸까?' 메리 앤은 스스로에게 이렇게 질문했다.

석사 학위를 마치고 박사 학위를 준비하던 중 메리 앤은 자신이 하는 일이 점점 무의미하고, 현실과 동떨어져 있다는 느낌을 받았다. 인도로 돌아가고 싶다는 하나의 생각만이 머릿속을 맴돌았다.

"고대 의학을 계속 파다간 주변부에서만 활동하다 세상에서 잊히고, 결국 무의미한 존재가 되겠단 생각이 들었어요. 저희 부모님은 윤리의식이 높은 분들이었고, 두 분이 저와 제 동생을 인도로 보낸 이유는 세상을 변화시키란 뜻이었죠. 그래서 다시 인도로 돌아가고 싶어졌어요."

메리 앤은 이렇게 설명했다. 인도에는 의사와 의학 관련 전문가를 훈련시킬 교육적 기반이 필요했고, 메리 앤은 그 기반 구조를 구축하는 데 도움이 되고 싶었다. 그리고 이를 위해서는 의과대학에서 공중 보건을 공부해야 한다는 사실을 깨달았다. 메리 앤은 하버드대학교로 돌아가 유기화학 과목을 수강했다. 학부 시절 물리학에서 B를 받은 후 과학 관련 과목은 모조리 포기했던 메리 앤이었다. 하지만 새롭게 찾은 목적의식을 불태워 유기화학 과목에서 최고 성적을 받았고, 결국에는 2등으로 그 과목을 마쳤다. 의대 입학에 필요한 다른 준비 과목들을 이수한 메리 앤은 하버드대학교 의과대학에 입학했다. 대학 4학년 때는 외과에 애정을 느졌다. 그동안 바느질, 뜨개질 작업을 했던 세월 덕분에 그녀의 손은 섬세한 훈련이 잔뜩 되어 있는 터였다.

의대생들은 대학 4년 과정을 마치면 레지던트 4년 과정을 이수해야 하고, 그다음에는 대개 지도교수 밑에서 전문 의술을 배우는 펠로십 2년 과정을 이수한다. 길고 고된 길이다. 메리 앤은 그 길 위에서 인도로 돌아가겠다는 원래 목표를 까맣게 잊고, 어느 곳에 병원을 열어야 좋을지에 대해서 골몰하고 있다는 것을 깨달았다. 바로 그때 메리 앤은 '국경없는의사회'에 자원했다. 몇 년간 매해 몇 주 동안 현대 의술이 존재하지 않는 외딴 지역에 가서 여러 차례 자원봉사를 했다. 전쟁 지역에서 부상자를 치료하거나 분만 시술을 하기도 했다.

국경없는의사회가 노벨평화상을 수상했을 때, 타임스스퀘어 사업발전국은 새해를 맞이하여 크리스털 볼을 내리는 행사에 국경없는의사회를 초대했다. 이때 메리 앤이 단체 대표로 선정되어 타임스스퀘어 빌딩 옥상에 서게 된 것이다. 행사 때는 하도 분주해 메리 앤에게 자기 생각을 돌아볼 여유 시간이 없었음에도 평생 쌓아온 그녀의 성찰 습관은 그날도 유감없이 발휘되었다. 기자간담회에서 메리 앤은 세월이 지나며 내가 그녀에게서 발견했던 성찰적 태도를 한결같이 보였다.

우리가 인터뷰했던 다른 사람들과 마찬가지로 메리 앤 또한 자신이 만들어낸 정신 모델을 오래된 상자에서 꺼내어 안팎을 바꾸고 위아래를 뒤집어보며 자세히 살폈다. 이 세계와 자기 자신, 행동, 개인사 등 자신이 형성한 관념을 의식적으로 생각하며 신중히 재검토했다. 그리고 그녀는 세계와 그 세계에 대한 우리의 생각이 모두 만들어진 것이며, 그 생각

　　　　　　　　　　　　　　　　　　　　　　　3장. 무엇을 생각할 것인가

을 모조리 검토해 의문을 제기할 수 있다는 것을 알게 되었다. 삶의 세부 사항에 언제나 주의를 기울인 덕분에 메리 앤은 그것들을 활용하거나 다시 설계해 나갈 수 있었다.

메리 앤은 대학생 때 예술을 공부했고, 무대 디자인, 조명, 의상 디자인 관련 일을 했다. 뉴욕대학교 의과대학의 교수가 된 그녀는 학생 때와 똑같은 창의력과 근면함을 바탕으로 미디어와 첨단 컴퓨터 기술을 풍부하게 활용하며 외과 교육의 혁신에 이바지했다. 그 과정에서 메리 앤은 가르침과 배움, 심지어 교수가 된다는 것이 어떤 의미인지에 관해 정신 모델을 재정립했고, 이해할 수 없는 낡은 관념들을 주의 깊게 살피며 거부하기도 했다. 어느 교수회 고문은 그녀에게 가르치는 일 대신 연구에 매진하라고 권유하기도 했다. 그 교수는 "연구야말로 학문이죠"라며 의기양양하게 말했다. 가르치는 일은 학문이 아니라는 의미였다.

"그분의 말을 듣지 않은 게 천만다행이었죠."

메리 앤은 그 일을 이렇게 회고했다. 그녀는 오히려 교육에 열정을 쏟았다. 외과 전공생들이 수술실 현장에서 수술을 관찰하거나 직접 체험해보기 전에 컴퓨터로 수술 절차를 미리 공부하고 체험해 볼 수 있는 프로그램을 만들었다.

세계 곳곳 외딴 지역들의 의료 현장에서 일하면서 메리 앤은 자신이 깨달은 바를 다음과 같이 말했다.

"언어 장벽과 문화 장벽을 극복해야 하고 다양한 물리적 문제들에 대응할 수 있어야 한다는 걸 깨달았어요. 언어 장벽과 문화 장벽이 어마어마할 땐 말이죠, 상대에게 공감과 배려를 보여주기 위해서라도 자신이 지닌 모든 에너지와 창의력을 쏟아야 합니다. 그러다 보면 자신의 본질에 이르게 되는데, 이기적일 수도 있지만 항상 정말 흥분되는 일이에요. 동생과 인도에 갔을 때, 저는 제가 뭔가 대단한 일을 하고 있단 느낌을 받았어요."

메리 앤은 시인했다. 그녀는 해변에서 발견한 연잎성게처럼 자신의 오래된 비밀을 발견했고, 그것은 때로 그녀의 손아귀를 빠져나가 사라지기도 했다. 이제 그녀는 온전한 마음으로 그녀의 삶 깊숙한 주름 속에 묻혀 있던 비밀을 받아들인다.

"우리 사회에서 이타적이기란 정말 힘듭니다. 지금 이곳에서 저는 가진 게 너무 많지만, 의료 현장에 나가면 제 삶은 소박하고 순수해집니다. 하지만 그걸 이타적이라고 할 순 없어요. 현장에 갈 때마다 제 기분이 좋아지니 오히려 이기적이라고 해야죠. 미국에서 수술하든 콩고에서 다리에 총을 맞은 소녀를 수술하든 제겐 그런 인간적인 교류가 필요합니다. 설사 말이 통하지 않는다 해도 상관없어요."

메리 앤은 자신의 생각과 정서적 욕구, 삶에 대한 접근 방식 등을 깊이 있게 성찰했다. 그녀가 자신의 주변에서 찾아 발전시킨 위대한 통찰은 결국 그녀가 어떤 사람이 되고 무엇을 하는가에 지대한 영향을 끼쳤다.

4장

어떻게 실패할 것인가

학생 때 나는 프랑스어에서 두 번이나 낙제했다. 라틴어에서도 몇 번 좋지 않은 성적을 받았다. 외국어 성적의 최소 요건을 충족하기 위한 학점만을 겨우 땄을 뿐이다. 당시 내가 받은 대부분의 조언은 나쁜 성적 때문에 흔들리는 자신감을 북돋는 데 초점이 맞추어져 있었다.

"할 수 있다고 믿으면 돼."

어느 착한 친구는 이러한 말로 나를 다독여 주었다. 숙명론적인 시각을 가진 친구도 있었다.

"언어에 재능이 있는 사람이 있고, 없는 사람이 있는 거지."

텍사스주 시모어 출신의 비쩍 마른 친구가 해준 말이다. 물론 좀 더 열심히 해보라고 권유하는 친구들도 있었다. 그러는 사이 나는 이런저런 감정과 생각의 반응을 경험했다. 처음에는 프랑스어 낙제를 교사 탓으로 돌렸다. 프랑스어 교사는 학생들의 자리를 지정했는데, 내 자리는 교실 뒤쪽이라 교사의 허리춤에서 흔들리는 열쇠고리가 겨우 보일까 말까 했다. 결국 나중에는 시모어 출신 녀석의 비관적 숙명론을 마음에 새긴 채 내게는 프랑스어 소질이 없다고 결론지어 버렸다.

결과만 따지자면 그러한 조언들과 나쁜 성적에도 잘 견디어 살아남기는 했다. 하지만 어려움에 맞서다 나 자신을 망칠 뻔했다. 그 어떤 것을 배우더라도 될 대로 되라는 식으로 생각해 버리거나 배움의 어려움을 무엇이든 능숙하게 하는 능력이 없다는 식으로 일반화시키는 유혹에 빠질 뻔했다는 뜻이다.

누구나 일정 시점이 되면 실패를 경험한다. 친구의 거절에 상처받을 수도 있고, 새로운 언어를 공부하는 일이 어려워 고생할 수도 있고, 대수代數 문제를 푸는 일이 힘들어 낙담할 수도 있다. 아니면 무언가 빠뜨리거나 필요한 조치를 취하지 못하거나 일부러 아예 잘못된 방향으로 가는 실패도 있다. 우리가 인터뷰했던 사람들은 모두 자신의 단점에 관한 이야기도 들려주었다. 가령 헤이든천문관의 관장인 닐 디그래스 타이슨에게 가장 큰 실패는 텍사스대학교 박사 과정에서 제명당한 일이었다. 과학자들의 경우 어긋난 실험으로 실패를 겪고, 직장을 잃기도 한다. 우리와 인터뷰했던 사람 중 한 명은 인터뷰 직후 실제로 실직했다.

"저는 1학년 때 낙제했어요."

우리와 인터뷰했던 사람 중 두 사람이나 대화 첫머리에 이렇게 털어놓았다. 단점을 모조리 피해야 창의적 삶을 꾸려나갈 수 있는 것은 아니다. 오히려 실패에 어떻게 대응하는지에 달린 듯했다. 궁극적으로 타이슨을 포함한 다른 사람들 모두 삶의 역경을 딛고 일어섰다. 타이슨은 텍사스대학교 대신 컬럼비아대학교에서 박사 과정을 마쳤고, 천체물리학자가 되어 과학의 대중화를 선도했다. 모두 저마다 삶의 과정에서 겪은 실패나 좌절을 극복했다. 그들은 인생을 살며 불가피하게 겪게 되는 풍파를 헤쳐 나가는 법을 배웠다.

어떻게 그럴 수 있었을까? 지난 25년간 사회과학자들은 성공한 사람들이 실패를 어떻게 극복하는지에 관해 중요한 통찰을 제시했다. 당연히 '최고의 학생들'의 삶에서 우리가 발견한 것 또한 연구의 핵심을 그대로 드러냈다. 연구로 드러난 그림은 꽤 간단했지만, 선의로 나를 격려했던 내 친구들이 무심코 한 조언보다는 훨씬 더 복잡했다.

사회과학자들의 연구와 우리가 실시한 인터뷰에서 핵심은 단 한 가지다. 창의성과 생산성이 높은 사람들은 실패를 인정하고 포용함으로써 무언가 배우고 탐색하는 법을 습득한다. 말은 쉬워 보이지만 많은 사람에게 이것은 엄청나게 어려운 일이다. 대부분 자신의 실수를 인정하지 않으려 하고, 잘못한 일이 없는 것처럼 행동할 뿐만 아니라 심지어 그 행동을 정당화하려 들기 때문이다. 이러한 사람들은 조금의 실수에도 쉽게 무너지며, 실수를 직면해서 얻을 수 있는 장점이 무엇인지 알려고도 하지 않는다. 펜실베이니아주의 어느 인문학 관련 교수진과 워크숍을 진행했는데, 한 영문학 교수는 '실패'라는 단어조차 사용하지 않아야 한다고 강력히 주장했다. 실패가 너무 부정적인 단어라 학생들이 버티는 데 필요한 긍정적 생각을 하지 못하도록 방해한다는 이유에서였다. 하지만 그것은 우리가 최고의 학생들에게서 끊임없이 발견했던 과정을 그 교수가 실천해 보지 못했기 때문일 것이다. 만약 이 교수뿐만 아니라 실수와 실패를 포용하는 과정을 실행하지 못하는 경우가 대부분이라면, 우리와 인

　　　　　　　　　　　　　　　　　　　　　　　　　　　　　　4장. 어떻게 실패할 것인가

터뷰했던 사람들은 어떻게 그리고 왜 그것의 가치를 알고 있었을까? 그리고 왜 실패를 인정하는 것이 그토록 중요하다고 판단했을까?

지능에 대한
오해 ————

1학년이었을 때 조는 학교 가는 것을 좋아했고, 성적도 좋았다. 글을 읽는 법을 배웠고, 숨이 찰 때까지 숫자를 셀 수 있게 되었고, 더하기와 빼기도 곧잘 배웠다. 사람들은 이따금 조에게 똑똑하다고 말했다. 그러나 6학년이 되자 조의 삶은 바뀌었다. 학교 수업은 날이 갈수록 어려워졌고, 7학년이 되자 사춘기까지 찾아왔다. 부모는 조에게 성적을 올리기 위해 더 열심히 노력하라고 말했다. "성적은 더 올릴 수 있어. 옛날엔 꽤 똑똑했잖아. 대체 왜 그러니?"라는 부모의 말은 귀에 듣기 싫은 노래처럼 맴돌았다. 조는 점차 자신이 그렇게 똑똑하지 않고, 결코 '진짜' 우수한 학생이 되지 못할 것이라고 단정짓게 되었다.

"나는 그냥 평범한 인간에 불과해."

조는 사람들에게 이렇게 말하며 평범함에서 위안을 찾았다. 때로 큰 무력감도 느꼈지만, 그저 낙제만 면해보자는 목표 아래 고군분투했다.

조의 친구 캐럴린은 무엇이든 늘 잘했고, 캐럴린을 본 누구나 똑똑하다고 말했다. 캐럴린도 자신이 똑똑하다고 굳게 믿었다. 캐럴린의 아버지는 늘 그녀가 원하는 것을 무엇이든 할 수 있다고 강조했고, 교사들도 자신이 만난 학생 중 캐럴린이 가장 똑똑한 학생이라고 말했다. 고등학생이 된 캐럴린은 지역의 어느 대학에서 고등 미적분 강의를 수강할 기회를 얻었다. 캐럴린은 망설이지 않고 그 강의를 신청했다.

강의는 엄청나게 어려웠고, 200명 이상 들어갈 수 있는 큰 강의실에서 이루어졌다. 교수는 백발의 나이 든 여성이었고, 창문처럼 위아래로 움직이는 칠판 여러 개를 써가며 미적분 문제들을 풀어댔다. 이 교수는 마치 서커스 공연을 위해 훈련받은 원숭이 같았다. 누군가에게 무언가를 가르치고 있는 것 같지 않았다. 강의실 뒤쪽에 앉은 캐럴린은 백발의 노교수가 저 앞에서 칠판에 끼적이는 숫자, 기호, 도표를 거의 이해하지 못했다. 하지만 교수는 거침없이 다시 칠판을 밀어 올리고 새 칠판을 내려 또 다른 숫자, 기호, 도표를 잔뜩 그려 넣었다. 캐럴린은 교수가 문제를 어떻게 푸는지 정확히 적어두기만 하면 자신도 그 미적분 문제를 풀 수 있을 것이라 확신했고, 꼼꼼하게 필기했다.

첫 시험에서 그녀는 43점을 받았다. 시험에는 한 번도 본 적 없는 듯한 문제들만 잔뜩 나왔다. 물론 그 문제들은 교수가 사용한 원리와 똑같은 방법으로 풀 수 있는 문제들이었다. 하지만 이 고등 강의는 개념 이해보다 풀이 과정을 따르는 데 초점을 맞춘 강의였기 때문에 캐럴린은 개념을 이해하지 못한 채 시험을 치러야 했다. 그래서 문제를 제대로 풀지 못했다. 캐럴린은 성적에 낙담했고, 배신감까지 느꼈다. 부모가 어떻게 낙제 점수를 받게 된 것인지 묻자 캐럴린은 교수가 끔찍했고, 다시는 그 강의를 수강하고 싶지 않다고 대답했다. 물론 그녀는 다시 강의를 수강해야 했지만, 성적은 크게 나아지지 않았다. 두 번째 시험을 치른 후 캐럴린은 다른 학생들이 70~80점대 성적을 자랑하며 시험지를 받는 모습을 굴욕감에 젖어 바라보았다. 점수가 좋았던 학생들도 배운 것이 없는 점은 마찬가지였지만, 최소한 그들은 고등학생 때 고등 미적분 수업을 받았기 때문에 문제 대부분을 본 적이 있었다. 하지만 캐럴린은 그러한 호사를 누리지 못했다. 강의를 수강한 학생 중에는 90점대 성적을 받은 학생도 있었다. 캐럴린은 48점이었다. 결국 낙제했다.

이 일을 겪고 몇 달 후 그녀에게 변화가 일어났다. 캐럴린은 친구들에게 "나는 수학에 젬병이야"라고 말하고 다녔고, 마치 춤추는 커플처럼 감정과 생각이 뒤섞이며 마음속 깊은 어둑한 곳에서 새로운 자아를 탐색하기 시작했다. 그 자아는 그녀가 생각했던 것만큼 똑똑하지 않아서 모든 것을 다 잘하지 못했다. 캐럴린은 자신의 약한 자아를 보호해야 했고, 실제로 보호했다. 어머니가 아이를 지키듯 그녀는 자신이 똑똑해 보이지 않을 수 있는 일은 되도록 피했다. 대학에 입학한 캐럴린은 수학과 과학 관련 강의들을 피했다. 가장 쉽고 편한 강의를 하는 교수가 누구인지 알아낸 후, 그 교수의 강의는 반드시 수강했다. 대학 3학년 때 캐럴린은 전공 분야에서 선구적인 연구를 했던 객원 교수의 강의를 수강할 기회가 있었지만, 어렵다는 소문을 듣고는 결국 다른 강의를 신청했다.

데이비드는 7학년 때 교사에게 여름방학 동안 집으로 책을 가져가 공부하라는 조언을 들었다. 교사가 말했다.

"가을 학기에 학교로 돌아오면 방학 동안 읽은 책에 관해 시험을 볼게. 시험을 통과하면, 분명히 통과할 거라고 생각은 하지만, 영재들을 위한 특별반에 들어갈 수 있을 거야."

그해 여름, 데이비드는 교사가 준 책들을 떠올렸다. 그러나 책 대부분은 그의 방 한쪽에 쌓여 있었을 뿐이었다. 데이비드의 관심을 끄는 다른 일이 너무 많았고, 만나야 할 친구들도 많았다. 결국 여름방학이 끝날 때까지 데이비드는 단 한 권도 책을 읽지 않았다. 개학 2주 전, 방학을 낭비했다는 걱정이 들기 시작한 데이비드는 곧 걱정에 짓눌릴 지경에 이르렀다. 머릿속에 떠오르는 걱정이 너무 많았고, 그 걱정을 다 생각하는 것도 너무 괴로웠다.

결국 데이비드는 모든 생각을 몰아내는 법을 재빨리 터득했다.

"내가 그렇게 똑똑하진 않잖아."

시험을 치렀어도 통과하지 못했을 것이라고 미리 짐작해 버린 것이다. 영재반에 들어가다니, 그러한 일은 정말 똑똑한 아이들에게나 가능한 일이고, 자신은 영재가 아니라고 생각해 버렸다.

조, 캐럴린, 데이비드를 비롯한 수백만 명에게 지능이란 바꿀 수 없는 것이다. 그래서 생각한다. 사람은 태어날 때부터 지능이 높거나 낮거나 아니면 그 중간 어느 정도며, 지능이라 불리는 무언가가 학교와 인생에서의 성취와 성공을 미리 결정한다고 말이다. 조가 노래 후렴구 읊듯 읊었던 평범하다는 말은 그저 "나는 내가 뭘 가졌는지 알아. 나는 괜찮을 거야. 하지만 똑똑한 사람은 아니지"라는 말을 다르게 표현했을 뿐이다. 캐럴린은 똑똑한 사람이라는 이미지를 고수했음에도 모험은 극구 꺼렸다. 똑똑한 사람이라는 이미지를 훼손시킬지도 모를 위험을 감수하기 싫었기 때문이다. 데이비드는 아무리 열심히 공부하더라도 타고난 지능은 나아지지 않는다고 지레 결론을 내렸다.

스탠퍼드대학교의 심리학 교수 캐럴 드웩Carol Dweck은 대학원을 갓 졸업한 뒤 지능에 대한 경직된 통념과 능력이 뛰어난 일부 사람들이 어려운 일을 피하는 이유를 연구했다. 이는 중요한 주제였다. 인생은 필연적으로 위험을 수반하기 때문이다. 상상할 수 있는 장기 목표가 무엇이든 위험을 감수해야 이룰 수 있다. 그 과정에는 장애물도 있을 테고, 힘든 순간도 닥칠 것이며, 심지어 실패할 수도 있다. 실수를 두려워하거나 자신의 부족함에 좌절해 풀이 죽는다면 그다음에는 아예 시도조차 외면할 수 있다.

드웩 교수는 연구를 통해 거의 동일한 능력을 갖춘 두 사람 중 한 명은 어려운 일은 무엇이든 피하고, 다른 한 명은 가장 어려운 목표를 좇는다는 사실에 주목했다. 한 사람은 좌절을 마주할 때마다 풀이 죽어 포기했지만, 다른 사람은 계속 나아갔다. 또한 전자는 무언가 어렵다고 생각하면 무력감을 느꼈지만, 후자는 아주 혹독한 어려움에도 계속 도전했다. 드웩 교수는 두 사람의 정신과 신체 능력 면에서는 차이를 발견하지 못했던 반면, 실패에 대처하는 능력 면에서는 어마어마한 차이를 발견했다. 그리고 정말 잘하고 싶어 하는 사람들이 종종 스스로 발등을 찍거나 성공이 거의 불가능한 행동을 한다는 중요한 사실을 발견했다.[1]

이유를 알아내기 위해 드웩 교수는 대학원생 캐럴 디너Carol Diener와 함께 10세 정도 된 아이들로 두 그룹을 만든 후 각 그룹에 문제를 풀게 했다. 첫 여덟 문제는 약간 신경 써야 풀 수 있기는 했지만, 그 나이대 아이들이 풀 수 없는 수준은 아니었다. 그러나 다음 네 문제는 그 나이대 아이들 누구도 주어진 시간 안에 절대 풀 수 없을 정도로 어려웠다. 처음 여덟 문제는 두 그룹의 아이들 모두 잘 풀었고, 그룹 간 성적 차이도 거의 없었다. 그들은 아이들에게 문제를 푸는 것이 어떤지 이야기해 달라고 요청했는데, 아이들은 모두 문제를 푸는 것이 재미있다고 여겼다. 하지만 뒤의 어려운 네 문제를 마주하자 상황은 완전히 바뀌었다.

어려운 네 문제를 풀어낸 아이는 한 명도 없었다. 그러나 아이들의 반응은 천차만별이었다. 한 그룹의 아이들—A 그룹이라고 하자—은 "저는 이 문제를 못 풀어요. 저는 잘하지 못해요" "저는 별로 똑똑하지 않아요" "저는 기억력이 별로 좋지 않아요" "이런 문제는 절대 풀 수 없어요. 포기하는 편이 낫겠어요" "지루해요. 바보 같아요"라고 말했다. 그러면서 문제와 상관없는 이야기도 늘어놓았다. 자기 집이 얼마나 부자인지, 자신이 사는 집과 타고 다니는 차가 얼마나 큰지, 자신이 잘하는 일이 무엇인지 자랑했다. 어떤 경우에는 문제 풀이 규칙을 바꾸려고까지 했다. 불과 몇 분 전만 해도 문제를 풀며 열의, 즐거움, 자신감으로 가득 찼던 아이들에게서 나온 반응이었다. 아이들은 실패 앞에서 주눅 들었다.

반면 다른 그룹의 아이들—B 그룹이라고 하자—은 A 그룹 아이들과 다른 반응을 보였다. B 그룹 아이들은 조금 더 노력하면 어려운 문제를 해결할 수 있다고 스스로에게 계속 말했다. 문제 푸는 전략을 바꾸었고, 답을 찾는 방법에 관해 이야기했으며, 목표에 도달하기 위해 더 나은 방법을 끊임없이 모색했다.

"전에 해봤어요. 지금도 분명 할 수 있어요."

아이들은 그들에게 이렇게 말했다. 한 아이는 "이제 확실히 알았어요"라고 단언하기까지 했다(물론 그렇지는 않았다). 아이들은 실패에 연연하지

　　　　　　　　　　　　　　　　　　4장. 어떻게 실패할 것인가

않았다. 오히려 어려운 문제를 반기는 것처럼 보였다. 한 남자아이는 문제를 틀리고도 두 손을 비비면서 의자를 앞으로 당겨 앉아 문제에 달려들었다. 마치 '어디 다시 한번 해볼까' 하며 도전하는 듯했다. 다른 아이는 마지막 네 문제 중 하나를 풀지 못했지만 그들을 올려다보며 기쁨에 찬 듯한 목소리로 이렇게 말했다.

"뭐, 틀려도 거기서 배우는 게 있겠죠."

두 그룹의 차이는 비단 즐거움뿐만이 아니었다. A 그룹은 실패를 만나자 형편없는 전략을 썼다. 불과 몇 분 전만 해도 자신이 잘 풀 수 있는 문제를 만나 완벽하게 훌륭한 접근법을 사용했던 아이들이었다. 다시 말해 그 나이대 문제 해결력이 있는 아이들이라면 당연히 해낼 수 있을 법한 사고 능력을 무리 없이 보여준 아이들이었다. 하지만 어려운 문제를 마주하자 그 아이들은 아무것도 제대로 해낼 수 없는 것처럼 굴었다. 드웩 교수와 디너가 나중에 보고한 바에 따르면 A 그룹의 3분의 2에 달하는 아이들은 종국에는 몇 번을 사용해도 문제를 푸는 데 도움이 되지 않을 유치원생 같은 접근법을 생각하기까지 했다. 하지만 그것마저도 첫 번째 시도에서 실패할 것이 뻔해 보이자 A 그룹 아이들은 더 이상 문제를 풀고 싶어 하지 않아 했다. 제대로 생각하기 어려워했고, 전에는 그토록 잘했던 것마저도 할 수 없게 되었으며, 결국에는 문제를 풀 수 없다고 확신했다. 반면 B 그룹은 문제를 푸는 과정에서 매우 흡족해 보였고, 계속 시도할 준비가 되어 있었으며, 문제를 해결할 수 있을 것이라 확신했다. 사실 B 그룹에서도 문제를 푼 아이는 없었다. 그러나 B 그룹 아이 중 형편없는 전략을 쓴 아이는 없었다.

두 그룹 모두 어려운 네 문제를 풀지 못했지만, 그것은 중요하지 않다. 두 그룹에 절대 풀지 못할 문제들을 낸 이유는 아이들의 대응 방식을 살펴보기 위해서였다. B 그룹 아이들은 삶의 수많은 상황에서 종국에는 어려운 고비를 극복할 수 있을 것이다. 포기하지 않고 시도하며 계속 좋은 전략을 사용했을 것이기 때문이다. 반면 A 그룹 아이들은 결국 포기하고 말 것이다. 첫 실패에 주눅 들어서 갖고 있던 해결 역량마저도 줄어들었을 것이기 때문이다.

이러한 차이는 어디서 왔을까? 능력은 확실히 아니다. 두 그룹의 아이들은 나이대에 맞는 첫 여덟 문제까지는 똑같이 풀었기 때문이다. 사실 A 그룹 아이들이 첫 과제에서 좋은 전략을 더 능숙하게 사용했을 수도 있다. 왜 그 아이들은 첫 실패 후에 그토록 허둥댔을까? 흥미가 떨어졌기 때문일까? 아니다. 첫 여덟 문제를 푸느라 씨름하는 동안 아이들이 큰 소리로 말하던 것들을 들어보면 두 그룹 모두 분명 흥미를 잃지 않고 문제에 몰입했다. 그러나 어려운 문제가 등장하며 "틀렸다"라는 말을 듣는 순간 A 그룹 아이들만 태도가 바뀌었다.

왜 그럴까? 이유는 꽤 단순하지만, 굉장히 강력하다. 실패에 그렇게 서툰 반응을 보였던 A 그룹 아이들은 지능이 고정되었다고 보는 '경직된 시각'을 갖고 있었던 반면, B 그룹 아이들은 지능이란 노력을 통해 키울 수 있다고 보는 '유연한 시각'을 갖고 있었기 때문이다. A 그룹 아이들에게 지능은 태어날 때부터 정해져 있는 것이기에 바꿀 수 없었다. 아이들은 자신이 우수하다고 믿고 싶어 했기 때문에 그 통념을 뒤집을 수 있을 만한 것은 원치 않았다. 멍청한 문제라도 풀다가 실패하면 자기 자신뿐만 아니라 교사, 친구, 부모 등 다른 사람들까지 자신의 지능에 의문을 제기하는 사태가 벌어질 수 있다. 틀렸다는 말을 듣는 순간 아이들은 그 문제에서 발을 빼고 싶어 했다. 자기가 생각한 만큼 자신이 똑똑하지 않다는 것을 조금이라도 시사할 만한 말 또한 듣고 싶지 않았던 것이다. 아이들은 자신이 정말 똑똑하다는 사실을 보여줄 수 있는 증거만 원했다. 실수가 쌓일수록 더 불안해했고, 자기 나이의 절반도 안 되는 나이대의 어린 아이처럼 유치하게 생각했다.

반면 B 그룹 아이들에게는 노력이 가장 중요했으며, 지능이 평생 변하지 않는 자질은 아니라고 생각했다. 아이들은 지능이 다양한 능력의 집합체기에 올바른 노력만 기울이면 지능을 높일 수 있고, 그 능력 또한 확장할 수 있다고 믿었다. 아이들에게 정해진 것은 없었다. 그래서 실패 또한 자신이 멍청하다는 신호라고 받아들이지 않았다. 아직 배우지 못했다고 생각했을 뿐이다. 사실 두 그룹의 목표는 전혀 달랐다. A 그룹 아이들은 자신이 똑똑해 보이는 것이 목표였던 반면, B 그룹 아이들은 자신의 문제 해결 능력을 향상하는 것이 목표였다. 노력하면 자신의 능력을 키울 수 있다고 믿었기 때문이다.

아이들이 문제를 풀기 전, 드웩 교수와 디너는 학교에서 어려운 일이 생기면 그 원인이 무엇이라고 생각하는지 아이들에게 질문을 던졌다. 지능을 고정된 것으로 생각하고, 더 어려운 문제 앞에서 좌절했던 A 그룹 아이들은 교실에서 무언가 일이 잘 안 풀리면 '능력'이 부족한 탓으로 돌렸다. 반면 B 그룹 아이들은 실패의 원인을 '노력'이 부족한 탓으로 돌렸다. 실험이 끝난 후 그들은 아이들에게 마지막 네 문제가 풀기 어려웠던 이유를 물었다. A 그룹의 절반 이상이 자신이 똑똑하지 않았기 때문이라고 말했다. 하지만 B 그룹에서 그러한 핑계를 대는 아이는 없었다.[2]

드웩 교수와 연구팀은 이 두 그룹에서 나타난 특징을 가진 학생들에게 적절한 이름을 붙여주었다. 드웩 교수는 A 그룹과 같은 유형의 학생들을 '고정 마인드셋'으로 규정했다. 그들은 자신이 크게 똑똑하지 않아서 혹은 수학, 음악, 미술, 외국어 등 자신이 어려워하는 분야를 별로 잘하지 못하기 때문에 무언가를 해낼 수 없다는 생각, 다시 말해 '무력하다'는 생각을 발달시켰다. 그들은 계속해서 자신을 대체로 똑똑하다고 생각하고, 이미 태어날 때부터 지능이 정해진다고 믿으며 무력해진다. 실패를 겪게 되면 자신이 똑똑한 사람이라는 자아 개념에 의문을 제기해야 하는 상황이 생기고, 그것이 두려워 새로운 일은 아무것도 시도하지 않기 때문이다.

B 그룹과 같은 유형의 학생들은 '성장 마인드셋' 혹은 '숙달 마인드셋'이라고 불렀다. 그들은 끊임없이 시도해서 노력하면 능력을 성장시킬 수 있고, 무언가에 숙달할 수도 있다고 믿었다. 그들은 실패해도 "나는 못해"라고 결론을 내리는 대신 새로운 전략을 모색했다. 그렇다면 성장(숙달) 마인드셋을 갖춘 학생들은 고정 마인드셋을 갖춘 학생들보다 더 똑똑한가? 그렇지 않다. 드웩 교수는 두 유형의 학생들이 측정 방법에 상관없이 타고난 능력이 대체로 비슷했고, 심지어 때로는 무력한 학생들이 이러한 문제에 선천적으로 더 뛰어난 대처 능력을 보여준다는 증거도 상당수 발견했다. 두 유형의 차이는 성장 마인드셋을 갖추었는지 여부에 달려 있었을 뿐이다. 성장 마인드셋을 갖춘 학생들은 자신의 능력

을 확장하는 일이 가능하다고 생각했지만, 고정 마인드셋을 가진 학생들은 능력이란 고정되어 있다고 믿었다.

드웩 교수와 연구팀은 크고 작은 실험을 통해 성장 마인드셋의 위력을 입증했다. 뉴욕시에 사는 11~12세 사이 학생들의 수학 능력을 살핀 어느 연구를 통해 드웩 교수는 지능이 확장될 수 있다고 믿는 학생들의 수학 성적이 2년 동안 전반적으로 향상된 반면, 지능이 영구적으로 고정되어 있다고 믿는 아이들의 성적은 향상되지 않았음을 밝혀냈다. 또한 이 연구는 이 책에서 우리가 추적하고자 했던 요인들 간의 관계도 입증했다. 능력을 확장할 수 있다고 믿는 학생들은 노력하는 데 더 긍정적으로 임했고, 단순히 좋은 성적을 얻는 것보다 배움 그 자체에 더 관심을 가졌다. 그들은 자신이 배운 내용을 이해하는 데 더 많은 시간을 투자하며 노력했고 그 결과 성적도 더 향상되었다.[3]

그렇다면 지능이 고정된 것이기 때문에 바꿀 수 없다는 학생들의 무력함은 어디서 비롯되는 것일까? 사실 그들은 끊임없이 그러한 생각을 주입하는 문화 속에서 살고 있다. 특히 이러한 문화권에서는 IQ 테스트가 나를 얼마나 똑똑한지 측정해 준다고 말한다. 드웩 교수는 『마인드셋』이라는 책에서 자신이 6학년이었을 때 한 교사가 IQ 테스트 점수에 따라 학생들의 순위를 매기고, '똑똑한 학생들'에게만 국기 운반 같은 특권을 부여한 경험을 고백했다. 일부 대학교수들, 특히 특정 전공 분야의 교수들도 이 교사와 비슷하다. 오직 '천재'만이 자신의 전공 분야에서 성공할 수 있다고 믿으며, 자신이 얼마나 잘 가르치는지는 중요하지 않다고 생각한다. 뉴욕대학교의 어느 수학 교수는 내게 이렇게 말했다.

"어차피 똑똑한 학생들은 알아들을 테고, 아둔한 학생들은 못 알아들을 겁니다."

잡지나 인터넷에서는 마치 몸무게를 측정하듯 지능을 측정할 수 있는 테스트를 받아보라는 초대가 넘쳐난다. 이러한 태도는 우리의 모든 행동과 상호작용에 스며들고, 학생들은 이 같은 메시지들을 그대로 받아들이기 쉽다.

부모와 교사가 하는 선의의 말도 지능은 고착되었다는 시각을 키울 수 있다. 우리는 오랫동안 긍정적인 피드백이 항상 바람직한 결과를 낳을 것이라고 가정해 왔다. 그러나 일부 연구를 통해 그렇게 간단한 가정으로 끝날 문제가 아니라는 점이 드러나고 있다. 멜리사 커민스_{Melissa} Kamins는 노력을 칭찬받은 아이들보다 개인적 특성을 칭찬하는 말("참 똑똑하구나")을 들은 아이들이 대체로 지능이 고정되어 있다는 시각을 갖는다는 사실을 발견했다. 어렸을 때부터 가족이 그 아이에게 얼마나 똑똑한지(혹은 얼마나 멍청한지) 계속해서 말하면 아이는 '인생은 노력보다 지능 수준에 따라 달라지며, 지능이 높거나 낮거나 둘 중 하나일 뿐이다'라는 메시지를 받아들이게 된다. 결국 그러한 아이들은 현실을 바꿀 수 있는 것은 아무것도 없다고 생각하게 된다. 고정 마인드셋을 갖게 될지, 성장 마인드셋을 갖게 될지는 타고난 성격적 특성이 아니라 특정 조건에 의해 형성되는 것이다.⁴ 그렇다면 사실 이 또한 바꿀 수 있는 것이다.

"그런데 잠깐만요" 하고 당신이 말하는 소리가 들린다.

"저는 무력하지 않아요. 제가 똑똑하다고 생각해요. 저는 잘 알고 있어요."

당신의 태도가 그렇다면 자신에 대한 믿음에 큰 박수를 보낼 만하다.

그 자신감은 당신에게 큰 도움이 될 것이다. 그 자체로 잘못된 것은 전혀 없다. 그러나 당신이 태어날 때부터 똑똑했다고 생각한다면, 키 순서대로 줄 세우듯 당신의 친구들도 지능에 따라 줄 세울 수 있다고 생각한다면, 아무리 노력해도 그 순서는 바뀌지 않는다고 생각한다면 결국 당신도 고정 마인드셋을 갖추고 있는 셈이다. 새로운 것을 배울 수는 있어도 기본 지능까지는 바꿀 수 없다고 생각한다면 그 역시 고정 마인드셋이다. 반면 능력이 아무리 출중해도 지금의 능력보다 더 나아질 수 있다고 생각하고 타인 역시 그렇게 할 수 있다고 믿으며, 노력하지 않는다면 능력을 잃어버린다고 생각한다면 당신은 성장 마인드셋을 갖춘 사람이다. 이 같은 성장 지향적 태도는 많은 사람이 자신의 실패에서 배울 점과 나름의 보상을 찾게 돕는다. 나아가 스티븐 콜베어가 말했듯 폭탄 같은 실패도 포용할 수 있도록 돕는다.

이 책을 위해 우리가 인터뷰했던 창의적인 사람들, 즉 심층적 학습자들은 성장 마인드셋을 갖추고 자기 자신과 타인을 대했다. 그들이 창의적인 삶과 성장을 일군 이야기는 내가 30년간 했던 경험 연구의 결과를 증명한다. 타이슨은 말했다.

"저는 지능이란 단어는 거의 사용하지 않아요. 배움을 원하거나 배움에 양가감정이 있거나 아니면 배움을 거부하는 사람들이 있을 뿐이죠."

셰리 카프카는 이렇게 말했다.

"저는 누구나 창의적이거나 최소한 그럴 가능성이 있다고 생각합니다."

우리가 인터뷰한 사람들은 기본적으로 인간 본성에 관해 이와 같은 마인드셋을 갖추고 있었다. 위험을 감수하면서 새로운 것을 시도했고,

실수하거나 자신이 어리석어 보이는 것은 개의치 않았다. 그들은 자신이 '반에서 가장 똑똑한 학생'을 가리는 경쟁의 참가자라고 생각하지 않았다. 대신 자기 능력을 발전시키는 데 주력했다. 물론 그들도 자신의 강점에 집중하고 싶어 했고, 그 덕분에 자신이 할 수 있다는 사실을 깨닫기도 했다. 하지만 앞에서도 말했듯 쉽게 포기하지는 않았다.

실패에서 피어나는 진정한 성장 ──────

플로리다주 동부 해안, 찌는 듯 더운 어느 여름 오후 톰 스프링어Tom Springer와 두 형은 콘크리트 블록으로 지은 집 바닥에 대자로 누워 어머니가 읽어주는 책을 귀 기울여 듣고 있었다. 선풍기가 습한 공기를 휘저으며 윙윙대는 동안 세 형제는 책 속 단어들과 말소리를 타고 다른 시공간으로 모험을 떠났다. 어머니는 『오즈의 마법사』와 대초원의 삶을 다룬 라이먼 프랭크 바움Lyman Frank Baum의 책들, 증기선이 다니던 시절의 미시시피강을 배경으로 했던 마크 트웨인의 책들을 읽어주었다. 토요일이면 다 함께 도서관에 가서 새 책들을 잔뜩 빌려 왔다. 톰의 어머니는 아이들의 수준에 맞추어 쉬운 책만 읽어주지는 않았다. 항상 아이들의 생각을 자극해 확장시켜 줄 책들을 선별했다. 새로운 단어와 생각을 이해할 수 있도록 도왔고, 새로운 장소와 문화를 탐색하도록 했다.

어머니는 아이들의 관심사가 무엇인지 세심하게 챙겼다. 아이들이 큰 흥미를 느끼는 무언가를 발견하면, 그 주제와 어울리고 사고력을 자극할 수 있는 책을 신중하게 선택하여 흥미를 더 키울 수 있도록 도왔다. 아이들의 관심사가 다른 것으로 옮겨 가면 어머니의 관심사도 같이 옮겨 갔다. 한동안 세 형제는 제2차 세계대전에 푹 빠져 전투와 정치에 관한 책을 읽었다. 그 결과 톰은 또래 지식수준을 훨씬 뛰어넘어 지리와 정치 발전에 대한 깊은 지식을 쌓았다.

어렸을 때 톰은 플로리다주 멜버른에 있는 초등학교에 다녔다. 그가 다녔던 학교는 인근 지역인 케이프커내버럴의 우주 산업과 연관이 깊었다. 친구들의 부모는 대부분 미항공우주국NASA의 엔지니어나 과학자였고, 그들은 자기 자녀가 다니는 학교에 최고의 교사가 배정되었는지 확인했다. 학교는 흥미진진한 곳이었다. 바로 옆 동네에서는 '달 착륙 경주'가 펼쳐졌고, 톰과 친구들은 과학, 천문학 등 온갖 주제들을 탐구했다. 운동장에서 우주로 발사되는 로켓을 보며 끝없는 상상을 펼치기도 했다. 그들은 학교가 활기 넘치고 근사한 곳이라고 생각했다.

하지만 톰의 부모는 형편이 넉넉지 않았다.

"아버지는 이발사였어요. 저희 집은 전형적인 노동자 계층이었죠."

톰은 이렇게 설명했다. 그래도 톰의 가족은 근근이 돈을 모아 작은 아마추어 망원경을 샀다. 톰과 형제들은 망원경으로 밤하늘을 살폈다. 때로 아버지가 긴 낚싯대를 들고 파도를 가르며 바다에 들어가면, 형제들은 해변에서 낚시 미끼로 쓸 작은 게를 파내고 불가사리를 줍거나 가끔 새우 낚시를 하고 조가비를 수집했다. 그들은 자연스럽게 자연과 바다에 관한 책을 모아들였다.

"그때의 모든 일이 감각을 깨우는 풍요로운 경험이었어요."

하지만 4학년이 되었을 때 풍요롭기만 하던 톰의 세계는 순식간에 사라졌다. 미시간주 남부로 이사했기 때문이다. 그곳에서의 삶과 새로 전학 간 학교에서는 이전의 활기를 전혀 찾을 수 없었다.

"'문화 충격'이었어요."

학교 수업 진도는 지루할 만큼 더뎠고, 학업 부담감은 적은 것 같으면서도 많았으며, 사소한 규칙과 요구사항이 많아 톰은 스스로 공부한다는 느낌을 별로 받지 못했다. 학교에서 학생들에게 기대하는 학업 수준도 낮았다. 그는 학교생활이 지루해져 숙제를 하지 않았고, 수업 외에는 책을 펼쳐보지도 않았다. 성적은 급락했다. 고등학교를 졸업할 즈음에는 평균 성적이 C- 미만으로까지 떨어졌다.

"야망이라고는 없는, 불만만 가득한 학생이 됐어요. 그 후 뭔가 배웠다면 그건 대부분 학교 밖에서 이뤄진 것들입니다. 그래도 흥미를 크게 느끼는 것들에 관한 책을 읽는 일만큼은 멈추지 않았어요."

고등학교를 졸업한 후 톰은 아스팔트를 포장하는 작업장에 취직했다. 하지만 그 일은 계절을 타는 일이었기에 겨울에는 공장 몇 군데서 더 일해야 했다. 그러던 어느 날 상사가 그를 해고했다. 그가 출근 기록에 잘난 척 빈정거리는 말을 적었던 것과 친구에게 대신 출근 도장을 찍어달라고 부탁했던 일이 발각된 탓이었다. 그 후 톰은 줄담배를 피우는 포키라는 남자와 에어컨 수리기사로 일하게 되었다. 하지만 곧 그 일자리마저 잃었다. 톰이 하는 모든 일에서 실패가 쌓여갔다. 그는 주 방위군에 입대했고, 전역 후 지역 커뮤니티 대학의 에어컨 수리 과정에 등록했다.

삶의 모습은 바뀌었지만, 기계와 관련한 일에서만큼은 여전히 실패만 거듭되었다.

"파이프를 끼워 맞추는 일이 전혀 안 되더라고요. 그런데 대학 1학년 때 필수 과목이 작문이었어요. 그 과목 덕분에 인생이 바뀌었죠."

톰은 작문 강의를 통해 멜버른에서 보냈던 어린 시절 그리고 그 시절 읽었던 온갖 책들과 이어지는 무언가 특별한 연결고리를 발견했다. 그는 좋은 성적을 냈을 뿐만 아니라 글쓰기 실력도 점차 향상되었고, 불과 몇 년 전에는 아무도 예상하지 못했을 법한 역량까지 발휘했다. 결국 웨스턴미시간대학교로 편입한 톰은 그곳에서 우수 학생 명단에 이름을 올렸고, 이후 미시간주립대학교에서 환경저널리즘 석사 학위를 받았다. 톰은 작가이자 영화 제작자로 성공했다. 그의 작품은 전미공영라디오NPR에서 송출되었고, 미시간대학교 출판부를 통해 책으로도 출간되어 상을 받았다. 그 후 켈로그 재단에서 수석 편집자로 일하던 톰은 한 프로젝트의 책임자가 되었다. 학습혁신팀에 합류해 자연과 다시 소통함으로써 아이들의 정신적·신체적·영적 성장을 촉진시키는 프로젝트였다.

톰이 실패를 극복하고 성공으로 나아갈 수 있었던 방법은 무엇이었을까? 아니 우리가 좌절에 무너지지 않으려면 어떻게 해야 하는 것일까? 독서는 그를 '교육'했지만, 트웨인, 바움을 비롯해 어니스트 헤밍웨이 같은 작가들은 그의 삶을 '변화'시켰다. 톰은 고정 마인드셋이 만드는 무력감에 얼어붙는 것을 거부했다. 또한 자기 능력에 대해 개방적이고 유연한 시각을 갖고 있었고, 실패가 자신의 정체성이나 자신이 인간으로서할 수 있는 일의 전부라고 생각하지 않았다. 대체로 그는 자신의 지능이 무엇을 할 수 있는지에 대해서는 신경 쓰지 않았다. 그저 어떤 일을 열심히 하지 않았거나 하고 싶지 않았다고 생각했을 뿐이다. 나아가 톰은 에어컨 수리 일을 배우기 위해 고생했던 과정에서 책을 통해 배우는 지혜 외에도 존재하는 다양한 능력들을 존중하는 법도 배웠다.

"헛간을 짓거나 벽돌로 벽난로를 만드는 사람들의 능력도 인정해야 합니다. 결국 제겐 문장을 만드는 일보다 파이프를 끼워 맞추는 일이 더 힘들었으니까요."

톰이 힘주어 말했다. 타인의 일을 존중하는 태도, 자신이 마주한 어려움을 객관적으로 평가하는 태도 덕분에 톰은 자신이 원하는 바를 이룰 수 있었다. 그는 미국의 건축가 프랭크 로이드 라이트Frank Llyod Wright의 말처럼 손과 머리와 마음이 하는 일을 존중하는 법을 배웠다. 그리고 자신의 정체성을 정의해 준 이 독특한 경험과 신체적 본능에 의지하며, '고정된 지능'이 아니라 '성장하게 하는 노력'에 집중하는 법을 배웠다.

"제게 어려움이 닥치면 어떻게 해야 다신 그 일이 발생하지 않도록 하는 힘을 갖출 수 있을지 생각했습니다. 일종의 '두고 봐, 내가 어떻게 하는지 보여줄 테니' 같은 태도였죠."

이는 톰이 내린 결론이다. 그는 자신의 성공 비결이 자기 주도적 학습이었음을 깨닫고, 밤늦게까지 관심 있는 분야의 책들을 읽었다. 도시락 가방에 싱클레어 루이스Sinclair Lewis의 『배빗』을 몰래 넣어 일터로 가져갔던 톰은, 소설 속 등장인물들을 자기 주변의 다른 사람들과 비교하며 생각해 보기도 했다. 톰은 언제 어디서든 배움을 멈추지 않았다. 이 과정에서 가장 중요한 점은 그가 받은 형편없는 성적이 그의 실패만 의미하지는 않았다는 것이다. 오히려 톰의 나쁜 성적은 그동안 그가 다닌 학교들이 톰의 배움의 과정을 인정하고 존중해 주지 않았다는 사실만 증명할 뿐이다. 결국 톰은 과거의 자신, 삶에 의지하는 법, 자기 자신뿐만 아니라 타인과 타인의 일을 존중하는 법까지 찾아냈다. 그는 아버지와 형제들과 느꼈던 자연과의 교류 등 어렸을 때 보냈던 멋진 순간들에서 충만했던 자신의 영혼을 끌어냈다.

"훌륭한 작가들의 말소리가 머릿속에 메아리쳤죠."

결국 결정적인 순간, 톰은 자신의 호기심을 채워준 것들과 독서에서 배운 것들을 성과로 연결하는 법을 깨달았다. 그리고 그러한 성과들이 결합되며 다시 여러 가지 일들을 성공적으로 수행할 수 있었다. 그 과정에서 다시 각각의 성취가 쌓이며 성장이라는 결과로 이어졌다. 특히 글쓰기 교수는 톰에게 글을 쓸 기회를 제공했고, 그의 글과 그가 할 수 있는 일들을 존중했다. 톰을 가르친 교수들은 그가 자신의 목소리를 찾아 톤을 다듬고, 글을 고칠 수 있는 과제를 내주었다. 톰은 학교뿐만 아니라 모든 것이 싫었던 어두운 시기를 보내면서도 자신에 대한 완전한 존중을 잃지 않았다. 그 시기 톰에게는 자신의 글을 존중해 주고, 그것을 확장시키는 길을 보여줄 수 있는 사람이 없었다. 그러나 그는 캘러머주 밸리의 커뮤니티 대학에서 그러한 스승들을 만났다. 쉽지는 않았지만, 그곳에서 톰은 자신을 매료시키는 세계를 찾았다.

사다리와
나무 ─────

사람들을 성공으로 이끄는 중요한 요인에는 한 가지 더 있다. 톰 역시 분명 이 요인의 영향을 받았다. 많은 연구에 따르면 성공과 실패는 그 원인을 무엇으로 여기는지에 따라 판가름 난다. 이렇게 생각해 보자. 당신의 일이 잘못되면 혹시 누군가나 무언가를 탓하는가? 그렇다면 모든 일이 잘 풀릴 때는 어떠한가? 그때도 자신의 성공을 누군가나 무언가의 공으로 돌리는가?

성공이나 실패의 원인을 자신의 내적 요인 때문으로 생각할 수도 있고, 외적 요인 때문으로 생각할 수도 있다. 성공이나 실패의 원인이 일시적이라 생각할 수도 있고, 영구적이라 생각할 수도 있다. 또한 그 원인에 자신이 상당한 영향을 끼쳤다고 믿을 수도 있고, 영향을 전혀 끼치지 못했다고 믿을 수도 있다. 종합하면 '내가 통제할 수 없는 영구적인 무언가가 성공이나 실패의 원인'이라고 생각하는 경우부터 '외부에 원인이 있지만 내가 바꿀 수 있다'고 생각하는 경우까지 대략 여덟 가지 조합이 가능하다. 어떤 조합을 선택해도 성공이나 실패의 원인을 설명할 때 사용할 수 있다. 그러나 이 조합들을 어떻게 조합하는지에 따라 좌절에 대처하는 능력이 달라진다.[5]

가령 실패 원인을 '수학에 소질이 없어서 미적분 시험에 낙제했다'는 식으로 영구적인 내적 요인에 두면, 실패한 상황을 타개할 도리가 없다고 생각하게 될 것이다. 그렇게 되면 결과는 포기로 이어지고, 더 이상의 시도를 중단하게 되며, 미적분 과목에서 낙제를 벗어나는 일도 물 건너간다. 반면 '공부 방법이 내게 맞는 최상의 방법이 아니었던 거 같군. 학습 센터의 도움을 받으면 더 잘할 수 있을 거야'라고 생각한다면, 실패 원인을 자신의 내적 요인 때문이라 여기더라도 올바른 노력을 기울인다면 수학 능력이 향상될 수 있다고 믿게 된다. 실패의 원인을 이렇게 생각한다면 계속 시도할 수 있게 되고, 결국 성공 확률도 높아진다.

성공을 설명하는 방식도 중요하다. 다음 두 가지 중 어느 것이 더 동기를 부여하고, 좋은 결과를 가져올 수 있을까?

1. "지난 시험에선 운이 좋았어. 내가 다 아는 범위에서 문제가 나왔으니까. 하지만 나는 여전히 수학엔 소질이 없어."
2. "친구들과 함께 공부했고, 문제 유형을 모조리 파악할 때까지 서로 토론했어. 그래서 모두 시험을 잘 본 거야."

1번은 성공의 원인을 외적 요인, 다시 말해 일시적이고 통제할 수 없는 것(행운)에 두었다. 2번은 성공의 원인을 내적 요인, 즉 자신이 한 일(노력)에 두었다. 여전히 일시적이지만, 스스로 상당한 영향력을 발휘할 수 있는 부분에 성공의 중요한 요인을 둔 것이다. 1번 같은 경우 아무도 큰 동기를 부여받지 못한다. 모조리 운인데, 무엇 때문에 새롭게 시도한다는 말인가? 반면 2번 같은 경우 모두가 동기를 부여받을 수 있다.

실패에 잘 대처하는 사람들은 성공과 실패의 책임을 모두 자기 자신에게 돌리지만, 결과와 상관없이 얼마든지 그 결과를 다시 바꿀 수 있다고 생각한다. 성공은 증발할 수 있고, 실패는 극복할 수 있다는 태도다. 스탠퍼드대학교의 심리학자 앨버트 밴듀라Albert Bandura는 몇 년 전 사람들이 뱀을 다루는 법을 배우는 모습을 관찰했다. 밴듀라는 기술을 제대로 사용하기 위해서는 올바른 방법뿐만 아니라 자신이 그 기술을 제대로 쓸 수 있다는 믿음이 필요하다는 사실을 알아차렸다. 밴듀라는 이 자기 확신과 능력의 강력한 조합에 '자기 효능감'이라는 이름을 붙였다.[6] 무언가를 하려면 방법뿐만 아니라 내가 그 방법을 제대로 사용할 수 있다고 믿어야 한다. 실패를 극복하는 사람들은 자기 효능감이 강하다.

최고의 학생들은 지능에 대해 유연한 시각을 유지했고, 자신이 성공하고 실패하는 원인에 대해서도 객관적으로 파악했으며, 자기 효능감도 잘 유지했다. 어떻게 그럴 수 있을까? 그들이 했던 중요한 실천법 중 하나는 바로 폴 베이커 교수가 학생들에게 권장했던 자기 자신과의 대화였다. 자신이 어떻게 공부하거나 일하는지 파악해야 하고, 자신이 무엇으로 움직이는지 알아야 한다. 베이커 교수는 성공한 사람들이 실패에 대처하는 방식의 기저에는 지능과 능력에 대한 유연한 시각이 깔려 있다고 말했다. 이 덕분에 성공한 사람들은 성공과 실패의 원인을 생산적으로 진단하고, 새로운 능력을 개발하는 일에도 올바른 방법으로 매진하며, 이 과정에서 새로 발견한 힘은 자신이 제대로 활용할 수 있다고 굳게 믿을 수 있었다.

베이커 교수의 생각을 활용하면 지능이 평생 고정된 것인지, 확장할 수 있는 것인지에 관한 논쟁을 피할 수 있다. 우리가 연구한 사람들도 대부분 베이커 교수와 같은 생각을 택했다. 여기서 지능에 대해 논의할 때 우리가 쓰는 은유를 활용한다면 내가 지금부터 하려는 지능에 관한 구분이 좀 더 명확해진다. 종래의 지적 능력을 바라보던 경직된 시각은 지능을 '사다리'에 비유했다. 일부는 태어날 때부터 사다리 꼭대기에 고정되어 있고, 다른 사람들은 그 아래 여러 단에 있다는 식이다. 드웩 교수가 강조했던 유연한 시각(성장 마인드셋)도 이 사다리 은유에 속하지만, 누구나 사다리 윗단으로 올라갈 수 있다고 보았다. 베이커 교수는 드웩 교수와는 다른 은유를 사용한다. 바로 '무수한 가지가 달린 나무'다. 나무야말로 우리가 인터뷰했던 사람들에게서 지능에 관해 가장 많이 들었던 비유였다. 나무의 모든 갈래와 가지는 고유한 존재로서의 개인을 비유한다. 나무의 모든 부분은 서로에게 영양분을 공급해 준다. 이 가지가 저가지보다 나은 것이 아니라 가지마다 다를 뿐이며, 각 가지마다 특별한 방식으로 성장할 수 있다. 그렇다고 해서 아예 기준이 없는 것은 아니다. 여기에서 중요한 점은 경쟁이 아니라 자신의 기준을 충족시키고자 하는 노력이며, 각 개인은 저마다 다른 방식으로 성공할 수 있다는 것이다. 그래서 목표는 '능력의 사다리를 오르는 미친 경주'가 아니라 '각 개인이 갖고 있는 특별한 관점을 키우는 일'이 된다.

사다리 관점에서 보면 개인은 심리학자들이 칭하는 '조건부 자존감'을 발달시킬 수 있다. 조건부 자존감이란 자신이 어느 등급에 있는지, 다시 말해 자신이 사다리에서 어느 높이에 이르렀는지에 따라 인간으로서의 가치가 달라진다는 개념이다. 커민스는 꾸준히 칭찬과 비판을 받은 아이들에게서 이러한 조건부 자존감이 나타난다는 것을 발견했다. 이 아이들은 조건부 자존감 때문에 고정 마인드셋을 구축하게 되었고, 이러한 태도는 긍정적인 피드백을 받을 때도 달라지지 않았다. 자신이 인간으로 갖는 가치가 자신의 수행 능력에 따라 달라진다고 믿는다면, 게다가 운명이 미리 그 능력을 결정지어 놓았다고 믿는다면 앞으로 곤란을 겪게 될 것이다. 고정 마인드셋은 우리가 실패에 대응하는 방식에 영향을 끼치기 때문이다.[7]

당신이 조건부 자존감을 갖고 있다면, 다시 말해 타인과 비교하며 특정 분야에서의 성공 또는 실패 여부에 따라 자신을 바라보는 태도가 달라진다면 더 이상의 시도를 중단해 버릴 위험이 있다. 당신의 잠재의식이 실패를 피하는 최선의 방법을 아예 경기에 참여하지 않는 것이라고 결정하기 때문이다. 게다가 경기에 참여한다고 해도 쉽게 포기하며, 앞서 살펴본 조, 캐럴린, 데이비드가 보여준 행동과 같이 지레 후퇴하게 된다. 해보았자 결국 패배할 것이라 확신하는 탓에 아예 노력 자체를 그만 둠으로써 승리할 수 있는 기회조차 날려버리는 것이다. 경기에서 기권한 다음, 패배라는 쓰디쓴 열매를 맛보기도 전에 '사실 그렇게 열심히 하지 않았으니 지는 게 당연한 거지'라고 생각하며 스스로 핑계를 만들어낼 수도 있다. 앞으로도 계속해서 살펴보겠지만, 우리가 만났던 최고의 학생들은 이렇게 지레 비교하고 포기하는 사고 패턴에 변화를 주어 성공했다. 그들은 자기 자신을 들여다보고, 자신을 매료시키는 것이 무엇인지 파악했으며, 등수나 남에게 **보이는** 자기 모습이 아니라 자신이 **하고** 싶은 일에 집중했다.

우리는 연구 대상들에게 이러한 질문을 던졌다.

"경쟁심이 강한가요?"

이 질문에 모두 그렇다고 했지만, 동시에 "경쟁자는 타인이 아니라 나 자신입니다"라고 대답했다. 이러한 대답은 그들의 성공과 성장에 관해 시사하는 바가 많다. 수전 보빗 놀런의 성장 지향형 학생들처럼 그들에게는 타인과의 경쟁에서 이기는 것이 아니라 자신의 최고 성과를 끌어내는 것이 인생에서 제일 중요한 문제였다. 그들은 자신에게 배움의 본질이 무엇인지 규정하고자 했고, 이러한 의지는 내면에서 흘러나와 내재적 동기를 키웠다. 또한 성장 마인드셋을 갖추고 있다는 사실도 입증해 주었다.

베이커 교수는 지능에 관한 이러한 관점들에 대해 학생들에게 생각해 볼 만한 새로운 요소들(공간, 시간, 운동, 소리, 실루엣 등)을 제공했다. 이 요소들은 그들이 평생 경험할 오감에 뿌리를 두고 있다. 우리가 연구한 사람 중 일부는 베이커 교수의 강의를 수강한 적이 없는데도 같은 개념을 활용했다. 이러한 활동들이 깊이 있게 배우고 생산적인 삶을 사는 사람들에게서 찾을 수 있는 관점의 기반이 된다는 사실은 매우 중요하다. 그들은 성장에 대한 믿음이 있었고, 자기 내면뿐만 아니라 타인이 창조한 '위대한 정신의 산물'들을 살피며 자신의 성장을 위한 자양분을 찾아냈다. 그들은 자기 자신을 판단하는 기준으로 실패를 받아들인 것이 아니라 무언가 배울 수 있는 기회로 포용했다.

모든 문제는
해결할 수 있다는 믿음 —————

코넬대학교를 졸업하던 해 9월, 제프 호킨스는 잡지《사이언티픽 아메리칸Scientific American》을 집어 들었다. 그 잡지를 읽는 것은 몇 년간 신예 과학자이자 엔지니어로서 제프가 해오던 일이었다. 매년 가을 이맘때 나오는 호에서는 단일 주제를 특집 기사로 다루는데, 그해에는 모조리 뇌에 집중되어 있었다. 제프는 대학에 입학하기 전 네 가지 질문을 품고 있었다. 그는 인간의 정신에 관해 관심이 많았는데, 그날 읽었던 잡지의 한 기사가 그의 눈길을 끌었다. 그 기사는 제프의 인생까지 바꾸었다.

그 기사는 DNA 발견에 이바지한 영국의 생물학자 프랜시스 크릭Francis Crick이 두뇌라는 기관의 작동 방식에 관해 많은 것을 밝혀냈음에도 여전히 뇌의 작동 방식에 관한 일반이론은 존재하지 않는다고 말하고 있었다. 제프는 기사를 읽고 마치 벼락을 맞은 듯한 충격을 받았다.

"그 기사를 읽고 난 후, 제가 살아 있는 동안 인류는 뇌의 작동 방식을 알게 되리라는 것 그리고 제가 그 방식을 밝혀내겠단 생각에 골몰하게 됐습니다."

제프는 필생의 업을 찾은 것이다.

"뇌를 연구할 겁니다."

인간의 머릿속 약 1.3킬로그램짜리 세포 덩어리의 작동 방식을 내내 탐구하던 제프는 글로벌 IT 기업인 '인텔'에서 엔지니어로 일하게 되었다. 처음에는 오리건주 지사에서 일하다가 이후에는 여자 친구와 가까이 지낼 수 있는 보스턴 지사로 옮겼다. 젊은 엔지니어였던 제프는 뇌를 향한 자신의 열정이 일로 이어질 수 있다고 생각했다. 인간의 두뇌가 어떻게 작동하는지 알 수 있다면 인공두뇌도 만들 수 있을 것이고, 그렇게 된다면 인텔이 그 일을 전담할 자리를 만들고, 자신이 그 자리에서 연구를 위한 시간을 마련할 수 있을 것 같았다. 실리콘 메모리칩과 마이크로프로세서를 개발한 회사라면 자신이 인간의 두뇌와 유사한 메모리칩을 설계하는 방법을 생각하는 데 하루 일과 중 일부 시간을 쓸 수 있도록 허락해 주지 않을까 싶었던 것이다. 그래서 그는 인텔 회장에게 편지를 썼다. 대학을 갓 졸업한 신입사원이 회장에게 뇌를 연구하고 싶다며 지원받을 수 있을지 질문하는 편지를 쓴 것이다. 열정과 용기…… 그리고 배짱이 필요한 일이었다. 누가 알겠는가? 어마어마한 냉대나 내게 당신의 시간을 어떻게 활용할지 편지를 쓰느라 오히려 시간 낭비하지 말라고 꾸지람을 들을 수도 있는 노릇이었다.

그러나 인텔의 회장 고든 무어Gordon Moore 는 그 편지를 보고 (혼자 웃었을 망정) 청년 제프를 인텔의 수석 과학자 테드 호프Ted Hoff 와 만나게 해주었다. 제프는 캘리포니아주로 날아가 호프를 만났다. 알고 보니 그는 이미 인간의 사고에 관해 연구해 본 적이 있는 사람이었다. 하지만 호프는 보스턴에서 날아온 이 당돌한 신입사원에게 찬물을 확 끼얹었다. 현재 과학 수준에서 생명체의 사고 기관인 뇌에 관해 알려진 바가 충분치 않기 때문에 가까운 시일 내에 인공두뇌를 만들 가망은 없다는 말이었다.

"호프의 말이 맞았습니다. 하지만 그 당시엔 실망이 컸어요."

몇 년이 흐른 후 제프가 그 일을 회상하며 한 말이다.

하지만 제프는 실패에 굴하지 않았다. 제프는 다시 학교에 다니기로 결심했다. 보스턴 지사 건너편에 있는 매사추세츠공과대학교MIT에 지원했다. MIT에는 인공지능에 관련한 커리큘럼이 있었기 때문에 제프는 자신이 쉽게 입학할 수 있으리라 생각했다. 그러나 현실은 달랐다. 제프는 입학 지원서에 뇌의 작동 방식을 공부하고 싶다고 적었지만, 그의 지원서를 읽은 교수들이 중점을 둔 곳은 다른 부분이었다. 교수들은 사람과 비슷한 시각, 언어, 움직임, 계산 능력을 가진 컴퓨터 프로그램을 만들고 싶어 했을 뿐 인간이라는 컴퓨터가 어떻게 작동하는지는 알고 싶어 하지 않았다. 게다가 그것을 굳이 알아야 할 필요가 있다고 생각하지도 않았다. 결국 제프의 입학 지원서는 거절당했다.

제프의 이야기를 굳이 언급한 이유는 대학생일 때뿐만 아니라 그 이후의 삶에서 추진력이 되어주고, 결국 배움을 향한 깊이 있는 접근에 자양분이 되어준 그의 열정을 설명하기 위해서다. 제프는 인간의 두뇌와 컴퓨터가 근본적으로 다르다고 확신했다. 인간의 뇌와 지능이 어떻게 작동하는지, 생각·창조·기억·예측 등 인간이 할 수 있는 모든 경이로운 작업이 어떻게 이루어지는지 알고 싶어 했다.[8]

제프가 걸었던 '지성의 여정'은 최고의 학생들에 관한 중요한 점을 한 가지 더 시사한다. 앞서 말했듯 쉽게 포기하지 않는다는 점이다. 제프는 인텔과 MIT에서 자신의 의지를 거절당한 후 (이제는 아내가 된) 여자 친구와 함께 캘리포니아주로 이사했다. 실리콘 밸리의 '그리드시스템GRiD System'이라는 회사에서 일하게 되었기 때문이다. 그리드시스템은 최초의 노트북 컴퓨터를 발명한 회사다. 그곳에서 일하던 어느 날, 제프에게 특별한 사건이 발생했다. 이 사건은 언뜻 보면 우연일 수도 있겠지만, 나는 이 일이 평소 제프가 배우는 것 그 자체에 깊은 관심이 있었기 때문에 발생했을 가능성이 더 크다고 생각한다. 최초의 태블릿 컴퓨터를 설계하는 데 참여하게 된 제프는, 일부 동료들에게 그 새로운 기기를 사용해 보라고 제안했다. 동료들이 키보드 대신 터치스크린이 달린 '희한한 기기'를 들고 다니는 모습을 보며 제프는 그들이 이 기기를 아주 즐겁게 사용한다는 사실에 감탄했다. 사실 그리드시스템은 이 기기를 대중에게 팔 계획이 없었다. 기업 대상으로만 판매할 계획이었다. 하지만 제프의 눈에는 다른 사실들이 띄었다. 아마 겉으로 보이는 모습 그 이면을 유심히 보는 습관이 만든 결과물이었을 것이다. 그가 주목한 부분은 제프에게 완전히 새로운 방향을 제시해 주었다.

"동료들이 이 기기를 들고 다니면서 터치스크린을 얼마나 좋아하는지 알게 됐어요. 그러다 누군가 이렇게 말하더군요. '여기다 내 개인 연락처 같은 정보를 넣어두면 좋겠네'라고요."

개인 정보라는 간단한 발견은 곧 제프의 깊이 있게 생각하는 습관과 결합했다. 마침내 정보를 다루고 생각하는 기존 방식을 완전히 변화시킬 '모바일 기기'라는 개념이 탄생했다. 이 덕분에 제프는 미국 공학아카데미의 회원이 되었다. 맨 처음 그는 그저 혼자 이렇게 생각했다.

'컴퓨터의 미래는 모바일 기기에 있어. 사람들이 갖고 다닐 수 있는 기기 말이지. 주머니에 소형 컴퓨터를 넣지 못할 이유가 어딨어?'

소형 컴퓨터는 대형 컴퓨터보다 더 저렴하고, 사용하기 쉬우며, 사람들이 더 신뢰할 수 있을 것이다. 전 세계에는 컴퓨터를 구매할 경제적 여유가 없는 사람이 대부분이었지만, 제프는 주머니에 들어갈 만큼 작은 컴퓨터를 만든다면 많은 사람이 이 컴퓨터를 구매할 수 있으리라 생각했다.

그 당시만 해도 주머니에 컴퓨터를 넣겠다는 제프의 목표는 그가 어릴 때 롱아일랜드 집 차고에서 아버지, 형제들과 함께 만든 괴상한 배만큼 터무니없었다. 심지어는 인간의 뇌가 어떻게 작동하는지 알아내겠다는 생각 못지않게 미친 생각으로 비치기도 했다.

"소형 컴퓨터를 만들 기술도, 소프트웨어도 없었습니다."

그리드시스템은 그 누구도 그러한 기기를 살 것이라고 예상하지 않았기 때문에 투자를 꺼렸다. 그렇게 또 하나의 계획이 실패했다.

학교로 다시 돌아갔을 때도 제프는 소형 컴퓨터 개발 가능성을 포기하지 않았다. 소형 컴퓨터에 인류의 미래가 달려 있다는 확신은 더욱 커져갔다. 사실 제프가 학교로 돌아간 이유는 자신의 꿈을 좇기 위해서였다. 두뇌의 작동 방식과 인간이 생각하는 방식이 어떻게 이루어지는지 알아내고자 했던 욕망 말이다. 그래서 그는 처음에 사이버대학에 입학했다.

"사이버대학에서 거절당하는 사람은 없죠."

훗날 제프는 이렇게 말했다. 그는 생리학과 생물학 과목들도 수강했고, 이후 캘리포니아대학교 버클리캠퍼스에서 생물물리학 커리큘럼 중 인간 지능 연구에도 지원했다.

"열심히 공부해서 대학원 입학시험을 치르고, 이력서를 준비하고, 추천서도 받았어요. 그리고 드디어 전일제(풀타임) 대학원생이 됐습니다."

그의 나이 33세도 채 안 되었을 때였다.

그리드시스템을 휴직하고, 몇 년 지나 IT업계로 돌아간 제프는 최초의 모바일 컴퓨터인 '팜 파일럿Palm Pilot'을 개발하는 데 성공했다. 스타일러스 프로그램을 사용해 컴퓨터에 쉽게 글을 쓰는 방법을 발견한 것이다. 전 세계 수백만 명이 그가 발명한 소형 컴퓨터를 구매해서 주머니에 넣고 다니기 시작했다. 3년 후, 그는 동료 몇 명과 함께 '핸드스프링'이라는 회사를 설립했다. 그곳에서 전화가 가능한 소형 컴퓨터를 설계했다. 세계 최초의 스마트폰 '트레오Treo'는 이렇게 탄생했다.

사업에 성공한 제프는 자신의 꿈을 따라 뇌를 연구할 수 있는 자금을 확보했다. 처음에 제프는 캘리포니아주 멘로 파크에 비영리 연구소인 레드우드신경과학연구소RNI를 설립했다. 그곳에서 그는 다른 과학자들과 함께 인간 두뇌의 신피질이 정보를 처리하는 방식에 관해 연구했다. 3년 후 제프는 이 연구소를 캘리포니아대학교 버클리캠퍼스에 기증하고, '누멘타Numenta'라는 회사를 새로 설립했다. 팜과 핸드스프링에서 자신이 일조하던 거대 사업과는 비교도 안 될 만큼 작은 이 회사에서 제프는 인간 정신의 작동 방식을 연구하고, 인간처럼 생각하는 기계의 개발 가능성을 열었다.

삶에 대한 제프의 낙관은 초인적일 정도였다. 그는 자신의 낙관적 태도에서 배움에 대한 깊이 있는 접근법 그리고 아주 큰 좌절에도 계속 시도하고자 하는 의지의 근간을 찾아냈다.

"아주 예전부터 우리가 인생을 살면서 발생하는 일 중 많은 부분이 우연이란 사실을 저는 이미 알고 있었습니다. 그래서 걱정 따윈 전혀 하지 않았어요."

제프가 말했다. 그는 오히려 자신이 알고 싶은 것을 더 좋았다.

"나쁜 일이 생겨도 거기 매몰되지 않으려 노력했어요. 가능하면 해결책을 찾으려 했죠."

무엇이든 해결할 수 있다는 믿음은 곧 세상이 유연하다는 믿음이자 노력하면 상황을 바꿀 수 있다는 믿음과 같다. 바로 성장 마인드셋이다.

실패는
두려움의 대상이 아니다 ──────

지능은 확장될 수 있다는 믿음, 즉 성장 마인드셋을 현실에서 실천하는 일은 누구나 할 수 있는 것일까? 찰리 기어스Charlie Geaers와 그의 친구들은 그것이 가능하다는 사실을 입증했다.[9] 찰리는 뉴욕시에 사는 내성적인 아이였다. 학교에서 치르는 표준 수학 시험에서 좋은 성적을 거둔 적이 없었고, 6학년 때 받았던 성적은 하위 65퍼센트보다 낮았다. 하위권이어도 한참 하위권인 성적이었다. 가정 형편이 넉넉지 못했던 찰리는 매일 무료 급식을 먹었다. 7학년 때 찰리는 컬럼비아대학교와 스탠퍼드대학교의 심리학 공동 연구팀이 제공하는, 인간의 뇌에 대해 배우고 공부하는 8주짜리 워크숍 참가 기회를 얻었다. 찰리는 참가 요건이었던 부모의 허락을 받아 워크숍에 등록했다. 100여 명의 다른 학생들도 등록했다. 대부분 수학에 어려움을 겪던 학생들이었다.

심리학자들은 워크숍에 참가한 학생들을 열두 명에서 열네 명 정도로 구성된 여러 학급으로 나눈 다음, 이 학급들을 비밀리에 다시 두 개의 그룹으로 구분했다. 찰리와 그의 부모, 교사들은 이 사실을 전혀 알지 못했다. 두 그룹 모두 뇌와 뇌의 기능에 대해 배웠다. 시간을 가장 효율적으로 활용하는 방법, 새로운 자료를 정리하여 공부하는 방법, 그것들을 이해하며 기억하는 방법도 배웠다. 또한 나와 다른 고정관념을 가진 사람이 어떤 영향을 미칠 수 있는지도 살폈고, 고정관념의 위험을 피하는 방법에 대해서도 논의했다.

두 그룹의 학생들은 모두 같은 경험을 했지만, 이틀 동안 이루어진 과정에서만큼은 서로 다른 경험을 했다. 이틀 동안 찰리와 다른 학생들은 연구팀의 심리학자 중 한 명이었던 리사 블랙웰Lisa Blackwell이 특별히 7학년 학생들을 위해 쓴 글을 소리 내어 읽었다. 「지능은 키울 수 있다」는 제목의 글이었다. 글을 소리 내어 읽으며 학생들은 학습 과정에서 뇌가 물리적으로 변한다는 내용을 직접 들었다. 그리고 글에는 메시지 전달을 담당하는 뇌의 신경세포들이 새로운 지식을 습득한 후 더 강하게 연결되었다는 연구에 대한 설명이 담겨 있었다. 실제로 뇌는 운동 후의 근육처럼 세포 간에 새로운 연결망을 형성하면서 성장한다. 활발하게 학습하며 활동하는 뇌는 그렇지 않은 뇌보다 더 무겁다. 그 글의 끝에는 아기가 말을 배우는 과정을 생각해 보라고 했다. 신생아는 한마디도 말하지 못하지만, 소리를 연습함으로써 새로운 언어를 습득한다. 자기공명영상MRI으로 아기의 뇌를 들여다본 과학자들은 아기가 말을 배우는 과정에서 실제로 발생하는 변화를 확인했다.

찰리와 다른 학생들이 글을 다 읽자, 해당 과정을 이끌었던 두 명의 대학생은 학생들에게 그들이 연습을 통해 배운 활동들에 관해 생각해 보자고 말했다. 그리고 그 활동들을 배우며 자신의 뇌가 어떻게 변했을지 설명해 보라고 했다. 그들이 학생들에게 요구했던 활동은 셰리를 비롯해 어니스트 버틀러, 세라 굿리치가 다른 학생들과 함께 베이커 교수의 '능력 통합' 강의에서 했던 활동들과 놀라울 정도로 유사했다. 학생들은 자신의 창의적인 행동을 만든 성취에 대해 생각한 다음, 그렇게 행동하도록 이끈 조건이 과연 무엇일지 탐색했다.

반면 다른 그룹의 학생들은 같은 기간에 기억의 작동 원리에 관한 글을 읽었다. 그들은 학습 자료를 기억하기 위한 새로운 전략들을 배웠고, 그 전략을 연습하기까지 했다. 본질적으로 그들은 공부와 기억에 관련된 조언을 받은 것이다.

두 그룹의 학생들은 어떻게 되었을까? 이틀 동안 진행된 과정에 참여하기 전에 학생들은 대체로 지능이 평생 고정되어 있다고 생각했다. 그러나 서로 다른 글을 읽는 활동 후, 찰리가 속한 그룹의 학생들은 노력으로 지능을 향상시킬 수 있다고 훨씬 더 확고하게 믿게 되었다. 크게 놀라운 결과는 아니다. 찰리의 그룹은 어떻게 그러한 일이 가능한지 분석한 글을 읽었고, 다른 그룹은 그 글을 읽지 않았기 때문이다. 더 중요한 사실은 찰리가 속한 그룹의 학생들은 이 과정 이후 몇 주, 몇 개월이 지난 후에도 어려움을 겪던 수학 공부를 잘 해내고자 하는 동기가 대체로 더 강해졌다는 것이다.[10] 때로 그들은 늦은 시간까지 자지 않고 과제를 끝내려 했고, 점심시간에는 과제를 해결하기 위한 도움을 더 요청했다. 전에는 한 번도 이런 적이 없었던 학생들이 크게 변한 것이다. 게다가 지능이 변하지 않는다고 믿었던 학생들이 경험을 통해 지능이 변할 수 있다고 믿게 되면서 그들의 수학 성적 또한 급격하게 상승했다.

연구를 주도한 블랙웰은 지능이 변할 수 있다는 믿음은 공부나 일이 쉬울 때, 즉 난제에 부딪히지 않았을 때는 큰 영향을 끼치지 않지만, 장애물을 만나거나 실패가 누적될 때는 능력을 향상시킬 수 있다고 믿는 사람들이 거친 풍랑을 헤쳐 나갈 수 있는 확률이 훨씬 더 높다는 데 주목했다. 이것은 우리가 창의성과 생산성이 매우 높은 사람들에게서 발견했던 패턴이었다.

똑똑하다는 것의 '진짜' 의미 ──────

데브라 골드슨은 자메이카 출신이다. 그녀는 그곳에서 상류층의 부유한 삶을 누렸지만, 8세 때 부모가 이혼하며 어머니와 뉴욕주 퀸스로 이사했다. 데브라의 삶도 크게 바뀌었다.

"할머니와 사촌들도 함께 이사했어요. 좁은 집에 열 명이 함께 살았던 적도 있어요. 풀과 나무가 있는 곳에서 콘크리트와 아파트 건물이 있는 곳으로 옮겼으니 커다란 변화였죠."

데브라는 이렇게 회고했다. 그녀는 독서에 빠져들었고, 대도시는 그녀에게 많은 기회를 제공해 주었다.

"도서관에 한번 가면 책 열 권을 한꺼번에 빌린 다음, 다 읽었어요."

살인 사건을 다루는 추리소설은 어린 소녀를 매료시켰다. 애거사 크리스티의 소설을 모조리 탐독했다.

뉴욕시에는 특성화 고등학교도 있었다.

"열네 살이 되면 무슨 일을 하고 싶은지 결정하고, 그 일에 도움이 될 고등학교에 진학해야 해요. 저는 열두 살 때 의사가 되기로 결심했죠."

데브라는 사람들을 만나고 돌보는 일을 좋아했다.

"어머니는 심장 질환이 있었는데, 아무도 뭐가 문젠지 알려주지 못했어요. 그래서 '심장 전문의'가 돼 어머니를 돕고 싶었죠."

데브라는 자신이 배움의 주도권을 이끌 목적을 발견했다.

"의학을 배우면 어머니의 병을 고칠 수 있을 거라고 생각했어요."

그 후 몇 년 동안 데브라가 아파서 병원에 갈 때마다 어머니는 그 기회를 이용해 의사에게 딸이 하고 싶은 일을 알렸다.

"그건 그렇고요, 제 딸이 의사가 되고 싶어 해요. 의사가 되려면 뭘 해야 하는지 조언 좀 해주실 수 있을까요?"

하지만 어머니의 요청은 무관심과 편견으로 묵살당하기 일쑤였다.

"늘 이런 눈길을 받곤 했어요. '네가 의사가 되는 일은 없을 거야'라고 말하는 듯한 눈길요."

훗날 데브라가 회고한 이야기다. 그녀는 '눈길'이라고 말했다.

"너는 퀸스 출신 가난한 흑인 여자애야. 의대 입학은 꿈도 꾸지 마."

데브라가 받은 편견 어린 시선은 이후에도 끝없이 계속되었다.

데브라는 이 같이 의욕을 꺾는 시선들에 굴하지 않고, 13세에 브롱크스과학고등학교에 입학했다.

"통학 시간이 두 시간 반이나 됐죠. 새벽 6시에 집을 나와서 지하철을 탔어요."

하지만 데브라의 성적은 좋지 않았다. 살면서 처음으로 어려운 과목들을 만나며 고군분투했다. 그럼에도 문학과 수학만은 영혼의 친구가 되어주었다. 그녀는 미국의 시인 로버트 프로스트Robert Frost의 「가지 않은 길」이라는 시를 만났다. 그 시는 데브라에게 깊은 인상을 남겼다.

"시 속의 여행자처럼, 저는 늘 '가지 않은 길'을 선택했어요."

데브라는 언제나 자신을 몰아붙일 방법을 찾았다.

"더 편한 학교에 다닐 수도 있었겠지만, 그건 제게 별로 도움이 되지 않았을 겁니다."

고등학교를 졸업할 무렵, 데브라의 성적은 급등했다. 비록 원하는 대학에는 합격하지 못했지만, 충분히 좋은 성적을 거두었고 보스턴대학교에 입학했다. 1순위로 지망했던 대학에 입학 면접을 보러 갔을 때, 면접관들은 그녀에게 100만 달러가 있다면 무엇을 할 것인지 물었다.

"어머니께 드릴 거예요."

자랑스럽게 말했지만, 그 순간 데브라는 자신이 면접을 망쳤다는 것을 깨달았다.

"면접관은 분명 거창한 계획을 기대했을 겁니다. 하지만 퀸스에서 홀어머니, 열 명이나 되는 친척들과 살았던 애한테 뭘 기대하나요?"

데브라는 보스턴대학교에서 의사가 되겠다는 목표를 향해 나아갔다. 의과대학 진학을 목표로 의학 공부에 도움이 되는 강의들만 수강했다. 사회심리학을 전공한 이유도 의사가 되는 데 도움이 될 것 같았기 때문이다. 사회심리학과 수학—수학 과목도 많이 수강했다—은 데브라에게 의미가 컸다. 성적은 크게 올랐다. 하지만 좋은 성적을 받은 후 진로진학 상담사와 나눈 대화는 데브라에게 더 깊은 인상을 남겼다. 보스턴대학교는 프리메드pre-med(주로 미국에서 학부생이 의대에 진학하기 위해 수강하는 교육 과정으로, 의예과 과정, 자원봉사 활동, 임상 경험 등 의대 준비 활동이 포함된다-옮긴이) 학생들이 적성에 맞는 선택을 하고 있는지 점검하기 위해 상담사와 상담해야 했다.

"상담사는 제가 왜 의대에 진학할 수 없는지 설명하려 했어요. 의학 공부가 얼마나 어려운지 얘기하면서 꿈을 포기해야 한다고 설득하려 했죠."

데브라는 상담사의 말을 귀담아듣지 않았다. 지금까지 했던 모든 활동은 의대에 진학하고, 또 의사가 되는 데 초점을 맞춘 것들이었다. 과학고등학교에 진학했던 이유도 그 때문이었고, 사회심리학을 전공한 이유도 마찬가지였다. 어려운 과학 과목을 통과하기 위해 자기 자신을 몰아붙인 이유도 의대 진학 때문이었다. 마찬가지 이유로 데브라는 상담사의 말을 무시했다. 그러나 그녀는 정작 의대에 오라는 제안을 처음 받았을 때 그 제안을 거절했다.

대학을 졸업하기 전, 데브라의 남자 친구가 펜실베이니아주립대학교 의과대학 학장과의 입학 면접을 주선해 주었다. 데브라는 이미 의대 입학시험MCAT을 치른 후였고, 에세이 부문에서도 상위 1퍼센트에 들어 최우수 성적까지 받아둔 상태였다. 하지만 아직 의대 입학에 필요한 과목을 다 수강하지 않았는데도 학장은 데브라를 바로 합격시켰다.

"꽤 괜찮은 학교였지만, 한 가지 짜증 나는 조건이 있었어요."

바로 흑인 학생은 가을 정규 학기가 시작되고 다른 학생들이 오기 전에 여름 학기부터 강의를 수강해야 한다는 조건이었다.

"학교에선 선택권을 주지 않았고, 그게 제 결정에 영향을 미쳤던 거 같아요. 강의를 무조건 수강해야 한다고 했거든요."

훗날 데브라는 그 조건을 '보충수업'이라 불렀다. 아주 모욕적인 제안이었다며 여전히 분개한다.

"그래서 입학 제안을 거절했어요. 당시 남자 친구는 그 결정에 아주 실망했죠. 특히 학장님과의 면접을 주선해 주신 남자 친구 아버님의 실망이 컸어요. 하지만 그때 그 제안을 수락했다면 과연 스스로 의대 합격을 이뤄낸 건지 의심하며 늘 찜찜했을 겁니다."

데브라는 자신이 성공하지 못할 것이라는 편견 섞인 말들을 자주 들었다. 자신을 의심하는 사람들에게 보란 듯 보여주기 위해서는 스스로 배움의 주도권을 쥐고 있다는 확신이 절실하게 필요했다. 특별한 도움이 필요하다고 암시하는 듯한 조건은 데브라와 맞지 않았다.

이듬해 데브라는 미국 최고 의대 중 한 곳인 컬럼비아대학교 의과대학에 합격했다. 컬럼비아대학교에서는 의대 입학 후 첫 2년 동안 신경학부터 생리학까지 기초과학 강의를 수강해야 했다. 강의를 수강하고 나면 방대한 양의 정보를 외워 시험을 치렀다. 하지만 의술을 실제로 펼치지는 않았다. 임상 실습은 마지막 임상 교육 2년과 그 이후에 이루어졌다.

"임상 실습이 아닌 기초과학 강의에서 받는 성적만으론 제가 어떤 의사가 될지 알 수 없었어요."

데브라의 결론이었다.

데브라는 임상 실습을 시작하자마자 탁월한 실력으로 두각을 드러냈고, 끊임없이 칭찬받았다. 마침내 그녀는 12세부터 하고 싶었던 일을 할 수 있게 되었다. 의사는 환자에 대한 정보와 증상을 바탕으로 이성적으로 판단하고, 건강에 생긴 문제의 원인이 무엇인지 전반적으로 살펴 진단하며, 어떻게 치료할 것인지 결정해야 한다. 그다음 약을 복용하게 하는 등 환자를 설득해 치료받게 해야 한다. 데브라는 완치 가능성이 낮은 진단은 소거하고, 질병을 가장 잘 설명하는 원인에 중점을 둔 감별 진단 관련 지식과 기술을 완벽하게 익혔다.

"자는 동안에도 계속해서 환자를 생각했어요. 한밤중에 일어나 진단을 내린 적도 있어요."

데브라는 '형사'가 되어 사건의 증거를 신중하고 세심하게 저울질해 판단했다. 심리학을 공부한 덕분에 효과적으로 환자를 설득해 처방을 따르도록 했다. 의대 과정을 마친 후 데브라는 뉴저지주 북부에 병원을 열었다. 곧 그녀의 병원은 뉴저지주에서 명망 높은 병원 중 한 곳이 되었다.

데브라는 편견, 깔보는 시선, 의욕을 꺾던 상담사의 조언, '보충수업'이라는 갖은 모욕을 겪으면서도 자신이 해낼 수 있다는 강력한 확신을 잃지 않았다. 그녀는 이렇게 말했다.

"부정적인 고정관념 때문에 괴로웠던 적은 한 번도 없어요. 편견은 제 문제가 아니니까요."

데브라는 노력이 가장 큰 보상을 가져온다고 믿게 되었다.

"지금 제가 생각하는 똑똑함의 기준은 얼마나 노력하는가예요."

5장

받아들일 것인가,
질문할 것인가

덥고 나른한 어느 여름날이었다. 나는 우리 집 테라스에 앉아 이 책을 쓰면서 6세 꼬마가 자기 동생과 야구를 하며 노는 모습을 지켜보고 있었다. 아이는 자기 글러브에 공을 때려 넣는 동작을 했고, 나는 무릎 위에 노트북 컴퓨터를 올려놓고 연신 키보드를 두드려댔다. 어느 틈엔가 아이가 내 옆으로 슬쩍 다가오더니, 어깨 너머 화면을 힐끗 보고는 난해한 질문을 던졌다.

"우리는 죽으면 어디로 가나요?"

지금 그러한 복잡한 이야기에 끌려 들어가고 싶지 않았다. 나는 아이의 질문을 피했다.

"모르겠는걸."

"구글로 검색해 볼 수 있어요?"

아이가 대꾸했다.

이 꼬마가 생각하는 방식은 수많은 대학생이 생각하는 방식과 똑같다.

질문에는 무엇이든 답이 있다고 생각하는 것이다. 문제가 있다면 전문가에게 물어 답을 찾으면 된다. 해결 방법을 배우려면 답을 기억해야 한다. 문제에는 풀이 절차가 있고, 절차를 따르기만 하면 해결책도 찾을 수 있다는 믿음이다.

그러나 사실 우리는 답이 쉽게 나오지 않는 문제를 매일 만난다. 예를 들어 당신이 형언하지 못할 만큼 끔찍한 범죄에 대한 증언을 듣고, 그 범죄를 저질렀다고 기소당한 어느 젊은 남성의 운명을 결정해야 하는 배심원이 되었다고 상상해 보자. 목격자는 21세의 데니스 윌리엄스Dennis Williams와 세 친구는 어느 젊은 여성과 약혼자를 납치해 모텔로 끌고 갔다고 말했다. 그리고 여성을 반복해 강간한 뒤 여성과 약혼자를 살해하고, 시카고 어느 골목에 시신을 유기했다고 말하는 목격자의 증언도 이어졌다. 친구들의 범죄를 고발하던 17세 소녀는 증언대에서 초조한 듯 이리저리 몸을 배배 꼬았고, 윌리엄스의 변호사는 마치 낮잠이라도 자는 듯 이따금 눈을 감았다. 목격자들의 증언이 끝나고, 당신은 다른 배심원들과 함께 윌리엄스가 유죄라는 쪽에 표를 던졌다. 판사는 윌리엄스에게 약물 투여 사형을 선고했다.

18년 후 당신은 윌리엄스 일행이 진범이 아니었으며, 진짜 살인범들이 자백했다는 사실을 알게 된다. 30대 후반이 된 윌리엄스는 그동안 2평도 채 안 되는 독방에 갇혀 밤마다 철제 프레임 위에 얇은 면으로 된 매트리스를 깔고 잠을 청해야 했다. 의사가 자기 팔에 주사를 꽂아 약물을 주입해 자신의 목숨을 앗아갈 날이 며칠 후일지 아니면 불과 몇 시간 후일지 알지 못한 채 불안한 삶을 연명해야 했다. 당신과 다른 배심원들은 어떻게 이토록 끔찍한 '실수'를 저지를 수 있었을까? 당신은 어쩌다 거짓 증언에 속았던 것일까?

이러한 난제는 배심원석에서만 일어나는 것이 아니다. 우리는 전쟁과 빈곤의 원인, 경제난 혹은 도덕성과 정의에 관련된 문제를 해결하려 애쓰며, 자연법칙의 온갖 복잡한 양상에 대해 알아내려고 씨름한다. 일상생활에서도 마찬가지다. 학교, 직장, 연애, 가족, 친구, 건강, 행복 등 혼란스러운 갈림길을 줄줄이 마주한다. 갈림길에서의 선택은 때로 우리의 도덕성을 시험하기도 하고, 깊이 간직하던 종교적 신념과 충돌하기도 한다. 평생 굳게 믿어 왔던 신념을 의심해야 하거나 너무 끔찍해 생각하기조차 두려운 가능성을 마주해야 할 때도 있다. 이러한 문제들에 감정이 송두리째 흔들려 절망에 빠지게 될 수도 있다.

배심원뿐만 아니라 시민, 친구, 부모, 자녀, 학생 또는 인생에서 맡게 되는 다른 역할들을 수행할 때 당신이 받은 교육에는 더 나은 결정을 하는 데 도움이 될 만한 무언가가 있는가? 철학자와 심리학자는 대개 두 가지 문제를 다룬다. '구조화된 문제'와 '구조화되지 않은 문제'다. 구조화된 문제는 고등학교 때 풀었던 대수학 문제, 역사 과목에서 치렀던 객관식 시험, 1학년 때 배운 덧셈 문제 같은 것들이다. 이러한 문제에는 명확한 답이 있다. 반면 구조화되지 않은 문제에는 명확한 답이 없다. 특정 절차를 따르기만 해서는 적절한 답을 찾을 수 없다. '남북전쟁의 원인은 뭔가?' '인구 과잉의 원인은 뭔가?' '전염병을 예방하기 위해 인구 전체에 예방접종을 실시해야 할까? 일부 사람들이 그 백신에 심각한 알레르기 반응을 보이더라도?'

심지어 문제의 범주 자체도 구조화되지 않았을 수 있다. 앞서 본 윌리 엄스 사건의 경우, 사건 발생 18년 후에야 '명확한 답'이 나왔다. 그렇다 면 지금의 사법 체계는 제대로 작동한다고 할 수 있는가? 사형 제도는 어떠한가? 어떤 변화를 주어야 사법 체계가 더 잘 작동할까? 그리고 그 변화가 무엇인지 우리는 어떻게 알 수 있을까?

이처럼 인생은 골치 아픈 문제로 가득하다. 어떻게 해야 현명하게 결정할 수 있을까? '최고의 학생들'은 그러한 능력을 어떻게 기를까? 경영, 과학, 인생, 정치 그리고 인간관계에서 때때로 우리는 어마어마하게 중요한 선택의 갈림길에 도달해 미칠 것만 같은 심정이 된다. 과연 대학 교육은 현명하게 선택하는 데 도움을 줄 수 있을까?

이것이 앞으로 우리가 다루어야 할 가장 어렵고 복잡한 주제다. 몇 가지 일반화부터 시작해 보자. 우리는 우리가 연구한 사람들과 그들이 구조화되지 않은 문제를 다루는 법에 대해 배우는 과정을 연구한 문헌들을 통해 다음과 같은 패턴을 발견했다.

1. 구조화되지 않은 복잡한 문제를 주제로 하여 다양한 사람들과의 대화에 능동적으로 참여했다.
2. 반대 의견을 듣고 괴로울 때 그 상태를 방치하지 않고, 오히려 의견이 다른 사람과 논쟁할 수 있음을 반겼다. 이러한 태도는 자신의 결론을 내리는 겸허함과 내가 틀리거나 맞을 수도 있다는 가능성을 끊임없이 살피는 태도, 진리를 알고자 하는 강한 욕망에서 비롯되었다.

3. 세상에 대한 호기심과 흥미를 잃지 않고 키워나갔다. 대개 어린 시절의 경험과 관심사를 바탕으로 무엇이든 심도 있게 이해하려고 노력했다.

4. 구조화되지 않은 복잡한 문제들을 독창적으로 연구했고, 인터넷 검색 엔진 이상으로 문제를 파고들었다.

5. 자신이 할 수 있다는 믿음을 심어준 멘토들에게 아낌없는 지원과 지지를 받았다.

그들이 구조화되지 않은 복잡한 문제를 다룰 수 있게 된 이유는 실제로 이러한 문제들과 씨름했고, 그 노력에 대한 피드백을 받았기 때문이다. 가령 그들이 피아노를 배울 수 있었던 것은 타인이 치는 피아노 소리만 들었기 때문이 아니다. 이성적인 사고를 배울 수 있었던 것도 누군가의 이성적인 사고를 표현한 말을 들었기 때문이 아니다. 우리가 연구한 사람들은 배움의 과정에서 대체로 자기 자신과 대화했고, 그 결과로 만들어진 자기 인식을 통해 자신의 관심사와 연결된 통로를 지어 해결책을 찾아냈다. 자신의 편견을 인지했고, 더 합리적인 시각을 갖추기 위해 자기 생각에 맞섰으며, 사회적 통념 대신 증거와 논리적 추론에 의지해 결론을 도출했다. 우리와 인터뷰했던 사람들의 삶을 살펴보면 더 생산적인 문제 해결 능력을 기르는 경로가 무엇인지 알 수 있다.

세계적인 탐사 보도 기자인 데이비드 프로테스David Protess는 어린 시절 뉴욕 브루클린에서 살았다. 그 당시 그의 가족과 친구들은 늘 두 가지 공포에 시달렸는데, '누군가 핵전쟁을 일으키는 건 아닐까?'와 '누군가 소아마비에 걸리는 건 아닐까?'였다(이미 데이비드의 삼촌은 소아마비로 장애가 있는 상태였지만, 삼촌의 병 못지않게 그들에게는 핵전쟁 가능성도 큰 공포였다). 학교에서는 핵전쟁을 대비해 책상 밑으로 잽싸게 들어가 머리에 두 손을 얹어 몸을 보호하는 법을 가르쳤다. 손과 나무 따위로도 원자폭탄이나 수소폭탄을 막을 수 있다는 듯 말이다. 당시 공습경보는 대개 아침 놀이 시간에 울려 퍼졌다.

브루클린은 폭격당하지 않았고 사람들도 소아마비에 걸리지 않았지만, 두려움은 좀처럼 사라지지 않았다. 7세가 되던 해, 데이비드의 가족을 비롯한 브루클린 사람들은 줄리어스 로젠버그Julius Rosenberg와 에설 로젠버그Ethel Rosenberg 부부의 이야기를 입에 달고 살았다. 로젠버그 부부는 로어 맨해튼에 살던 유대인들로, 소련에 원자력 기밀을 넘긴 혐의로 사형선고를 받아 전기의자에 앉게 될 판에 처해 있었다. 유대인이었던 데이비드의 가족과 이웃들의 기억에는 아직 독일 나치가 자행한 홀로코스트의 상처가 생생하게 남아 있었다. 집 앞 계단이나 동네 식료품점에서 어른들이 나누던 대화는 로젠버그 부부의 처형이 유대인에 대한 새로운 학살의 시발점이 될지에 대한 논의로 흐르고는 했다. 미국에서 민간인이 간첩 혐의로 사형을 선고받은 적은 한 번도 없었다. 로젠버그 부부가 유죄라고 해도 사형까지 받아야 하는 이유는 무엇인가? 애초에 로젠버그 부부가 범죄를 저지른 것은 사실인가? 데이비드는 로젠버그 부부에게 어린 두 아들이 있다는 것을 알고 있었다. 그중 한 명은 자기 또래였다. 데이비드는 주 당국이 그 아이들을 고아로 만들 계획을 세우고 있다고 생각했다. 지금도 그는 종종 그 옛날 토요일 아침에 신문에서 "로젠버그 부부, 전기의자 처형 집행"이라는 기사의 헤드라인을 본 기억을 떠올린다. 이 기억은 그를 평생 괴롭히며 구조화되지 않은 복잡한 문제에 접근하는 그의 방식에 영향을 끼쳤다.

"로젠버그 부부의 사형으로 저는 평생 사형 반대론자가 됐습니다. 탐사 보도 기자와 교육자로서의 제 경력 역시 이 사건에서 깊은 영향을 받았죠."

그는 힘주어 말했다.

끊임없이 생각하고, 끝까지 의심하라 ——————

미국 전역에서 반공反共 광풍이 불던 시절, 데이비드는 야구를 사랑하는 법과 자신이 속한 세계에 대해 사고하는 법을 배웠다. 데이비드는 야구 덕에 힘든 현실도 피할 수 있었다. 여름밤이면 할아버지와 라디오로 야구 중계를 들으며 모든 경기 내용을 분석했다. 가끔은 집을 몰래 빠져나가 에베츠 필드라는 야구장에서 LA다저스의 경기를 구경하기도 했다. 한편 데이비드의 사고 연습은 가장 기초적인 추론의 첫 발판이 되어주었다. 그것이 바로 그가 앞으로 성장시켜 꽃피울 '사고력 학습법'이었다. 인생은 어린 데이비드가 스스로 생각해 결정해야 할 문제들을 끊임없이 떠안겼다. '지금 울리는 이 경보는 실제 공습을 의미하는가 아니면 또 다른 훈련인가? 그 증거는 뭔가?' '이 경보는 평소에 사이렌을 테스트하기 때문에 나는 건가?' '유대인 살상은 더 늘어날까?' '국가는 유대인을 처형할까?' '해럴드 삼촌의 독감은 소아마비 초기 증상일까?'

데이비드는 학교에는 별 관심이 없었다. 하지만 그는 책을 많이 읽었고, 할아버지와 야구 이야기도 자주 나누었다. 당시 데이비드는 (그가 아직도 이해하지 못하는 이유로) 수의사가 되고 싶어 했다. 맨해튼 패션 지구에서 모피 옷감으로 쓸 동물들의 가죽을 벗기던 아버지에 대한 반발이었을지도 모른다.

ABC 뉴스에서 데이비드를 '이 주의 인물'로 선정하고, 시카고에서 그를 기리는 날을 선포하기 전, 그의 업적을 다룬 TV 드라마가 제작되기 전, 18세의 데이비드는 탁월한 수의학 커리큘럼을 갖춘 미국 중서부의 큰 주립대학에 입학했다. 하지만 그 대학은 강의실 하나에 강의를 수강하는 학생이 어마어마했던 데다가 수강하는 과학 관련 과목들과 동물 치료법 사이에는 아무 연관성도 찾을 수 없었다. 고등학생 때도 좋지 않았던 데이비드의 성적은 더욱 떨어졌다. 단핵구증이라는 병을 앓고 난 뒤, 그는 시카고 시내에 있는 루스벨트대학교로 편입했다. 그곳에서 데이비드는 자신이 무언가 잘해볼 수 있겠다는 분위기를 감지했다.

루스벨트대학교 교수들은 데이비드와 '대화다운 대화'를 나누었다. 강의 시간에는 흥미로운 질문들을 던졌고, 논쟁을 통해 그의 답변을 유도한 후 다시 난제를 제기했다. 교수들은 데이비드를 존중했고, 정중하고 예의 바른 태도로 토론에 참여했다. 또한 데이비드도 자신들에게 난제를 제기하도록 독려했다. 데이비드를 가장 매료시킨 질문들은 정의에 대한 것으로, 주로 어떻게 정의를 세우고 유지할 수 있는지에 관한 것이었다.

강의에서 시작된 토론은 복도, 식당, 교수 연구실까지 이어졌다.

"대학은 벽 없이 이어진 거대한 강의실이었어요."

데이비드는 이렇게 회상했다.

대학 밖의 세상은 급속히 변해갔다. 청년 문화가 폭발하는 상황에서 청년들은 새로운 질문을 던지고, 낡은 사회적 관습에 의문을 제기했다. 강의 때 등장한 데이비드의 '지식 투쟁'도 마찬가지였다. 베트남에서 벌어진 전쟁과 유색 인종을 대하는 방식으로 인해 생기는 갈등을 중심으로 수많은 난상토론이 벌어졌다. 수십 년 동안 미국은 아프리카계·히스패닉계 미국인들을 학교, 병원, 동네, 식수대, 수영장, 식당, 호텔 등 모든 기관에 따로 몰아넣어 차별했다. 이러한 차별적인 법과 관행에 의문을 제기하는 사람들이 많아졌고, 거리에서 시위행진을 벌였다. 고의로 인종 분리 규정을 어기며 법 개정을 요구했고, 평화 시위를 하다 체포되기도 했다. 공개 토론장을 열어 서로 질문하고 토론하기도 했는데, 때로는 격렬한 대치가 발생하기도 했다. 하지만 보통은 인종차별 관행을 유지하려는 쪽의 폭력적 대응을 인종차별에 저항하는 쪽에서 마주해야 하는 경우가 대부분이었다. 베트남 전쟁이 확대되면서 반전反戰 여론도 커졌다. 베트남 전쟁을 놓고 벌어지는 갈등은 미국 전역의 대학 캠퍼스와 이사회, 노동계, 주일학교, 심지어 파티나 피크닉 자리에서도 들끓었다. 민권운동과 반전운동은 전국에 뉴스로까지 보도되었다.

데이비드뿐만 아니라 그를 가르치는 교수들과 다른 학생들에게도 이러한 사회적 문제들이 지적 대화를 촉진하는 원동력이 되었다. '민주 사회를 유지한다면서 어떻게 일부 국민을 별개 시설에 불평등하게 따로 몰아넣고 차별하는 게 가능한가?' '애초에 사회는 왜 차별을 채택했으며, 이런 차별에 가장 효과적으로 대항할 수 있는 전술은 뭔가?' '오랜 차별은 어떻게 보상해야 하는가?' '베트남 전쟁은 베트남 국민의 민주화된 미래를 위한 건가 아니면 미국의 제국주의 이익을 보호하고 지지 기반이 약한 남베트남의 독재 정부를 지원하기 위해 벌인 짓인가?' '특정 국가가 미국의 뜻에 반하는 미래를 선택할 때 미국 정부와 국민은 그들의 자기 결정권을 지지할 건가?'

데이비드가 대학에서 받은 과제는 어머니와 함께 정치 유세 활동을 펼쳤던 어릴 적 기억을 상기시켰다. 그는 평화와 정의를 가져올 것이라 믿는 후보자들을 홍보하기 위해 어머니와 함께 거리에서 전단지를 배포했고, 그들을 지지하지 않는 회의론자들과 언쟁도 벌였다. 그의 대학 과제는 전쟁 위협, 질병, 사형 등에 관해 생각하던 어린 시절의 근원적 생각들도 떠올리게 했다. 그 생각들은 더 높은 수준의 복잡한 추론으로 발전되었다. 데이비드는 자신의 모든 가정假定과 가치관을 되돌아보고, 세계에 대해 배운 모든 내용을 세심하게 살펴 결론을 도출해야 했다.

한편 루스벨트대학교에는 학생들이 체스를 두는 방이 있었는데, 데이비드도 그 방에 자주 들렀다. 다음에 둘 수를 예상하고, 게임의 향방을 예측하고, 상대가 어떤 수를 둘지 추측하며 한발 앞서려 애쓰는 일은 데이비드를 매료시켰다. 데이비드는 강의 시간에 벌어지는 토론에서도 비슷한 경험을 했다. 자신이 추론한 바를 끊임없이 생각해야 했고, 상대가 던지는 반론에 대응해야 했으며, 다양한 가능성을 상정해야 했다. 하지만 체스와 달리 강의실이나 교수 연구실에서 했던 추론들은 단순히 상대를 이기기 위해서가 아니었다. 데이비드는 주어진 문제를 더 잘 이해한 다음 해당 문제를 검토해 새롭게 의문을 제기하는 데 도움이 될 만한 정신 모델을 구축하고자 했다. '이 내용을 어떻게 알게 됐는가?' '증거는 뭔가? 그 의미는 뭔가?' 교수들도 데이비드에게 교수 이상의 멘토가 되어주었다. 교수들은 데이비드의 가정·증거·추론에 대해 질문하며 그의 생각에 끊임없이 반론을 제기했고, 강의가 끝나면 데이비드도 교수 연구실에 찾아가 대화를 이어나갔다.

   사고하는 법을 배우면서 데이비드의 머릿속에는 수천 가지 새로운 질문이 떠올랐다. '내가 지금 갖고 있는 이 생각을 믿는 이유는 뭔가?' '내가 모르는 건 뭔가?' '내가 맹목적으로 받아들이는 건 뭔가?' '나는 모호함과 불확실성을 감내할 수 있는가?' 때로 데이비드는 일부러 엉뚱한 추론을 시도하기도 했다. 다른 사람들의 반응을 듣고, 생각을 검토하여 새로운 모델을 형성하고, 그 구조에 다시 의문을 제기하기 위해서였다. '나는 여기서 뭘 가정하고 있는가?' '한 번도 해본 적 없는 가정을 발견하면 그걸 다시 뒤집고, 그 가정의 무른 부분도 찌를 수 있을까?' '만일 그 가정이 바로 앞에서 폭발해 사라진다고 해도 나는 계속 사고하고 탐구하며 대안을 찾을 수 있을까?' '한 생각이 죽거나 또 다른 생각이 불확실하다는 걸 받아들일 수 있을까?' '나는 혼돈한 삶에서도 삶의 수수께끼를 풀며 살 수 있을까?' '관찰해서 알게 된 사실과 이전 추론에서 도출한 사실을 구분할 수 있을까?' '내 말의 함의는 뭐고, 이걸 어디에 적용할 수 있을까?' 이러한 추론을 통해 데이비드는 과거에 형성된 선입견이 현재 자신의 사고 패턴에 얼마나 큰 영향을 미칠 수 있는지에 대해서 알게 되었다. 또한 그 선입견을 확인하는 일이 얼마나 중요한지도 깨달았다.

브루클린에서 지낼 때 데이비드의 세상은 감자 무게 재듯 지능을 저울질하고 측정할 수 있었다. 누가 똑똑하고, 누가 멍청한지 판정하는 것은 학교와 시험점수뿐이었다. 당시 통용되던 상식에 따르면 지능이란 태어날 때 형성되어 절대로 변하지 않는 것이었다. 그러나 데이비드가 대학에서 접한 많은 담론은 그가 갖고 있던 통념에 의문을 제기해 주었다. 대학 복도에는 데이비드 같은 학생들로 가득했다. 그들 역시 데이비드처럼 다른 학교에서 좋은 성적을 받지 못한 채 이 대학에 온 사람들이었다.

"하지만 알고 보니 저희 대학 학생들은 예리하고, 상상력과 통찰력이 풍부하며, 추론 능력이 뛰어난 사람들이었어요."

데이비드는 이렇게 회고했다. 이제야 자신에게 맞는 올바른 환경에 입성한 그들은, 호기심 많고 탐구심 넘치는 학생으로 성장했다. 그들의 성장은 지능에 대한 오랜 통념을 무너뜨리기에도 충분했다.

데이비드는 관심 있는 주제에 관한 책은 몇 시간이고 읽었다. 특히 정치학을 좋아했지만, 생물학에도 점차 흥미를 느꼈다. 어느 교수가 데이비드에게 과학을 둘러싼 사회적 논쟁을 소개했기 때문이었다. 그 교수는 찰스 다윈의 진화론에 기반한 생물학을 가르치면서도 개인적으로는 종교의 창조론에도 애착이 있다고 토로했다.

데이비드에게는 도서관도 중요했지만, 시카고라는 도시 전체도 점차 중요해졌다.

"시카고는 저희의 실험실이 됐습니다."

데이비드가 말했다. 민권운동과 반전운동 단체에 가입한 그는 정치라는 소용돌이에 더 깊숙이 휩쓸렸다. 어떤 문제를 만나면 그에 더 체계적으로 접근하는 법을 배웠다. 근거를 찾고 추론하며, 자기 생각을 지지하거나 반박할 만한 좋은 근거가 무엇일지 고민했다. 그 과정에서 강한 사회적 책임감과 정의에 대한 신념을 키웠다. 학생으로서 자기 확신이 높아질수록 성적도 올랐지만, 성적보다 중요한 것은 그가 몰두하게 된 '지적인 삶' 자체였다. 사용할 수 있는 근거를 바탕으로 문제를 생각하는 것 이상의 일을 해야 한다고 결심했다. 아무 행동도 하지 않으면 나중에 치러야 할 대가가 견딜 수 없을 정도로 커질 것 같았다.

대학을 졸업한 후 데이비드는 시카고대학교에서 석사 과정을 시작했다. 정치학뿐만 아니라 지역사회와 사회 정책도 연구하는 복수 학위 과정이었다. 시카고대학교에서도 '대화'는 계속되었다. 하지만 루스벨트대학교에서보다 훨씬 더 높은 수준으로 진행되었다. 어렵게 터득한 분석·종합·논리 방어 능력을 매일 테스트하며 발전시켰다.

"소규모로 교류하는 환경에서 최고의 배움을 얻을 수 있었습니다."

그가 강조했다. 소규모 그룹에서는 실수해도 불편하지 않았다.

"새로운 추론은 이성적인 토론과 담론으로 이어졌습니다. 그 덕분에 새로운 질문을 받아 사고 패턴을 정교하게 다듬을 수 있었고, 참신한 결론을 도출할 기회도 얻었습니다."

데이비드는 언어가 생각을 표현하는 상징에 불과하며, 언어 이면에 '진짜' 현실이 도사리고 있다는 사실을 알게 되었다. 그는 자신이 갖고 있던 사고 패턴을 겨냥한 질문과 그를 향한 '도전장'을 받으며 추론에서 미처 발견하지 못한 흔한 오류들도 뿌리 뽑을 수 있었다. 무슨 주장이든 권위에 의존하며 반박할 수 없는 주장이라고 더 이상 말하지 않았고, 상대의 정치적 견해나 삶에 대한 태도가 마음에 들지 않는다는 이유로 그 사람의 결론과 근거를 묵살하지도 않았다. 무언가를 '모두가' 믿는다고 해서 그것이 진실이라고 보장할 수는 없었다. (훗날 탁월한 저널리스트이자 교육자가 된) 데이비드는 특정 주장이 언제 구체적 사례에서 일반적 결론으로 흘러가는지(귀납 추론), 언제 반대 방향으로 흘러가는지(연역 추론) 알아냈고, 각 추론에 어떤 형식으로 질문해야 하는지도 파악했다. 스스로 만든 추론에 일관성이 있는지 또한 끊임없이 평가했다.

석사 과정을 시작할 즈음 데이비드는 수의사의 꿈을 접었다. 대신 4년 후 공공정책학 박사 학위를 취득했다. 졸업 후 탐사 보도 기자로 일했던 데이비드는 노스웨스턴대학교 메딜 언론대학 교수진에 합류했다. 그동안 단련하며 갈고닦은 질문법과 합리적 토론 방식은 데이비드가 대학교수 역할을 제대로 수행하는 데 큰 도움이 되었다. 그는 자신의 학습 접근법을 토대로 학생들이 가장 심층적인 배움을 얻는 데 이바지할 아이디어들을 찾아 조합했다. '경험은 가장 훌륭한 교사다'라는 격언은 바로 데이비드를 위한 말이었다. 또한 그는 미국의 교육철학자 존 듀이John Dewey의 말처럼 배움은 경험 자체에서 얻는 것이 아니라 경험에 대해 생각하는 것에서 시작한다는 점 역시 잘 알고 있었다.

데이비드는 학생들이 탐사 보도를 제대로 이해하기 전에 실습부터 시작했다. 주로 중범죄를 지어 사형을 선고받은 사람들에게 판결이 잘못 내려지지 않았는지 조사하는 일이었다. 학생들은 팀을 짜 증거를 찾았고, 무엇을 증거로 간주할 수 있는지 끊임없이 질문하며 아무도 생각해 본 적 없는 단서들을 쫓았다. 결국 각고의 조사 끝에 학생들은 유죄 판결을 받은 사람들이 허술한 증거로 억울하게 사형을 선고받았다는 사실을 밝혀냈다. 그중 다수는 가난한 흑인이었다. 앞에서 언급한 윌리엄스 일행이 사형을 면할 수 있었던 이유도 데이비드와 학생들의 탐사 보도 덕분이었다. 이 공로로 데이비드는 비영리 언론기관과 퍼핀 재단이 창의적 시민에게 주는 '퍼핀상'을 수상했다. 그들의 보도 덕분에 사형 집행은 일시 중단되었고, 일리노이주는 사형을 폐지하기에 이르렀다.

2011년 데이비드는 30년 가까이 재직했던 노스웨스턴대학교를 떠나 '시카고 무죄 프로젝트Chicago Innocence Project'라는 비영리 단체를 창립했다. 조직의 수장이 된 그는 인턴들에게 단체의 웹사이트에 나오는 홍보 문구대로 무죄 가능성이 있는 재소자들의 사건을 조사할 기회를 제공했다.

"저희의 근본적인 목표는 형사 사법 제도의 부당함을 폭로해 시정하는 겁니다."

1년도 채 되지 않아 네 개 대학 출신 인턴 여덟 명이 오심을 탐사했고, 그 덕분에 처음으로 탐사한 재판에서 승소했다. 오랜 세월 짓지도 않은 죄로 억울하게 옥살이했다 풀려난 사람들이 그들과 함께했다.

"저희는 경험에서 배웁니다. 그리고 대학에서 개발한 경험 학습이란 모델이 거의 모든 곳에서 효과적이란 사실을 입증했습니다."

데이비드가 우리에게 한 말이다.[1]

1퍼센트의 진실을 향한 집념 ━━━━━━

숀 암브러스트Shawn Armbrust는 자신이 많은 특권을 누릴 수 있는 환경에서 성장했다는 사실을 잘 알고 있었다.

"순전히 행운 덕분에 많은 사람이 누리지 못하는 특권을 누렸어요."

시간이 지나며 숀은 자신의 현실이 공정하지도 불가피하지도 않다고 생각하게 되었다. 인생은 숀에게 여러 차례 성공의 손길을 건넸지만, 그녀는 그 '행운의 카드'를 자기 자신을 위해 사용하지 않았다. 무수히 마주한 성장 기회는 숀이 시민으로서 사회에 대한 책임감을 키우는 데 도움을 주었다. 숀의 부모도 그녀를 지지했다. 어린 시절 숀은 가톨릭 교육을 받으며 사회 정의에 대한 가르침을 흡수했다. 폭넓은 독서를 즐겼던 숀은 전 세계에 만연한 불의와 기회의 불평등함, 잔혹한 운명 등을 마주했다. 이는 정의를 향한 숀의 헌신에도 큰 영향을 끼쳤다.

독일 나치가 자행했던 홀로코스트는 수많은 미국인에게 중대한 의미가 있다. 유대인이 당했던 이 재앙으로 미국에서 벌어지던 인종차별의 추악함이 함께 드러난 것이다. 대다수 미국인은 나치의 만행을 지켜보며 그 잔혹한 행위가 미국의 인종차별과 논리적으로 크게 다르지 않음을 깨닫고, 이에 경악했다. 숀 역시 홀로코스트가 끝나고 수십 년이 지난 후 비슷한 깨달음을 얻었다. 숀은 고등학교 1학년 여름방학 때 독일 베를린에서 지냈다. 그곳에서 아돌프 히틀러 치하 나치의 파시스트적 만행들을 다룬 책을 읽었고, 그 책들은 숀에게 깊은 인상을 남겼다.

그해 여름은 또 다른 의미에서 숀의 가치관과 야망이 중요한 발걸음을 내디딘 해이기도 했다. 그녀는 어느 날 우연히 〈모두가 대통령의 사람들〉이라는 옛날 영화를 보게 되었다. 밥 우드워드Bob Woodward와 칼 번스틴Carl Bernstein이라는《워싱턴 포스트》의 두 탐사 보도 기자가 미국의 리처드 닉슨Richard Nixon 대통령의 워터게이트 사건을 밝히며 대통령 사임을 끌어낸 내용을 담은 영화였다. 숀은 독일에 단기 유학을 가며 이 두 기자에 관한 책을 들고 갔다. 그리고 귀국길에 탐사 보도 기자가 되어야겠다는 꿈을 갖게 되었고, 그 목표를 이루기 위해 노스웨스턴대학교 메딜 언론대학에 입학했다.

노스웨스턴대학교에서 3년을 보내는 동안 숀은 강의뿐만 아니라 자원봉사 활동을 통해서도 지적 성장을 이루었다. 물론 냉전에 대한 강의를 통해 외교 정책을 대하는 관점을 넓힌 것도 맞지만, 숀은 고등학교 졸업장을 따려고 공부하는 사람들의 아이를 돌보는 베이비시터 일을 하면서도 정치와 빈곤에 대한 자기만의 관점을 형성할 수 있었다.[2] 대학 4학년이 되기 전 여름, 백악관에 임시직 자리를 얻은 숀은 서신 사무소에서 일했다. 이때의 경험으로 숀은 정치에서 집중할 것은 후보자가 아니라 정책이라는 확신을 얻었다.

대학 4학년이 된 숀은 친구의 추천으로 데이비드 프로테스 교수의 '탐사 보도' 강의를 신청하기로 했다.

"사실 '잡지 기사' 강의엔 관심이 없었어요. 열일곱 살 때부터 탐사 보도 기자가 되고 싶었으니까요. 물론 대단한 계획이 있어서 강의를 신청했던 건 아니었어요. 그냥 재미 삼아 수강해 보려고 했던 거죠."

하지만 프로테스 교수의 강의는 숀뿐만 아니라 그녀가 살면서 한 번도 만나보지 못했을 사람들의 인생까지 바꾸어 놓았다. 강의를 수강한 이후 숀이 일리노이주의 사법 체계에 변화를 싹틔운 것이다.

강의가 시작되기 전, 숀은 프로테스 교수와 롭 워든Rob Warden이 함께 쓴 『정의의 약속A Promise of Justice』이라는 책을 읽었다. 그녀는 기자들이 이렇게 큰 영향력을 발휘할 수 있다는 사실에 점점 더 매료되었다. 9월 초 프로테스 교수는 학생들에게 시카고 남부에 사는 가난한 흑인 남성 앤서니 포터Anthony Porter 사건에 관해 알려주었다. 포터는 워싱턴공원 내 수영장에서 젊은 커플을 살해한 혐의로 유죄 판결을 받았다. 이전 강의에서는 포터가 유죄가 아닐지도 모른다는 사실을 입증하는 증거를 발견했지만, 무죄를 주장할 수 있을 정도는 아니었다. 포터는 항소를 거듭하며 자신의 사형 집행을 막아보려 분투했다. 이미 15년 이상 사형수 생활을 했던 그였다. 여러 번 죽을 위기를 맞았지만, 법원에서 매번 형 집행 연기를 받아냈다. 마지막으로 포터의 사형이 연기된 이유는 그의 지능 점수가 51점밖에 안 나왔다는 점이 고려되었기 때문이었다. 하지만 일리노이주에는 지능이 낮다는 이유로 사형 집행을 연기할 수 있다고 규정해둔 법률 조항이 없었기 때문에 이번 형 집행 연기는 언제든지 취소될 수 있었다. 숀이 이 사건에 뛰어든 이유는 사건이 긴급했기 때문이었다.

"저희가 잊지 말아야 할 사실은 포터가 자신이 저지르지 않았을지도 모르는 일 때문에 사형당할 수도 있단 점이었어요."

그러나 포터의 유죄 판결에 의문점이 있다는 이유만으로 그의 무죄를 주장할 수 없다는 것은 숀도 잘 알고 있었다.

거센 바람이 불던 11월 어느 토요일, 숀과 몇몇 학생들이 포터의 범죄를 재연하기 위해 워싱턴공원에 갔다.

"다들 좀 피곤해했고, 프로테스 교수님이 왜 이런 일을 시켰는지도 이해하지 못했어요."

세월이 한참 흐른 뒤 숀은 이렇게 회고했다. 일리노이주 정부는 포터가 수영장 옆 관중석에 앉아 있던 19세 소녀 매릴린 그린Marilyn Green과 그녀의 약혼자였던 18세 제리 힐러드Jerry Hillard를 총으로 살해했다고 주장했다. 모든 정황은 맞아떨어졌다. 27세였던 포터는 전에도 같은 공원에서 강도 행각을 벌이려 한 적이 있었고, 포터가 그린과 힐러드를 살해하는 장면을 보았다는 목격자 진술도 있었다. 포터는 누명을 벗기 위해 경찰서에 갔다가 체포되었고, 짧은 재판을 거쳐 유죄 판결에 사형까지 언도言渡되었다.

사건 현장을 재연하던 학생들은 이 사건에 심각한 오류가 있음을 발견했다.

"저는 살인 사건이 벌어졌던 현장에 서 있었고, 같이 간 다른 학생들은 목격자들이 서 있었단 장소에 서 있었어요. 근데 살인 현장과 목격자들이 서 있던 현장 간의 거리가 터무니없이 먼 거예요. 목격자 위치에 서 있던 다른 학생들은 제 붉은 머리색 정도만 알아볼 수 있었을 뿐 다른 건 전혀 식별할 수 없었어요."

숀이 설명했다.

"그 정도 거리에선 낮에도 범죄자가 누군지 식별할 수 없어요. 근데 저희가 조사하던 살인 사건은 새벽 1시에 벌어졌거든요."

하지만 그들이 발견한 사실은 포터의 유죄 판결이 오심이라는 증거가 되어주지는 못했다. 그것은 기자 지망생이었던 숀도 알고 있었다. 미국 사법 체계에 따르면 법원은 유죄를 입증하는 결정적인 증거가 나올 때까지 용의자를 무죄라고 본다. 즉 검찰이 유죄를 입증해야 한다는 뜻이다. 하지만 배심원이 용의자를 일단 유죄로 판단한다면, 그 판결을 뒤집기 위한 증거는 피고인 측에서 제시해야 한다. 입증의 책임이 검찰에서 피고인 쪽으로 옮겨 가는 것이다.

포터를 범인으로 지목했던 목격자 두 명 중 한 명은 이미 사망한 후였다. 숀과 다른 학생들은 한 명이라도 남은 목격자와 이야기를 나누어보고 싶었다. 다른 학생 한 명이 마침내 그 목격자를 찾았다. 인터뷰에 응한 목격자는 그들에게 기막힌 이야기를 들려주었다. 법정에서 했던 자신의 증언이 전부 거짓이며, 경찰의 강요로 거짓 증언을 했다는 말이었다. 이 말이 사실이라면 이를 알리는 것만으로도 사건 전체를 뒤흔들 수 있었다. 하지만 이 목격자의 주장이 여전히 허위 주장이라면?

'당국은 이 살인 사건을 대충 마무리 짓고 싶었던 걸까? 가난한 흑인이 가난한 흑인 커플을 살해한 사건 따윈 아무도 신경 쓰지 않기 때문에?' 미국 사회의 편견이 얼마나 심한지 생각하면 그럴듯한 추론이었다. 하지만 어떤 일이 발생할 가능성만으로 그 일이 실제로 일어났다는 사실을 입증할 수는 없다. 포터가 무죄임을 입증할 수 있는 유일한 증거는 이 목격자뿐인데, 그는 지금도 그들에게 거짓말하는 중일 수도 있다. 아니면 재판 당시 법정에서 정말로 거짓 증언을 했을 수도 있다. 이러나저러나 그가 무슨 말을 하든 그의 말을 믿으면 되는 것일까?

포터 사건 관련 기록을 샅샅이 뒤져보던 숀은, 경찰이 포터를 집중적으로 수사하기 전에 앨스토리 사이먼Alstory Simon이라는 사람을 잠깐 용의선상에 올렸다는 사실을 알게 되었다. 숀은 사이먼과 별거 중이던 그의 아내 아이네즈 잭슨Inez Jackson을 만나 이야기를 나누어보고 싶었지만, 잭슨을 찾기란 쉽지 않았다.

"크리스마스 연휴 내내 '아이네즈 잭슨'이란 이름을 가진 사람들 수십 명을 찾았어요. 일일이 그들의 집에 찾아가 문을 두드렸죠."

1월 말이 되었을 때, 숀은 마침내 '진짜' 잭슨을 찾아냈다.

"밖에서 같이 식사하며 사건과 무관한 잡담을 한참 나누다가 사건 관련 얘길 꺼냈어요."

훗날 숀은 그날 일을 다음과 같이 썼다.

> 잭슨은 내 눈을 똑바로 바라보며 사이먼이 자신을 구타했다고, 심지어 코트를 거는 커다란 옷걸이로도 때렸다고 말했다. 이러다 그가 자신을 죽일 것 같다는 생각이 들었다고 했다.[3]

몸집이 작은 이 흑인 여성은 말을 이어갈수록 점점 분노가 치밀어 오르는 듯 보였다. 프로테스 교수는 그 순간을 포착해 잭슨에게 갑자기 질문했다.

"잭슨 씨, 저희는 그날 밤 워싱턴공원에서 무슨 일이 일어났는지 알고 있습니다. 그러니까 그냥 다 말씀해 주시겠습니까?"

잭슨은 이내 모든 사실을 털어놓았다. 그날 밤, 그녀는 수영장에서 남편인 사이먼 옆에 앉아 있었다. 그 당시에는 크게 신경 쓰이지 않았는데, 곧 사이먼이 힐러드와 말다툼하는 소리가 들렸다고 했다. 여섯 발의 총소리를 듣고 나서야 그녀는 사이먼이 바지 속에 총을 밀어 넣는 모습을 목격했다. 사이먼은 잭슨의 손을 잡고 공원을 나서며 "입 닥치지 않으면 너도 죽여버릴 거야"라고 그녀를 협박했다.

"저희는 잭슨을 저희 부모님 댁으로 데려간 다음, 그녀의 진술을 비디오로 녹화해 CBS 뉴스에 제보했어요."

숀이 설명했다. 4일 뒤 그린과 힐러드 살인 사건과 잭슨의 진술을 촬영한 비디오가 CBS 저녁 뉴스에 방영되었다. 그다음 날에는 프로테스 교수의 강의를 도와주던 사설탐정이 사이먼을 인터뷰하고 있었다.

"CBS가 잭슨의 진술 영상을 다음 날 아침 방송으로 다시 내보냈는데, 마침 그날 저희 사설탐정이 인터뷰를 하기 위해 사이먼을 만나고 있었어요. 하필 그날 사이먼은 TV 채널을 우연히 CBS로 틀어놨던 거죠. 사이먼은 결국 인터뷰를 시작한 지 10분도 안 돼 잭슨의 진술대로 자백했고, 살인이 정당방위였다고 주장하기 시작했어요."

숀은 그날을 이렇게 회고했다.

모든 일이 순식간에 벌어졌다. 물론 그중에는 우연이 만든 것도 있었다. 이틀 후 일리노이주는 포터를 석방했다. 한 달 후 공식적으로 그의 살인 혐의가 무죄임을 선고했다. 21세에 불과했던 숀과 다른 학생들은 갑자기 언론의 열띤 관심 한가운데 서게 되었고, 〈굿모닝 아메리카〉(ABC의 아침 방송 프로그램으로, 뉴스, 인터뷰, 문화 소식 등을 전한다-옮긴이)에도 출연했다. 그들의 이야기는 미국 전역에 퍼져 나갔다. 하지만 그들의 이야기와 관련해 언론은 미국 사법 체계가 제대로 작동했는지 혹은 우연한 관찰이 무고한 시민의 사형을 막는 데 어떤 역할을 했는지 등 근본적인 문제보다 백인 중산층 대학생들이 가난한 흑인을 사형에서 구했다는, 자극적인 뉴스거리로만 관심을 가질 뿐이었다. 숀도 홍수처럼 밀려드는 유명세에 짜릿함을 느끼기는 했지만, 동시에 불안함이 깊어졌다.

"사이먼의 자백은 '아주 이상한 우연' 덕분에 얻었습니다."

숀은 그날을 이렇게 인정했다. 그날 아침, CBS는 잭슨의 진술을 미국의 다섯 지역에만 방송했다. 그런데 하필 사이먼이 그 다섯 지역 중 한 지역에서 그 채널을 보고 있었던 것이다.

"조사 중 그런 기막힌 '행운'을 만나지 않았다면 포터는 사형당하고 말았을 거예요."

숀이 내린 결론이었다.[4]

포터가 석방되던 날, 당시 일리노이주 주지사였던 조지 라이언George Ryan은 TV를 통해 한때 사형수였던 포터가 프로테스 교수와 그의 수강생이었던 숀, 사이언딘 로즈피츠Syandene Rhodes-Pitts, 톰 매캔Tom McCann에게 달려가 그들을 높이 안아 올리며 승리를 축하하고, 고마움을 전하는 모습을 보았다. 라이언 주지사는 겨우 대학생 몇 명과 교수 그리고 사설탐정이 어떻게 아무도 발견하지 못한 증거를 찾을 수 있었는지 의아했다.

"도대체 어떻게 이런 일이 일어날 수 있지?"

그가 아내에게 물었다.

"어떻게 무고한 사람이 15년 동안이나 사형수로 지냈는데, 그동안 아무 구제도 받지 못했냔 말이야."

그로부터 1년 후 라이언 주지사는 일리노이주의 사형 집행 중단을 선언했고, 10년이 지나 일리노이주는 사형제를 완전 폐지했다.

숀은 이 경험으로 크게 바뀌었다.

"미국 사법 체계는 제대로 돌아가지 않고 있었어요. 허술한 증거로 무고한 사람이 18년을 낭비해야 했죠."

그녀가 그때의 경험을 요약한 말이다. 숀은 당시 언론 인터뷰에서 "애초에 불과 스물한 살밖에 안 된 청년들이 무고한 남성의 누명을 벗겨주는 일이 일어나선 안 됩니다"라고 반복해서 말했다. 훗날 그녀는 이렇게 썼다.

경찰, 변호사, 검사, 법원은 피고인의 권리를 보호하거나 유죄를 입증
해야 한다는 기본 책무를 다하지 않았다.

졸업 후 숀은 노스웨스턴대학교에 새로 설립된 '부당한 유죄 판결 규명 센터Center on Wrongful Conviction'에서 2년간 일한 후 조지타운대학교 로스쿨에 진학했다. 연방 법원 판사 밑에서 서기로 잠깐 일하기도 했다.

"돌이켜보면 서기직에서 해고당했던 일이 가장 다행인 일이었어요. 그 충격 때문에 열다섯 시간 동안 망연자실해 있긴 했지만, 그 덕분에 제가 얼마나 서기 일을 하기 싫어했는지 깨달았죠. 결국 해고당한 덕분에 진심으로 하고 싶었던 일을 할 수 있게 된 거예요."

포터의 무죄를 입증해 내고 6년 후, 숀은 워싱턴 D. C. · 메릴랜드주 · 버지니아주의 부당한 판결을 감시하는 '미드애틀랜틱 무죄 프로젝트Mid-Atlantic Innocence Project'의 사무국장이 되었다.

성숙한 삶을 만드는
일곱 가지 단계 ————

사람들은 인생을 살면서 복잡한 문제를 해결하는 법을 배우고, 사고 패턴의 변화를 겪는다. 그렇다면 이때 사고 패턴은 어떤 방식으로 변할까? 그리고 이 변화를 잘 이해하려면 어떻게 해야 할까? 미네소타대학교에서 함께 대학원 과정을 공부한 퍼트리샤 킹Patricia King과 캐런 키치너Karen Kitchener는 구조화되지 않은 복잡한 문제에 관해 성찰적으로 판단하는 법을 배울 때, 사람들에게 어떤 변화가 발생하는지 포착할 수 있는 단계를 만들었다.[5] 하지만 그들이 만든 단계에 간단해 보이는 해답은 존재하지 않았다.

학생 수백 명을 인터뷰한 킹과 키치너는 사람들이 판단에 사용하는 일곱 가지 단계를 발견했다. 두 사람은 이 단계들을 '발전 단계'라고 불렀다. 사다리를 타고 올라가듯 더 정교한 사고 패턴과 문제 해결 방식을 향해 이 단계들을 순서대로 모두 시도하며 발전한다는 의미에서다. 물론 꼭 그렇지만은 않았다. 대신 두 사람은 사람들이 마치 서커스단의 곡예사처럼 사다리의 서너 개 단에 동시에 매달려 있다고 보았다. 즉 어느 날 어떤 영역에서 특정 수준의 사고를 하면, 다른 날에는 그 영역의 더 높은 수준에 도달하거나 한두 수준 더 떨어질 수도 있다는 것이다. 킹과 키치너가 사다리 단을 '단계'로 비유한 이유는 우리가 가진 사고 패턴이 얼마나 다양한지 이해시키기 위해서다. 그들은 분명 이 다양한 사고 패턴을 '한 번에 하나씩'이 아니라 '한꺼번에 동시에' 사용할 수 있다고 보았으며, 실제로 대부분 두세 가지 (주로 인접한) 단계들을 동시에 사용했다. 가장 높은 수준에 도달하지 못하는 사람들도 당연히 존재했다.

　내가 인터뷰했던 창의적이고 생산성이 높은 사람들은 대체로 최고 수준에서 사고했다. 하지만 그들이라고 해서 태어날 때부터 수준 높게 사고한 것은 아니다. 그저 인생을 살며 그러한 사고 능력을 키웠을 뿐이다. 각 발전 단계마다 목표를 두고, 모든 단계를 제대로 이해한다면 자신의 고유한 문제 해결 방식이 무엇인지 파악할 수 있다. 그리고 그렇게 파악한 것을 바탕으로 합리적이고 이상적인 단계, 즉 최고 수준의 사고 단계로 나아갈 수 있다.

　이 사다리를 살펴보기 전에 한 가지 경고할 것이 있다. 자신이 사다리의 가장 낮은 단에 매달려 있는 것 같다고 생각되더라도 절망과 체념은 금물이라는 것이다. 누구나 시작은 사다리 최하단부터였다. 그러니 포기하지 말자. 새로운 난제를 찾아다니는 학생처럼 그저 한번 생각해 보자. 폴 베이커 교수가 자신의 강의를 수강하던 학생들에게 했던 말을 떠올려 보라.

　"스스로 새로운 삶을 만들고 성장해 나가기 위해서 이러한 발견의 과정은 꼭 필요한 열쇠입니다."

　그렇다. 이 과정에는 시간이 필요하다.

　킹과 키치너의 사다리에서 최하단에 있는 사고 패턴에서는 지식이 가장 중요하다. 즉 바로 앞에 있는 생각이 절대적이며, 지식을 그저 관찰하기만 하면 된다고 본다. 예를 들어 어린아이가 할머니에게 이렇게 말했다고 해보자.

"할머니 죽으면 나한테 전화해서 어떤지 알려주세요."

한편 어떤 대학생은 "내가 본 건 내가 봐서 알아. 토 달지 마"라고 확신에 차서 말한다. 이러한 사고 패턴에는 추상적인 개념이 들어설 자리가 없다. 어린아이들이 이렇게 사고하는 이유는 이렇게밖에 이해하지 못하기 때문이다.

사다리의 두 번째 단에 있는 사고 패턴은 세상에 알지 못할 것은 없으니, 마땅한 사람에게 물어보면 답을 찾을 수 있다고 생각한다. 스스로 문제를 깊이 고민하기보다 권위자의 지식에 전적으로 의지하는 것이다. 권위자들이 그 지식을 어디서 어떻게 얻었는지는 캐묻지 않는다. 도시에 사는 아이가 "음식은 슈퍼마켓에서 나오는 거야"라고 말하는 것과 같다. 사실이나 관념을 바탕으로 지식이 생기는 과정을 전혀 고려하지 못한다. "인터넷에서 봤으니까 사실이야" 같은 말은 그 사람의 사고 패턴이 바로 두 번째 단계에 머물러 있다는 사실을 보여준다.

세 번째 단의 사고 패턴은 권위에 의지하되 권위의 한계도 알고 있다. 아무도 알지 못하는 것도 있는 법이라고 생각하며, 그 틈새는 자신의 믿음으로 메우면 된다고 생각한다. 어느 학생이 킹과 키치너에게 이렇게 말했다.

"모든 사람을 어느 쪽으로든 설득할 수 있는 근거가 있다면 그건 지식이 되겠죠. 그 전까진 그냥 추측에 불과해요."

사다리의 첫 번째에서 세 번째 단계까지, 이 세 가지 초기 단계에는 뚜렷한 공통점이 있다. 킹과 키치너는 이를 '전前 성찰적 사고'라 칭했다. 이 단계들에 있는 사람들은 지식이 권위자에게서 비롯된다고 믿는다. 스승

이나 조부모가 설명하는 것 혹은 '내 눈앞에서 본 것'이 지식이며, 그것
들을 기억하는 것이 배움이다. 어떤 질문에도 의심하지 않는다. 보게 되
면 배운 것이 되고, 그것이 곧 지식이자 진리가 된다.

네 번째 단에 도달하면 사고 패턴은 어젯밤 나를 펜실베이니아역까지
태워다 준 택시 기사처럼 이루어진다.

"확실하게 알 수 있는 건 없어요."

길모퉁이를 돌면서 택시 기사가 내게 말했다.

"모든 건 사안을 어떻게 보는지에 달려 있죠. 물론 증거가 필요하긴
하지만요. 어떤 사람은 이런 식으로 보고, 어떤 사람은 완전히 다르게 보
니까요."

킹과 키치너는 언젠가 한 학생이 이렇게 말하는 것을 들었다.

"진화론의 명확한 증거가 있다면 더 믿을 수 있을 거 같아요. 진화론도
피라미드와 비슷해요. 진화론이 정말 맞는지 영원히 알 수 없다는 점에서
요. 누구에게 물어보겠어요? 진화가 시작될 땐 아무도 없었는데요."

택시 기사와 이 학생에게는, 불확실한 지식 속에서 무엇을 믿을지가
거의 전적으로 자기 자신에게 달려 있다. 이 단계에 있는 사람들은 타당
한 증거와 근거만 제시되면 무엇이든 정당화할 수 있다. 어떤 증거를 택
할 것인지는 전적으로 자신에게 달린 문제다. 그래서 이 단계에 있는 학
생들은 어떤 문제를 해결할 때 자신이 가장 소중히 여기는 믿음을 뒷받
침할 증거와 근거를 찾는 데 그친다. 비판적 사고를 연구하는 철학자 리
처드 폴Richard Paul은 이러한 사고 패턴을 '약한 의미의 비판적 사고'라고
했다.

사다리의 다섯 번째 단까지 올라가는 사람은 극소수다. 이 수준에 이른 사람은 모든 것을 '누군가의 해석'으로 본다. 그 해석을 이해할 수는 있지만, 판단할 수는 없다. 철학자마다 해석이 다를 수 있기 때문이다. 한 학생이 내게 이렇게 말했다.

"여러 가지 다양한 해석을 읽어봤어요. 교수님은 제게 그걸 평가해 보라고 하셨지만, 어느 게 더 나은 해석인지 제가 정말 평가할 수 있는 건가요? 너무 혼란스러워요."

킹과 키치너는 이렇게 말하는 학생을 보기도 했다.

"사람마다 생각이 다르다 보니 문제를 공략하는 방법도 달라요. 다른 사람의 의견과 내 의견 모두 진리일 수 있겠지만, 그 의견을 이루는 근거의 내용은 다르죠."

이 단계의 학생들은 자신이 서로 다른 수많은 해석의 바다에 휩쓸리고 있다는 것을 알지만, 쉽사리 결론에는 도달하지 못한다.

사다리의 네 번째와 다섯 번째 단, 이 두 단계에도 역시 공통점이 있다. 킹과 키치너는 이 단계들을 '유사 성찰적 단계'라 칭했다. 이 단계들에서는 근거가 중요하지만, 그 근거를 사용해 결론을 도출하는 방법은 전적으로 개인의 소관이다. 이 단계들에 있는 학생들은 뒤죽박죽으로 뒤섞인 다양한 해석을 보며 그것들을 모두 이해하려고 노력하지만, 비교하는 방법은 모른다. 이를 두고 킹과 키치너는 다음과 같이 썼다.

그들은 증거와 근거를 활용하지만, 그것들이 어떻게 결론으로까지 이어지는지는 모른다(불확실성을 인정해야 한다는 점까지 고려하면 그들에게 근거·증거와 결론의 관계는 더더욱 복잡하다). 그래서 판단을 개인의 고유성으로 보는 경향이 있다.

다섯 번째 단보다 더 오르기 힘든 단계가 바로 사다리의 여섯 번째 단과 일곱 번째 단, 즉 킹과 키치너가 말한 '성찰적 사고'다. 이 단계들에 오른 사람들은 어떤 특정 문제와 질문은 지독히 복잡하고 혼란스럽다는 사실을 알게 된다. 그들은 세상에 수많은 관점이 존재한다는 것을 염두에 두고, 평가를 거친 해석과 아이디어를 찾아다닌다. 그리고 서로 다른 시각과 다양한 배경에서 나온 근거와 의견을 비교한다. 복잡한 문제에 대한 잠정적인 해결책을 찾기 위해서 보이는 근거의 비중을 검토하고, 질문하는 것도 잊지 않는다. '이 시점에서 결론을 도출하면 그 쓸모는 얼마나 있을까? 그렇다면 지금 결론을 도출할 필요가 있을까?' '불확실한 건 불확실한 대로 두고 살아도 될까?' '내가 도출한 이 잠정적인 해결책은 문제를 해결하는 데 얼마나 도움을 줄 수 있을까? 오히려 답보다 더 많은 질문을 낳는 건 아닌가?'

여기, 한 학생이 킹과 키치너에게 했던 말도 함께 소개한다.

"살면서 확신을 갖기란 매우 어렵습니다. 확신엔 정도가 있어요. 그래서 시간이 지나며 어떤 쟁점에 대해 개인적인 입장을 갖게 될 만큼 확신하는 시점에 도달하게 됩니다."

이제 최고 수준의 단계에 다가가고 있으니 여기서 잠깐 멈추고, 이 사다리의 여섯 번째 단을 살펴보자. 마지막 일곱 번째 단과 구별하기 위해서다. 이 여섯 번째 단에서 우리는 어떤 문제든지 간에 다양한 연구와 근거를 신중하게 살펴본 다음, 잠정적인 결론을 도출한다. 서로 다른 시각에서 나온 근거와 의견들을 비교해 각각의 비중을 따져보고, 그들이 제시한 해결책이 얼마나 유용할지 살펴보며, 지금 결론을 도출할 만한 실질적인 이유가 있는지 판단한다.

사다리의 가장 높은 일곱 번째 단, 즉 데이비드나 숀과 같은 수준에 도달해서야 비로소 킹과 키치너가 '합리적 탐구'라 하는 과정을 거치게 된다. 구조화되지 않은 문제에 대한 지식을 구축하고, 이를 통해 결정을 내려야 한다는 것을 의식적으로 깨닫는다. 단순히 내용을 지어내거나 원하는 대로 믿어서는 안 된다. 현재 입수된 근거들을 토대로 가장 합리적이거나 개연성 높은 결론을 도출한다. 새로운 증거와 데이터 해석법, 참신한 시각, 새로운 탐구 수단 등을 얻게 되면 기존에 입수한 근거들을 재평가한다. 근거를 살펴볼 때는 무엇이 가장 개연성이 높은지 자문한다. '내 생각이 맞지 않을 가능성은 얼마나 되는가?' '모든 게 어떻게 맞물리는가?' 킹과 키치너가 인터뷰했던 학생 중 한 명은 이렇게 말했다.

"어떤 주장을 평가하려면 입장이 얼마나 잘 정리됐는지, 어떤 추론과 근거가 그 입장을 뒷받침하는지, 그 주제에 대한 논증 방식이 다른 주제를 대할 때와 얼마나 일관성이 있는지 살펴보면 됩니다."

앞에서 나는 깊이 배우려는 의도가 있어야만 깊이 배울 수 있다고 말했다. 그렇다면 깊이 배운다는 것의 의미를 살펴보아야 한다. 우리가 탐구하는 내용의 주된 부분이 심층적 학습법에 관한 내용이기 때문이다. 합리적 탐구 단계에서도 가장 높은 단계는, 지식에 대한 깊은 이해가 반영된 단계다. 이 깊은 이해야말로 인생에서 어려운 선택을 결정하는 방식에 영향을 끼친다. 선택과 결정을 어떻게 하는지에 따라 당신이 어떤 학생, 어떤 인간이 되는지도 결정된다. 여전히 사다리의 낮은 단에 머물러 사고한다면 지식이란 무엇인지 묻는 질문이 꽤 멍청하게 들릴 수 있다. 그 질문에 지식은 그저 내가 아는 것이라고 간단하게 대답할 수도 있겠다. 하지만 당신도 이제 알게 되었듯 사실 어떤 질문이든 그렇게 간단하지 않다.

호주의 연구자이자 사상가인 존 빅스John Biggs 교수는 깊이 있는 배움을 정의하는 다른 방법을 제시했다. 빅스 교수가 보기에 최고 수준으로 사고하는 학생들은 무엇이 되었든지 더 큰 그림을 그리며, 문제가 그 그림에 어떻게 들어맞는지 알고 있었다. 그들은 문제와 의견을 따로 떼어 분석한 다음, 일반 원리나 원칙을 적용해 문제를 해결하려 했다. 또한 아이디어를 비교하고 대조하여 문제의 원인을 설명했고, 아이디어를 한데 통합할 줄도 알았으며, 특정 주제에 대한 아이디어와 의견이 적절하다면 그것들을 완전히 다른 문제에 적용할 줄도 알았다. 그들은 자신이 이미 알고 있는 것에서 새로운 가설을 만들어낸 다음, 그 새로운 가설을 검증할 방법도 설계할 수 있었다.

몇 년 전, 어느 다큐멘터리 촬영팀이 빅스 교수가 제시한 방법들을 가지고 재미있는 실험을 했다. 덴마크의 어느 대학에서 촬영한 〈가르치는 법과 이해하는 법Teaching Teaching & Understanding Understanding〉이라는 제목의 짤막한 다큐멘터리에서 학생들은 '소[牛]'라는 주제어를 다양한 접근법으로 분석했다. 피상적 학습자들은 "소는 우리에게 우유를 제공하고, 도축할 경우 기름, 고기, 지방, 뼈도 제공해 줄 수 있습니다"라고 말했다. 하지만 심층적 학습자들은 이러한 단순 열거에 만족하지 않았다. 제시된 주제어를 더 깊이 파고들어 소가 서로 다른 품종으로 나뉘는 이유에 대한 가설까지 세웠다.

"소는 길든 발굽동물, 소의 아과亞科에 속합니다. 제 생각에 소의 품종이 다양해진 근본적인 이유는 바로 인간 때문입니다. 인간이 견인력, 젖, 고기, 몸집, 색, 행동 등 서로 다른 유전적 특성에 따라 소를 선별했기 때문이죠."[6]

퀸즐랜드대학교에서 실시한 연구에서는 학생들이 이러한 문제를 받았다. '공중위생을 위협하는 문제들의 상대적 중요성을 어떻게 판단할지 논하라. 논지에 다양한 종의 열대 모기를 사례로 제시하라.' 이때 피상적 학습자들은 단순히 모기 네 종을 나열하는 데 그쳤지만, 심층적 학습자들은 더 심도 있는 대답을 내놓았다.[7]

나는
무엇을 아는가 ──────

예일대학교 4학년 때 셰릴 하야시Cheryl Hayashi는 거미에게 먹이 주는 일을 했다. 매일 업소용 냉장실처럼 생긴 방의 문을 열고 살금살금 안으로 들어가 다리 여덟 개짜리 동물들에게 점심으로 과실파리와 귀뚜라미를 주었다. 거미들은 덥고 습한 공기 속에서 자유롭게 돌아다녔고, 셰릴은 거미가 짠 비단 같은 거미줄에 '맛난 먹이'를 조심스레 싸서 주었다. 셰릴은 획기적인 연구로 '맥아더 천재상'을 수상한 직후, 어느 기자와의 인터뷰에서 그때를 회고하며 그 방이 마치 파나마의 열대 우림 같았다고 말했다.

그녀가 직접 말했듯 셰릴은 대학에서 데이비드나 숀이 누렸던 것 같은 경험을 하지는 못했다. 하와이에서 자란 셰릴은 다양한 출신의 사람들을 만나고, 모든 도로가 원형으로 뱅뱅 돌기만 하는 섬에서 벗어나고 싶어 예일대학교에 진학했다. 그녀가 바랐던 대로 대학에서 지역이나 사회적 계층, 국적 등 출신이 다양한 학생들을 만났다. 그 덕분에 셰릴은 대학 시절을 회상할 때면 이 다양성의 고마움을 가장 먼저 떠올릴 만큼 소중한 경험을 했다. 풍부한 생각과 관점으로 사고 패턴에 큰 자극을 받으며, 기존 사고 패턴에도 도전장을 내밀 수 있었다. 셰릴은 다른 학생들과 생각을 교류하는 기회를 마음껏 누렸다. 생각의 교류는 셰릴에게 매우 소중했다.

"예일대학교 같은 대학에 다녀서 좋은 점은 매일 높은 성취를 이룬 사람들에게 둘러싸여 제 사고 패턴에 자극을 주고, 그들의 호기심까지 전염되는 경험을 할 수 있단 거예요."

세월이 흐른 후 셰릴은 이렇게 말했다.

대학에서 셰릴은 삶의 모호성에 대한 인식, 즉 모든 일에 정답이 있지는 않다는 사실을 예리하게 인식해 나갔다. 처음에는 예술 작품에 대해 자신과 다른 학생들의 반응이 다르다는 점을 관찰했다. 하지만 시간이 지나면서 다른 관점을 활용해 자기 자신과 전공 분야를 이해할 수 있게 되었다.

"저란 사람은 제가 해온 일과 제 세계관을 형성하는 특정한 역사적 우연의 산물에 불과합니다. 이젠 그 사실을 알죠. 우리는 각자 고유하며, 모두 자기 자신의 역사가 낳은 산물입니다."

셰릴은 생각에 잠겨 이렇게 말했다. 그녀는 자신의 출신 배경이 지닌 힘뿐만 아니라 타인의 출신 배경과 경험, 관점이 지닌 힘도 알게 되었다.

예일대학교에 입학하던 당시 폭넓게 배우고자 하는 셰릴의 욕구는 굉장했다.

"친구들과 강의 요람을 뒤적이면서 신청하고 싶은 강의 소개 페이지를 따로 접어뒀는데, 접지 않은 페이지가 거의 없더라고요. 대학이 취업 준비 교육기관이라고 생각하진 않았어요. 더 깊이 탐구하고 배울 수 있는 기회를 주는 곳이라고 여겼죠."

훗날 그녀는 이렇게 말했다.

셰릴은 의과대학으로 진학하고 싶어 하지는 않았다.

"하지만 그렇다고 해서 인생에서 제가 하고 싶은 게 딱히 있었던 것도 아니었죠. 그냥 넘치는 호기심을 충족시키고 싶을 뿐이었어요."

훗날 맥아더 천재상을 받을 이 창의적 인재에게 배움이란 비판적 사고 능력과 창의력을 발전시키고, 자신의 글쓰기와 말하는 법을 개선하고, 더 크고 넓은 그림에 기존의 지식을 맞추는 법을 파악하고, 그 방법들을 어디서 어떻게 찾는지 아는 것이었을 뿐 단순히 정보를 암기하는 것이 아니었다.

셰릴은 외국어와 화학 때문에 고전했지만, 배움을 향한 노력을 멈추지 않았다. 신예 과학자는 실험에 실패할 때마다 그 실패에서 무언가를 배웠다. 무엇이 잘못되었는지, 다음에는 어떻게 개선할 수 있을지 가늠해 보고는 했다.

"실험에선 실패했을 때가 가장 중요합니다. 예상한 대로 결과가 나오지 않을 때마다 뭔가 배울 기회를 얻거든요."

대학 신입생 시절, 셰릴은 1학년은 보통 경험하기 어려운 '멋진' 강의나 '정신을 혼미하게 만들 정도로 근사한' 강의들을 수강했다. 대체로 대학의 개론 강의에서는 생각할 거리가 제공되지 않는다. 교수들은 잘 구워 익힌 사실을 산더미처럼 넘겨준 다음 암기하라고 요구할 뿐 그 사실이라는 음식이 어떤 방식으로 조리되었는지, 어떤 과정을 거쳐 그것이 사실이 되었는지, 누가 어떻게 구조화되지 않은 복잡한 문제를 두고 씨름했는지에 관한 힌트 따위는 제공하지 않는다. 또한 시험 전 뇌에 욱여넣어야 할 지식 이외에 수수께끼, 추론 혹은 도전할 만한 과제를 제공하는 경우가 거의 없다. 따라서 개론 강의를 수강하는 학생들은 대체로 해당 학문이 어떤 의문을 제기했고, 그에 대해 어떻게 답했는지 파악하지 못한다. 복잡하게 엉킨 문제를 캐보지도 않고, 다른 사람은 그 문제를 어떻게 캐는지 들으려고도 않는다. 하지만 셰릴은 운이 좋았다. 보통 고학년 학생들이 수강하는 진화생물학 강의를 수강하게 된 것이다.

"어떤 중심 문제 하나를 파고들었어요. 생명은 어디에서 기원했으며, 시간이 지나며 어떻게 그리고 왜 그렇게 변했는지 묻는 질문이었죠."

셰릴은 어렸을 때부터 호기심이 왕성했다. 그녀의 부모는 셰릴이 기를 쓰고 어른들의 대화를 들으려는 모습을 보고 '코끼리 귀'라는 별명까지 붙였다. 고향 하와이의 야생지든 동물 인형들이 가득한 방이든 어린 셰릴에게 세상의 수없이 다양한 동물들은 커다란 호기심의 대상이었다.

"어릴 적 곰이나 호랑이 인형처럼 천으로 만든 동물 인형들에게 다과 파티를 열어줬어요. 부모님에겐 창문에 꼭 개미핥기가 있어야 한다고 말했죠."

그러니 셰릴에게 생명의 기원과 역사를 파헤치는 강의는 당연히 환상적인 선물이었다.

"어린 시절, 저 역시 똑같이 질문했죠. '이 나무는 왜 이렇게 생겼나요?' '우리는 어디서 왔나요?' 같은 질문들 말예요."

진화생물학 강의를 수강하던 15주 동안 셰릴은 화석, DNA, 기타 연구 등에서 증거를 조사하고 결론을 도출해 낸 과학자들의 이야기에 귀 기울였다.

"타임머신도 없는데, 그 먼 옛날 무슨 일이 일어났는지 어떻게 알 수 있을까요?"

과학적 증거란 무엇일까? 교수들은 추론에 추론을 거듭하며 가장 타당성이 큰 가설을 향해 전진했다.

"만약 화석의 정보가 있다면 어떤 결론을 내려야 할까요? 그 결론으로 이 증거는 어떻게 해석해야 할까요?"

셰릴에게 진화생물학 강의의 마지막 시간은 숀과 메리 앤 홉킨스, 데브라 골드슨을 매료시켰던 미스터리의 클라이맥스와도 같았다. 영민한 탐정이 증거를 통해 추론한 다음, 진범을 지목하는 대단원. 그 이후 진화생물학 강의 때마다 셰릴은 자신이 갖고 있는 증거가 무엇인지, 그것을 어떻게 알게 되었는지 늘 자문했다.

"진화생물학에 접근할 땐 역사적 접근법을 사용했죠. 생명의 진화와 변화를 파악하기 위해서 말입니다."

셰릴은 이렇게 결론을 내렸다.

셰릴은 진화생물학 강의나 이후 수강했던 다른 강의들에서 다른 많은 것을 배웠다. 하지만 그 어디에서도 구조화되지 않은 복잡한 문제를 해결하는 데 도움이 될 만한 경험을 얻지는 못했다. 셰릴은 대학 4학년이 될 때까지 자신의 전공에 뛰어들어 학문을 탐구하며 관련 증거를 찾고 가늠해 볼 제대로 된 기회를 얻지 못했다. 4학년이 되었을 때도 그 기회는 제한적이었다. 거미를 연구하면서 거미줄을 주제로 졸업 논문을 완성했지만, 그 논문은 그저 자신이 쓴 기말 리포트보다 조금 나은 정도에 불과했다는 것이 셰릴의 결론이었다.

"당시 저는 연구한다는 게 뭔지 그 의미를 몰랐어요."

셰릴은 도서관에서 진화생물학에 관한 온갖 주제를 다룬 수백만 권의 책과 논문을 만났다. '연구 성과가 이렇게 많은데, 내가 여기서 뭔가 새로운 연구를 한다고 밝혀낼 게 있긴 할까?' 셰릴은 당시 그곳에서 자신에게 의구심을 품었던 기억이 난다고 했다. '이렇게 많은 똑똑한 사람이 이미 과거에 거미를 주제로 연구하고 글을 썼는데, 내가 더 이바지할 게 있긴 할까?' 고민만 하던 셰릴은 결국 결단을 내렸다.

"도서관을 나가 현장에 가보자고 생각했어요."

대학을 졸업하던 해 여름, 현장에서 거미를 연구할 기회가 찾아왔다. 파나마에 가서 거미를 연구하는 교수의 조수로 일하게 된 것이다. 셰릴은 현장에서 연구자들이 거미를 관찰하고 질문하며, 증거를 조합해 연쇄적으로 추론하고, 더 많은 의문을 제기하며, 다시 관찰하는 과정을 처음으로 지켜보았다.

"이 세상에 대해 인류가 모르는 게 아주 많단 사실을 깨달았습니다."

셰릴은 기존 연구에 관한 지식들을 조합했다.

"세상에 이미 존재하는 바퀴를 다시 발명하는 일은 의미가 없으니, 이미 존재하는 바퀴에 관해 알아야죠. 하지만 그 목적은 내가 이미 아는 것이 뭔지 알려는 게 아니라 어떻게 해야 새로운 의문을 제기하고, 이 세계와 그 작동 방식을 더 잘 이해할 수 있는지 알아보기 위함입니다."

의문을 제기하고, 가설을 세우고, 그에 맞는 증거들을 수집한 후 필연적으로 벌어질 오류와 실패에도 적응해야 한다. 셰릴은 자신이 지금 새로운 '지식인 공동체'에 합류했으며, 앞으로 해야 할 연구에 이 공동체의 지원이 꼭 필요하다는 사실을 깨달았다. 그녀는 그곳에서 만난 사람들과 대화하며 자신이 모으던 증거에 관해서도 이야기했다. 그러면서 자신이 기록한 내용들을 비교하고 가설을 재구성할 수 있었다. 동료 연구자들과의 소통은 셰릴이 복잡하고 모호한 질문들을 잘 다루기 위해 없어서는 안 될 필수 요인이 되었다.

대학 신입생 때 따로 표시까지 해가며 챙겼던 다양한 과목에 대한 셰릴의 폭넓은 호기심은 평생 집중해야 할 전문 분야로 좁혀졌지만, 오히려 그 분야에 대해 더욱 집요해졌다. 그 누구도 탐색하지 않았던 지구의 지층을 뚫고 들어갈 만큼 깊어진 것이다. 그녀는 이렇게 말했다.

"이젠 신입생 시절에 상상조차 하지 못했을 의문들도 갖게 됐어요."

하와이 토박이였던 셰릴은 관심사의 폭이 절지동물로 좁아지며 거미의 종류가 얼마나 다양한지, 수백만 년의 시간을 거치며 전 세계에 수없이 퍼져 있는 거미 종의 체계가 얼마나 다양해졌는지 소개했을 뿐만 아니라 다리가 여덟 개나 달린 이 동물의 비밀을 푸는 연구가 얼마나 높은 가치를 갖는지도 보여주었다. 이 신예 과학자는 절지동물이라는 한 가지 주제를 연구하면서도 그동안 배운 다양한 학문과 관점을 동원했다. 그 덕분에 새로운 가설과 정신 모델을 구축해 나갈 수 있었다.

"그동안 배운 모든 게 거미를 보는 방식에 영향을 끼쳤습니다."

셰릴의 결론이었다. 거미를 연구하며 그녀는 때때로 엔지니어, 예술가, 역사학자가 되었다. 폭넓은 호기심을 토대로 배웠던 다양한 학문과 관점을 결합한 덕에 셰릴은 거미와 거미가 거미줄을 만드는 능력을 그 누구도 상상하지 못한 방식으로 연구할 수 있게 되었다.

예일대학교에서 박사 학위를 마친 셰릴은 와이오밍대학교에서 박사 후연구원 과정을 마쳤다. 이후 캘리포니아대학교 리버사이드캠퍼스에 연구실을 열어 진화생물학, 계통학, 생물역학, 물성물리학을 결합해 거미줄의 역사·설계·구조·기능 등을 연구했다.

진화생물학 첫 강의에서 접했던 생명의 기원과 진화에 관한 의문은 그녀를 여전히 매료하고 있으며, 연구의 많은 부분은 거미의 진화와 거미줄이라는 불가사의한 거미의 능력에 맞추어져 있다. 셰릴은 연구 과정에서 믿을 수 없을 정도로 큰 강도를 지닌 물질을 발견하기도 했다.

"거미줄은 단면 지름이 인간 머리카락의 10분의 1에 불과하지만, 같은 무게의 강철에 비해 다섯 배나 더 강력합니다. 과연 이 거미줄로 어떤 일을 할 수 있을까요?"

방탄조끼, 생분해성 수술 봉합사 혹은 초경량임에도 견고한 운동복을 만들 수 있을지도 모른다. 셰릴의 거미 연구가 세상을 혁신적으로 바꿀 수도 있다.

"살면서 운이 많이 따랐어요. 제게 아낌없이 시간을 내주시고, 또 함께 연구할 기회를 주신 교수님들이 계셨으니까요. 저는 지금도 끊임없이 다른 사람들에게 배우고 있습니다. 제가 부정적이라고 생각해 제게 자신의 시간을 투자하지 않으려는 사람들만 만났더라면 많은 게 달라졌을 겁니다."

셰릴은 이렇게 결론지었다. 하지만 곧이어 그녀는 덧붙이듯 인정했다.

"하지만 만만치 않았던 제 고집 역시 도움이 됐죠."

지금까지 살펴본 심층적 학습자들은 결정을 내리고, 자기 생각에 대해 피드백을 받으며 좀 더 현명하게 판단하는 법을 배웠다. 그들은 독창적으로 연구를 수행했고, 의문을 제기했으며, 증거와 근거를 수집해 결론을 도출했다. 친구, 교수뿐만 아니라 자기 자신과도 깊이 있는 대화를 나누며 그 누구도 상상하지 못할 것들을 상상했고, 엄격한 기준에 따라 자신의 생각을 검증했다. 하지만 그들이 이룬 진보가 단순히 이러한 경험이나 대화에만 의존해 얻은 산물은 아니다. 그들이 부단히 노력한 것 또한 틀림없겠지만, 그럼에도 지식을 이해하는 방식을 바꾸지 않았더라면 그들 또한 아무것도 배우지 못했을 것이다. 배움은 경험에서 오지 않는다. 배움은 경험을 성찰하는 데서 시작한다.

6장

삶을 어떻게 마주할 것인가

텍사스주 출신의 젊은 심리학자였던 크리스틴 네프_{Kristin Neff}에게는 한 가지 문제가 있었다. 네프는 개인적으로 힘든 시기를 거치며 불안함과 우울감에 시달렸다.[1] 그래서였는지 그녀는 당시 심리학계에서 논쟁이던 한 주제를 주목하게 되었다. 수십 년간 미국인들은 자존감이 성공적이고 행복한 인생을 만들어줄 열쇠라고 여겼다. 심리학자들은 행복을 쟁취하는 이 경쟁에서 자신을 사랑하고 존중하는 사람이 유리하다는 연구를 앞다투어 발표했다. 심리학자뿐만 아니라 심리상담사들도 자존감이 자신감을 길러주고, 자신감 넘치는 사람들이 새로운 일을 더 많이 시도하며 더 큰 성공을 누린다고 거듭 강조했다. 그들은 자기 자신을 사랑하지 않거나 자기 확신이 떨어지는 학생들은 중도에 학업을 포기하는 경우가 더 잦고, 불안장애와 우울증에 시달리기 쉬우며, 대체로 의욕도 더 떨어진다고 보았다.

미국 사회는 자기 자신을 긍정적으로 생각하는 것의 가치를 찬양했다.

자존감 운동에 앞장섰던 한 사람은 "자존감이야말로 우리 존재의 모든 측면에 깊은 영향을 끼친다"라고 외치기도 했다. 미국의 심리학자 너새니얼 브랜든Nathaniel Branden은 열띤 어조로 이렇게 말했다.

"불안, 우울, 친밀감에 대한 두려움, 성공에 대한 공포, 가정폭력, 아동학대 등 낮은 자존감이 원인이 되지 않는 심리적 문제는 하나도 없다."

자존감을 만병통치약이라고 말한 또 다른 자존감 운동가는 우리에게 "자기애가 부족하다"라고 말하기도 했다.[2]

대학마다 학생들이 이 소중한 자질을 키울 수 있도록 돕는 프로그램이 운영되었다. 성공적인 대학 생활을 위한 안내서마다 학생들이 왜 자기 자신을 사랑해야 하는지 최소 한두 마디 이상은 그 이유를 말한 부분이 있었다. 여러 면에서 자아 숭배는 서구 문화에 깊숙이 자리한 맥을 드러냈다. 그 맥은 바로 개인주의와 자기 존재를 긍정하는 것의 중요성에 대한 오래된 찬양이다. 심리학자들은 특히 북미 사회에서 자존감이 그 자체로 바람직할 뿐만 아니라 모든 긍정적인 행동과 결과가 비롯되는 심리적 원천의 중심이라는 생각이 받아들여졌다고 말했다.[3]

그러나 몇몇 심리학자들은 이 사회적 통념에 의문을 제기했다. 네프는 그들의 연구 결과를 매우 흥미롭게 읽었다. '자아란 마법 같은 개념이 과연 우리에게 풍성한 결실만 가져다줬는가?' '자아란 개념은 우리의 삶을 변화시켰는가?' '강한 자존감을 추구하면 어떤 대가를 치르게 되는가?' '자존감을 추구하다 존재의 다른 측면이 손상되면서 사실 이득보다 해악이 더 많은 건 아닌가?' 인생에서 특정 가치를 추구할수록 오히려 영영 그것을 손에 넣지 못하게 될 수 있다. 가령 철학에서 말하는 쾌락주의의 역설에 따르면 행복을 직접적으로 추구하면, 즉 기분 좋은 일만 하면 오히려 결코 행복을 얻을 수 없다. 바다에서 헤엄치다 거센 파도에 휩쓸린 사람처럼 해변으로 나가기 위해 아무리 노력해도 차가운 물 속으로 더 깊이 빠지게 될 뿐이다. 자존감 역시 이 같은 실망스러운 범주에 속하는 것은 아닐까?

삶에서 이 마법 같은 자질을 키우는 일은 정말 가능할까? 현존하는 자존감 프로그램에 관한 연구와 평가 결과를 보면 대부분 실망스럽기만 하다. 네프는 이러한 의문들을 둘러싼 논문들을 탐독하면서 논란이 된 자존감의 대안을 모색했다. 마침내 네프는 그녀 개인의 필요뿐만 아니라 우리가 창의성이 높은 사람들에게서 발견했던 사고 패턴과 태도까지 반영할 수 있는 어떤 통찰을 찾아냈다. 그녀가 논문들을 조합해 알아낸 것은 성공과 행복에 이르는 길에 대해 생각하는 방식, 생산성과 창의력이 뛰어났던 '최고의 학생들'이 문제를 해결하는 방법에 대해 생각하는 방식을 근본적으로 바꾸었던 내용이었다.

자존감이라는
착각 ─────────

학생들이 좋은 성적을 거두어 강한 자존감을 구축하면 더 많은 것을 배울 수 있으리라고 생각할 수 있다. 그러나 반드시 그렇지만은 않다. 실제로 자신의 가치를 성과로 평가하는 사람은 배움을 중심으로 접근하는 것이 아니라 성적을 중심으로 접근할 확률이 높다는 사실이 많은 연구를 통해 드러나고 있다. 2장에서 살펴본 것처럼 성적을 중시하는 전략적 학습자들은 높은 성적으로 타인의 인정을 받는 데 집중한다. 하지만 배우는 것 그 자체를 중시하는 사람, 즉 심층적 학습자들은 문제에 대한 이해력을 높여 함의와 응용에 관해 고민한다. 창의력과 생산성이 높은 사람들은 심층적 학습법을 활용하여 배워나간다. 그저 자존감을 높이자고 성적을 올리는 데만 혈안이 된 학생이 무엇하러 배운 내용을 더 잘 이해하거나 창의적으로 활용하는 데 관심이 있겠는가? 실제로 연구 결과에 따르면 전략적 학습자들은 다른 모든 것을 희생하면서 오직 성적에만 목을 맸다.[4]

문제는 거기서 끝나지 않는다. 좋은 성적을 자존감의 기반으로 삼는 사람들은 깊이 있게 배우지 못할 뿐만 아니라 그들이 그토록 간절히 바라던 높은 성적도 받지 못할 공산이 크다. 말하자면 자신에 대한 평가가 전적으로 성적 우수자 명단에 오르는 데 달려 있다고 생각하면 성적에 큰 영향을 미치는 모든 시험, 과제, 실습 등이 어마어마한 긴장과 불안을 유발한다. 자존감이 학업적 성취에 달려 있으니 그럴 만도 하다. 이 정도 압박감이 있는 환경이라면 누구인들 불안하지 않겠는가? 이러한 사람들에게 성적은 단순히 성적표에 적힌 숫자가 아니라 스스로 자기 자신을 어떻게 평가할 수 있는지 보여주는 지표다. 만일 내가 높은 자존감을 유지하는 것을 중요시하는 사람이라고 가정한다면, 나는 성적을 통해서만 그 목표를 달성했는지 알 수 있다. 낙제하거나 탁월한 점수를 받지 못하면 내가 평가하는 나는 위협을 받게 된다. 이러한 경우 노력할수록 불안

감이 더욱 커진다. 단 한 번의 실패로 내가 무가치한 인간임이 드러날까 두렵기 때문이다.[5]

높은 자존감이 성적이나 학업에 해를 끼친다고 주장하는 사람은 없다. 오히려 그 반대다. 문제는 배움 그 자체가 아니라 높은 점수를 통해 자존감을 **추구할** 때, 특히 학업 부담감이 크면서도 성적을 통해 자존감을 높이려고 할 때 불안이 촉발될 수 있다는 점이다. 다시 말해 친절함, 학습량, 노력의 정도, 사회적 기여도 등이 아니라 오직 높은 성적만을 자기 가치의 근거로 삼는다면 앞으로의 인생에서 계속 문제가 발생할 소지가 다분하다. 과정이 아닌 결과가 걱정스러운 학생들은 배우는 과정보다 성적에 골몰하게 되고, 모든 공부를 성적 중심으로 접근하게 된다. 인간으로서 자신의 가치가 높은 성적에 달렸다고 믿기 때문에 긴장도도 지나치게 높아지게 된다. 결국 배움도 높은 성적도 얻지 못한다.

자기 존중에 해로울 것은 없다. 오히려 자기 자신을 존중하지 않으면 스스로 동기를 부여하기 어렵다는 것도 우리는 잘 안다. 높은 성적 역시 해로울 것은 없다. A와 100은 당신이 그동안 얼마나 어떻게 배웠는지 나타내는 지표가 될 수도 있다. 하지만 지나치게 성적을 신경 쓰는 경우, 특히 등수가 자신의 진정한 가치라고 믿게 된다면 처참한 결과가 벌어지게 된다.

앞에서 부정적인 고정관념의 피해를 받는 사람들에게서 이러한 비극이 벌어진다는 사실을 살펴보았다. 특정 분야에서 능력이 떨어진다고 낙인찍힌 집단에 속한 사람이 자신의 가치를 그 분야에서의 성과를 중심으로 판단하는 경우, 타인이 자신의 성과를 형편없다고 볼 것이라는 생각은 으레 그를 괴롭게 한다. 괴로움이라는 압박을 받는 상황에 놓이면 실제로 실적도 형편없어지게 된다. 그로 인해 오히려 자기 자신에 대한 타인의 고정관념을 고착시키는 결과로 이어질 수 있다. 스스로 자신을 둘러싼 편견을 거부한다고 해도 소용없다. 이미 비슷한 사람들에게 찍혔던 낙인이 자신의 저조한 성과 때문에 내게도 찍힐까 봐 걱정하기 시작한다면 성과에 대한 압박은 더욱 심해진다. 잘하고 싶은 마음이 강할수록, 즉 무언가 잘하는 것이 자기 자신뿐만 아니라 자신을 둘러싼 타인에게도 중요한 의미를 갖기에 그러한 마음이 들수록 압박감과 불안감은 더욱 커지게 되고, 결국 실제보다 더 나쁜 성과를 낼 가능성도 높아지는 것이다.

이는 부정적인 고정관념의 피해자들에게만 나타나는 것이 아니다(미국 사회에서 대개 유색 인종이나 여성들이 겪는 문제기는 하지만, 과체중인 사람, 가난한 사람, '운동만 잘하는 바보', 매력이 떨어지는 사람 등 어느 시점이 되면 거의 모든 사람이 비슷한 문제를 겪게 된다). 부정적 이미지에 노출되는 일이 비교적 적은 미국 백인 남성들에게서도 이러한 결과가 나타날 수 있다. 미시간대학교의 심리학자 제니퍼 크로커Jennifer Crocker와 연구팀은 대학생들을 대상으로 이 같은 연구 결과를 확인했다. 그들은 유럽계 미국인 학생들에게 기본 능력을 측정하는 시험을 치겠다고 말했다. 성적에 따라 자존감을 쌓았던 학생들에게 이러한 시험은 자신이 가진 인간으로서의 가치를 평가받는 자리라고 받아들여질 수 있다. 이러한 학생 중 대다수는 숨이 막힐 정도로 긴장하고, 지나치게 높은 압박감을 받는다. 그러나 동일한 학생들에게 "그저 여러분의 문제 해결 방식과 접근법을 알아보기 위한 테스트일

뿐 정답을 얼마나 맞히는진 상관없습니다"라고 말하면 학생들의 점수는 실제로 더 상승한다.[6]

사회과학자들이 거듭 발견한 연구 결과에 따르면 어려운 시험을 치르게 한 뒤 그 시험 결과로 개인의 지적 능력이나 미래의 성공 가능성을 측정하겠다고 말해준 학생들은, 동일한 시험을 도전 과제나 게임 또는 무언가를 배울 기회로 여긴 학생들보다 성적이 좋지 않았다.[7] 자존감을 학업적 성취, 즉 '똑똑함'과 연계하여 생각하는 학생들은 외부 요인이 자신의 타고난 능력을 판단한다고 믿기 때문에 미약하게나마 압박감을 느낄 수밖에 없다. 자신의 지능을 확장할 수 없다고 믿는 경우 어려운 시험을 마주할 때 압박감은 훨씬 더 커진다. 그 시험 결과에 너무 많은 것이 달려 있다고 여기기 때문이다.

지난 몇 년간 대학생들을 대상으로 한 조사에 따르면 많은 학생이 심한 불안, 우울, 섭식장애 등을 겪고 있다는 사실이 반복적으로 발견되었다. 어느 명문 대학에서 진행했던 연구에서도 이러한 문제 중 하나를 겪는 학생이 절반 이상인 것으로 나타났다.[8] 이와 같은 정신 질환은 한 가지 원인으로만 발병하지는 않지만, 학자들은 자존감에 대한 집착이 발병에 큰 영향을 끼치는 것이 아닌지 의심하기 시작했다. 그리고 이는 관련된 연구 논문들을 통해 수면 위로 떠올랐다. 분명 낮은 자존감이 우울증을 심화시킬 수 있지만, 자기 자신을 사랑하고자 하는 광적인 질주 역시 우울증을 초래할 수 있다는 것이다. 항상 그렇지는 않지만, 자존감에 대한 집착은 분명 눈사태 같은 감정의 소용돌이를 촉발할 수 있다. 성적을 올리는 일이 무엇보다도 중요하다고 생각하여 모든 것을 제치고 온통 그 일에만 매진하다 보면, 점차 인간의 가치는 높은 성적만이 규정한다고 생각하게 된다. 경쟁은 더욱 과열되고, 우수 학생 명단에 이름이 오르는 일 또한 점점 더 어려워지며 결국 비틀거린다. 불안감이 커지고, 실패가 쌓일까 봐 두려워진다. 걱정에 사로잡혀 있는데 제대로 생각할 수 있는 사람이 어디 있겠는가? 성적이 더 떨어지거나 최소한 예상했던 것보다 더 낮은 성적을 받게 될 수 있다. 다시 불안과 우울이 뒤따른다. 떨어진 성적을 올리는 데 신경 쓸수록 상황은 더 나빠진다.

네프는 자기애를 지나치게 강조하다 생기는 문제가 거기서 끝나지 않는다는 사실을 발견했다. 누구나 귀중하게 여기는 '자존감'이라는 상품에 매달려 1등이 되는 데만 신경 쓰다 보면, 거만하고 따분한 사람으로 변하기 쉽다. 그렇게 되면 타인의 칭찬만 바라고, 자기만 생각하는 사람이 되기도 쉽다. 이러한 오만하고 이기적인 태도는 우리가 인터뷰했던 창의적이고 성공한 사람들에게서는 전혀 찾아볼 수 없었다. 자기애가 심하고 오만한 사람들은 폭력성을 더 심하게 보이기도 한다. 폭력성과 자기애 사이의 연구에서 둘의 복잡한 패턴과 관계가 드러났다. 자기애가 강한 사람들이 항상 더 폭력적인 것은 아니었지만, 그들의 자기애가 극단적인 나르시시즘으로 빠지면 종종 심한 폭력성을 드러냈다. 타인을 괴롭히는 사람들은 대개 자신을 높이 평가하지만, 그들에게 맞서는 사람들의 자기애 또한 높기는 마찬가지다. 자기애라는 불가사의한 가치는 항상 긍정적인 결과만 보장하지는 않는다.[9]

자신에 대한 긍정적인 평가가 늘 좋은 것만도 아니다. 가령 '무지無知'처럼 자신감 때문에 자신이 고쳐야 할 점이 무엇인지 전혀 인식하지 못할 수도 있다. 인간은 보통 자기 자신에 관해서는 지나치게 감정적인 탓에 자신이 배워서 깨달아야 할 것이 얼마나 많은지 잘 알지 못한다. 지식이 부족한 학생들은 제대로 알지도 못하는 것에 대해서 과도하게 확신하는 경우가 많다. 자기 확신을 부풀려 펼치는 주장 이면에는 스스로의 부족함을 인정했다가 지금까지 세심하게 쌓아 올린 자존감이라는 탑이 위태로워질까 하는 불편한 의구심이 도사리고 있다.

특히 좋은 감정을 만들어줄 성취에 집중하기보다 기분 좋은 감정을 느끼는 것 자체에만 집중하는 사람들에게 좋지 않은 결과가 더 고통스럽게 느껴질 수 있다. 무지의 세계에 갇혀 자신의 어떤 약점도 인정하지 못하는 사람들은 어둠 속에서 비틀거리면서도 길을 찾기 위한 안내를 받거나 비틀거리는 행동에 대한 비판을 받아들일 줄 모르는 것과 같다. 그들은 유능하고, 세상과 연결되고, 독립적인 인간이라는 목표를 달성하는 대신 그저 자아에 얽매인 노예가 되고 만다.

스스로 성공 기회를 놓치기도 한다. 그들은 실패로 인해 자기 자신을 의심하게 되는 순간 불안해진다. 실패를 자신의 책임으로 돌리지 않기 위해 일이 끝나기도 전에 변명부터 지어낸다. 일을 미루거나 심지어는 일부러 망쳐서 실패의 원인이 타인이나 다른 것에 있음을 보이고자 한다. 그들은 실패를 자존감에 대한 공격이라 생각하기 때문에 애초에 시도조차 하지 않는 것으로 그 공격에서 자신을 보호한다. 이러한 '셀프 핸디캡'은 자기 주도권과 창의성을 파괴하며, 대개 어떤 대가를 치르더라도 자존감을 지키고자 하는 태도에서 비롯된다.

극단적으로 자기애가 강한 사람 중에는 자기 자신에게만 집중하느라 타인을 무시하거나 심지어 학대하는 사람도 있다. 연구에 따르면 자아를 보호하려는 과정에서 일부 사람들은 소위 타인의 불행을 통해 자기 자신에 관한 만족감을 느끼려다 오히려 더 심한 편견에 사로잡혔다. 애리조나주립대학교에서 실시한 한 실험에서 백인 학생들은 자신의 글에 대해 매우 부정적인 평가를 받았다. 그들의 자존심에 크게 타격을 줄 만한 가혹한 평가였다. 특히 높은 성적으로 자존감을 채워왔다면 더더욱 큰 타격을 받을 수 있었다. 반면 그들을 제외한 다른 그룹의 학생들은 자신의 글에 대해 아무런 피드백을 받지 않았다. 피드백 이후 두 그룹은 흑인 구직자들의 지원서를 평가했다. 이론적으로 보자면 두 그룹이 평가한 평균은 비슷해야 했지만, 자신의 글에 대해 부정적 평가를 받은 백인 학생 그룹은 흑인 구직자를 더 낮게 평가했다. 흑인 학생 그룹 역시 자신의 글에 대해 부정적 평가를 받은 후 백인 구직자들의 지원서를 더 낮게 평가했다. 실험을 진행한 연구자들은 이를 두고 이렇게 설명했다.

"다른 집단의 구성원에 대한 편견을 표현하는 건 실패처럼 자아를 위협하는 평가에 맞서 자신의 자존감을 지켜야 할 때 완충제 역할을 할 수 있습니다."[10]

하지만 진짜 문제는 자존감이 정확히 무엇을 의미하는지 대개는 잘 모른다는 점이다. 자존감이 갖는 마법 같은 특성은 사람마다 다양하게 나타나기 때문에 인간의 영혼이 앓는 모든 병을 치료할 수 있는 만병통치약이라고 선포하기에는 아직 부족하다. 어떤 자존감은 진정한 성취에서 비롯되지만, 어떤 자존감은 인위적으로 만들어진 토양에서 자라나는 것처럼 보이기도 한다. 보통 높은 성취를 이룬 사람들의 자존감이 높지만, 그보다 자랑할 것이 훨씬 적은 사람들에게도 자존감은 존재한다. 자존감은 기분을 좋게 만들고, 커다란 동기도 부여한다. 그러나 마약 중독자가 일시적인 쾌락을 찾아 헤매듯 자존감만을 좇는다면 타인뿐만 아니라 자기 자신에게도 자신의 가치를 증명해 보이기 위해 노력해야 하는 함정에 빠져 헤어 나오지 못할 위험이 있다.

아닌 것이 아니라 대부분의 문제는 자존감이라는 마법의 묘약을 추구하면서 발생한다. 심리학자 크로커와 로라 박Lora Park은 이렇게 말했다.

"자존감을 성공적으로 추구하면 감정 통제와 동기부여 측면에선 이득이 되지만, 동시에 그 일은 장단기적 대가를 함께 요구합니다. 숙련도, 인간관계, 자율성같이 근원적 욕구를 충족하는 데서 멀어지게 하고, 자아 조절 능력을 떨어뜨려 신체적·정신적 건강도 악화시키니까요."[11]

나를 '친절하게'
위로하는 법 —————

그렇다면 어떻게 해야 할까? 네프는 연구와 논문을 통해 자존감에 관한 세 가지 주요 접근법을 제시했다. 첫 번째는 '자기 친절'이다. 실패, 상실, 고통 등 어려움을 마주한 순간, 자신에게 취하는 친절하고 이해심 있는 태도를 말한다. 자신에게 친절한 사람은 가혹한 자아비판도 하지 않는다. 두 번째는 '보통의 인간성'이다. 내가 겪는 고통과 실패가 어떻든 타인도 그와 비슷하게 느끼고 겪는다는 인식을 의미한다. 즉 고통이나 실패 모두 인간으로서 겪는 경험의 일부라고 생각하는 것이다. 스티븐 콜베어가 말했던 충고를 상기해 보자.

"'순간의 실망은 영원이란 관점에서 보면 사소한 일이다.' 가슴 아픈 일을 겪을 때마다 어머니가 제게 말씀해 주셨습니다. '지금 이 순간도 영원의 관점에서 보면 아무것도 아니다.' 그렇게 생각하면 지금 실패를 경험하더라도 거기에 지나치게 큰 의미를 부여하지 않게 됩니다. 다음 순간을 맞이할 수 있도록 자신을 열어놓을 수 있게 되죠."

네프가 세 번째로 제시한 방법은 '마음챙김'이다. 고통스러운 생각과 감정을 인정하되, 과도하게 몰입하지 않는 습관을 말한다. 그녀는 이 세 가지 방법을 모두 통틀어 '자기 연민'이라고 칭했다.

타인에게 연민을 느꼈던 경험을 떠올려 보자. 부모를 잃은 친구, 고통스러운 신체적 질병, 중요한 프로젝트에서의 실패, 끔찍한 실수 등의 경험에서 연민을 느꼈을 것이다. 타인에 공감할 때 우리는 그 고통을 이해하고 받아들이며, 심지어 실제로 느끼기까지 한다. 하지만 타인을 비난하거나 재단하지 않는다. 오히려 그 사람을 아끼기 때문에 그 사람이 겪은 일을 기억하고, 또 그 고통을 덜어주고 싶어 한다. 누군가 잘못했을 때도 그 사람을 비난하기보다 '누구도 완벽한 사람은 없으며 자기 행동에 책임져야 한다'고 생각한다. 그리고 앞으로 더 잘할 수 있다는 사실을 자각할 수 있도록 도울 뿐이다. 자기 연민도 마찬가지다. 네프는 자기 연민에 관해 이렇게 설명했다.

"자기 연민이란 자신의 고통에 마음이 움직이고, 고통을 향해 마음을 여는 일, 고통을 외면하거나 회피하지 않는 마음, 자신의 고통을 줄이고

'친절하게' 치유하려는 욕망입니다. 자신의 고통, 부족함, 실패를 함부로 재단하지 않고 이해하며, 자기 경험을 인간으로서의 경험 일부로 더 크게 본단 뜻이죠."[12]

자기 연민은 자기 자신을 가엾게 여긴다는 의미가 아니다. 그랬다가는 자기 문제에만 골몰하여 제대로 사고할 수 없다. 오히려 그 문제에서 한 걸음 떨어져 객관적으로 접근할 수 있도록 하는 것이 자기 연민이다. 자기 연민을 실천하면 자기 자신뿐만 아니라 누구나 고통받고, 실패하고, 실수한다는 사실을 인식하게 된다. 그러면 타인에게 공감하는 능력 또한 더욱 커진다. 자기 자신을 용서한답시고 같은 실수를 반복하도록 방치하라는 말이 아니다. 자신을 돌아보고 반성하며, 올바른 길로 나아가겠다고 다짐하고, 나쁜 행동을 한다는 생각 자체를 하지 않으면 자신을 학대할 필요도 없어진다. 하지만 우리는 늘 더 나아지겠다는 결심을 조용히 잊어버리고, 아무 생각 없이 다시 예전 습관으로 돌아간다. 연민과 이해를 바탕으로 자기 행동을 직면할 때 비로소 행동도 바뀔 수 있다. 네프는 이러한 목표를 달성하기 위해서는 항상 깨어 있어야 한다고 믿었다. 깨어 있되 자기 자신에게 지나치게 몰두하지 않는 것이 중요하다. 네프는 마음챙김이 곧 균형 잡힌 인식 상태라고 말했다. 자신의 문제를 명확히 알고, 살면서 정신적·감정적 현상이 발생할 때 그것을 있는 그대로 받아들이라는 것이다.

"감정에 휩쓸려서도 감정을 피해 달아나서도 안 됩니다."[13]

네프가 말한 자기 연민은 방종과도 다른 개념이다. 자기 연민은 허구한 날 뜨거운 목욕이나 하기 위해 만들어대는 핑계가 아니다. 자기 행동에 책임지고, 행동의 결과를 오롯이 마주하는 것이다. 즉 자기 자신과 타인에 대한 책임감이 필요하다.

　그렇다면 자기 연민으로 무엇을 얻을 수 있을까? 네프와 연구팀은 자기 자신을 위로하는 법을 배우면 부작용 없이 높은 자존감의 이점을 모두 누릴 수 있다는 사실을 밝혀냈다. 자기 자신을 위로하는 방법을 아는 사람들은 일반적으로 불안도가 낮았고, 삶에 대한 책임감도 더 컸다. 더 평온했고, 더 개방적이었으며, 편견을 만드는 비교도 하지 않았다. 자기 연민 지수가 높은 대학생일수록 불안과 우울을 덜 느꼈고, 자기 자신과 삶에 대한 만족감을 더 키워나갔다. 그들은 배우는 과정에서 더 큰 기쁨을 느꼈기 때문에 성적 숭배의 함정에도 빠지지 않았다. 열의에 가득 차 활기차게 목표를 추구할 줄 알았고, 일이 잘 풀리지 않을 때는 미련이나 후회 없이 포기할 줄도 알았다. 또한 새로운 목표를 찾아 다시 세웠기에 실패에 대처하는 법도 알았다. 실패에서도 무언가 배웠기 때문에 실패를 등한시하거나 실패의 두려움에도 빠지지 않았다.[14]

　네프가 삶에 만족하는 사람들에게서 자기 연민의 태도를 발견했듯 나 또한 생산성과 창의력이 높은 사람들에게서 비슷한 면모를 발견할 수 있었다. 사실 우리가 인터뷰했던 사람들은 모두 삶에 자기 연민이 고스란히 녹아 있었다. 자기 자신을 위로하고, 사회라는 더 넓은 공동체와의 관계를 인지하고, 삶을 있는 그대로 솔직하게 대하는 놀라운 능력을 보여주었다. 네프가 자기 연민이라고 칭한 이 같은 능력 덕분에 그들은 인생에서 만났던 수많은 고비와 어려움을 극복하고 성공할 수 있었다. 자기 연민 능력은 인간 존재를 괴롭히는 불안과 우울에 마음을 빼앗기지 않도록 했을 뿐만 아니라 창의력을 키워주었고, 타인에 대한 연민과 공감을 비롯한 폭넓은 시각과 태도를 가질 수 있도록 뒷받침해 주었다. 우리와 인터뷰했던 사람들은 자기 자신보다 사회라는 공동체에 더 깊은 뿌리를 내렸고, 더 넓은 관계에서 삶의 목적을 찾았다. 그들은 자신이 이 세상과 상호의존하는 존재임을 인식하고 있었기에 다양한 관계를 구축해 가며 즐겁게 유지할 수 있었다.

그들은 개인적 성장의 기준을 높게 잡았지만, 그럼에도 타인에게 이겨야 한다는 불안에 사로잡히게 하는 경쟁심은 키우지 않았다. 그들은 자신의 삶을 정의해 줄 목적을 찾아 그를 좇는 것에서 큰 기쁨을 느꼈다. 이러한 독립적 인식 덕분에 비판도 쉽게 포용하며 자신의 성장에 활용할 수 있었다. 심지어 삶의 비극까지 회피하지 않고 마주했으며, 그 경험은 그들을 더욱 굳세게 만들어주었다. 그리고 비극에서 삶에 필요한 정보를 얻고, 영감과 자극을 받으며 그 경험을 인생의 안내판으로 삼았다. 나는 그들이 인생의 달콤쌉쌀한 순간들을 엄숙하고도 진중하게 논하는 모습에 깊이 감동받았다. 그들 중에는 이러한 감정과 태도, 접근법을 종교와 전통, 표현에 녹여낸 사람도 있었다.

"계속 노력하되 걱정은 하지 마세요."

스티븐이 해준 조언이었다. 그리고 그는 성경 구절을 인용해 이렇게 덧붙였었다.

"예수께서 말씀하시길, '그러므로 내가 너희에게 말한다. 걱정하지 마라. 누가 걱정으로 자기 수명을 한 시간이라도 더 늘릴 수 있겠느냐 아니면 키를 한 뼘이라도 더 키울 수 있겠느냐?'"

그들은 자존감을 좇기보다 더 큰 목표를 추구하며 타인에게 삶의 초점을 맞추었다. 이러한 헌신으로 그들에게도 자존감이 생기기는 했지만, 자존감 자체가 그들의 목표가 된 적은 한 번도 없었다.

스스로 삶의
족쇄를 벗다 ————

"제가 대학생이었을 때 언니가 자살했어요."

어느 오후, 일라이자 노_{Eliza Noh}가 차분하게 입을 열었다.

"그때 언니는 휴스턴의 한 대학에 다녔고, 저는 컬럼비아대학교 3학년이었어요."

일라이자와 언니는 텍사스주 휴스턴 남서부 교외의 부유한 지역에서 자랐다. 그들에게는 풍부한 문화적 유산이 있었다. 아버지는 한국인이었고, 어머니는 베트남인이었다. 그녀의 부모는 두 딸이 태어나기 전 미국으로 이민을 왔다. 그녀의 아버지는 의사였고, 일라이자의 가족은 아시아계 미국인들이 모여 사는 텍사스주 슈거랜드에 정착해 부족함 없이 지냈다. 당시 아시아계 미국인 공동체의 규모는 작았지만 점차 커지고 있었고, 그들은 자녀의 학업적 성취를 자랑거리로 삼았다.

"최고의 성적을 받아야 한단 압박감이 컸어요. 첫째인 언니에게 모든 관심이 쏠렸죠."

일라이자가 말했다. 그녀는 고등학교에서 AP(미국에서 고등학생이 대학에 진학하기 전, 대학에서 인정받을 수 있는 학점을 미리 취득하는 고급 과정-옮긴이) 과정을 공부했고, 최상위권에 들기 위해 노력했다. 일라이자는 결국 반에서 차석으로 졸업했다.

"아버지와 언니가 내내 성적을 두고 다투던 모습이 생각나요. 저는 제 주변에서 일어나는 그런 혼란들에 휩쓸리지 않기 위해 애썼고, 감정적으로 관여하지 않는 방법을 배웠어요."

일라이자의 부모는 두 딸 모두 최고가 되기를 원했다. 좋은 성적을 받아 명문 대학에 진학한 뒤 의과대학에 입학해 높은 연봉을 받는 의사가 되어 경제적 안정을 누리기를 바랐다.

"최고의 성적을 받는 데만 몰두하게 됐어요. 아시아계 미국인은 성공을 거둔 모범 소수 민족이란 대외적 이미지가 있으니, 그걸 충족시켜야 했거든요."

일라이자도 성공을 거두었다. 최소한 성적에서만큼은 그랬다. 해가 거듭될수록 일라이자는 더 좋은 성적을 받았고, 우등상을 챙겼고, AP 과정의 고급반 학점을 받았다. 차석 졸업생으로 연단에 오르는 '영광'을 얻기까지 그녀는 성공 가도를 달리는 고등학생의 면모를 모조리 갖추고 있었다.

일라이자는 호기심도 왕성했다. 사람들에게 하도 질문하는 바람에 친구들과 가족은 그녀에게 '걸어 다니는 물음표'라는 별명을 붙였을 정도였다. 그러나 훗날 그녀의 고백처럼, 일라이자는 고등학교에 다니는 동안 새로운 사실을 발견하는 데서 얻는 순수한 즐거움을 한 번도 누리지 못했다.

"온통 성적에 신경이 곤두서 있었기 때문에 뭔가 배웠다기보단 놓친 게 더 많아요."

과제와 관련 없는 것을 읽어본 적이라고는 거의 없었다.

고등학교를 졸업한 후 일라이자는 컬럼비아대학교에 입학했다. 컬럼비아대학교를 택한 이유는 도피였다고 고백했다. 대학생이 된 일라이자는 참신하고 도발적인 아이디어가 넘쳐남에도 경쟁은 덜 치열한, 지금까지와는 전혀 다른 환경을 경험했다. 하지만 공부에 관한 그녀의 오래된 습관과 접근법은 여전히 독감처럼 일라이자의 영혼에 들러붙어 떨어지지 않았다. 이미 오래전부터 좋은 성적을 받는 방법만 습득했던 일라이자는 1학년 내내 성적 중심의 전략적 학습법을 버리지 못했다. 하지만 대학은 지금까지와는 다른 분위기를 가진 곳이었고, 일라이자의 전략적 학습법을 약화시켰다.

"고등학생일 땐 모두 최고의 대학에 진학하는 데만 집중했어요. 하지만 컬럼비아대학교에 입학한 후엔 아이디어가 넘치는 세계와 배움에 목마른 사람들을 만나게 됐죠."

2학년이 된 일라이자는 마침내 잘 다져왔던 전략적 학습법의 남은 벽까지 완전히 부수어줄 강의를 신청하게 되었다. 처음에는 그저 필수 교양 과목 수강 요건을 충족하기 위해 신청한 강의였지만, 결과적으로 그녀가 깊이 있는 배움으로 향할 수 있도록 길을 열어준 강의가 되었다. 강의에서는 중요하면서도 흥미롭고, 때로는 아름답기까지 한 질문들이 쏟아졌다.

"정말 눈이 번쩍 뜨이는 강의였어요. 뭔가 배운다는 게 저와 제 관심사뿐만 아니라 제가 누군지까지 생각하게 하는 공부가 될 수도 있단 사실을 처음 알게 됐죠."

강의에서는 사회적 권력에 관한 질문이 나왔다. '권력은 누가 갖고 있고, 그 권력은 어떻게 사용되고 있으며, 우리가 삶에서 수행하는 다양한 역할은 우리가 가진 권력에 어떤 영향을 끼치는가?' '성별, 직업, 인종, 성적 지향 또는 사회적 경제 계층은 우리가 행사할 수 있는 권력에 어떤 영향을 미치는가?' '역할이 이동할 때 권력은 어떻게 변하는가?'

이러한 문제들을 탐구하며 일라이자의 머릿속에서는 다양한 생각이 오갔고, 훨씬 더 많은 의문이 생겨났다. '일부 계층이 더 많은 권력을 쥐고 있다고 한다면, 만인은 평등하지 않다. 그렇다면 민주적인 사회를 어떻게 유지할 수 있을까?' '사람들은 권력을 어떻게 이용할까?' '권력이 없는 사람들에겐 어떤 일이 발생할까?' 이러한 생각 속에서 그녀는 자신이 어떤 맥락에서는 타인에게 막대한 영향력을 끼치지만, 또 어떤 맥락에서는 전혀 그렇지 못하다는 사실을 깨달았다.

일라이자는 강의를 통해 더 많이 발언했고, 의문을 제기했고, 주장을 펼쳤다. 이는 다른 강의와 과목에서도 이어졌고, 이러한 습관은 그녀를 심층적 학습자로 변모하게 했다. 그녀의 공부 방식은 완전히 바뀌었다. 책을 읽을 때는 내용에 몰입했다. 책의 여백에 필기도 하며 더 많은 의문을 제기하고, 자기 나름대로 반대 의견을 개진해 보기도 했다. 일라이자는 다른 사람이 처방한 좋은 공부 방식을 따르기만 하지 않았다. 그녀의 공부 방식은 세상을 알아가는 것에 더더욱 매료된 그녀의 태도에서 자발적으로 우러나온 것이었다.

"성별의 위계에 관한 생각이 다양한 민족 집단 사이에도 위계를 만들 수 있다는 걸 알게 됐어요."

일라이자는 자신이 공부하는 거의 모든 주제와 인물에서(플라톤부터 미국의 대통령까지) 유럽을 배경으로 한 남성의 이야기가 등장한다는 데 주목했다. 아시아인, 아시아계 미국인, 여성은 거의 언급되지 않았다. 이러한 사실은 그녀에게 다시 '왜'라는 의문을 이끌었다.

교육에 대한 일라이자의 총체적인 접근법이 바뀌기 시작했다.

"저는 항상 질문이 많았어요. 하지만 고등학생 땐 성적만 신경 쓰느라 제가 얼마나 비판적으로 사고하고 탐구를 통해 논지를 발전시키는 일을 좋아하는지 몰랐죠."

성적에 대한 압박감에서 해방되자 배움이 주는 지적 만족도는 더욱 커졌다.

"고등학생 땐 교육을 개인적인 걸로 생각해 본 적이 없었어요."

일라이자에게 고등학교 교육은 높은 점수를 얻기 위한 게임에 불과했다. 하지만 대학에서 권력을 다룬 강의를 수강한 뒤 그 이후의 강의에서는 질문을 던지고, 특정 개념을 추구하기 위한 도약으로 경험을 활용하기 시작했다.

운명처럼 만난 그 교양 과목을 통해 일라이자는 그전에는 결코 알지 못했던 세상, 19세기의 가장 암울했던 시기에나 볼 법한 환경 같은 현대판 노동 착취 공장의 현장을 알게 되었다. 이를 계기로 일라이자는 정치적·사회적 사상을 살펴보게 되었고, 자신이 배운 내용을 아주 개인적인 측면에서 바라보기 시작했다. 무엇을 왜 믿어야 하는지, 어떤 가치관을 가져야 하는지, 어떤 행동을 취해야 하는지, 자기 생각을 관철할 때 어떤 문제들을 직면하게 되는지 관심을 갖게 된 것이다.

일라이자는 능동적으로 공부했다. 의미를 찾고, 그 의미에 깃든 함의와 응용 가능성, 다른 잠재력에 대해 생각했다. 슈거랜드 출신의 이 여성은 거대한 질문들을 던진 뒤 여러 분야를 통합해 답을 찾으려 했다. 논문을 읽고 주장과 근거에 의문을 제기한 뒤 자신과 연결되는 지점을 탐색했다. 일라이자는 다른 학생들과 대학 행정 부서에 아시아계 미국인들의 문제를 다루는 강의를 개설해 달라고 요구했다. 컬럼비아대학교는 오랫동안 서양의 전통을 강조했다. 그래서 모든 학생에게 고대 그리스 철학자부터 현대 사상가와 활동가까지 서양의 정치적·사회적·지적·예술적 발전에 초점을 맞춘 핵심 교육 과정을 이수하게 했다. 학생들은 매주 대여섯 권의 책을 읽었고, 자신의 의견을 준비해 강의실에 들어갔다. 하지만 아시아계 미국인의 전통이나 역사에 관한 의견은 전혀 없었다. 일라이자는 점점 더 깊은 배움을 원했다. 기존 교육 과정에서 누락된 부분들을 찾아 이를 교정하기 위한 활동을 펼쳤다. 다른 학생들과 여성학과에 끊임없이 건의하여 아시아계 미국인에 관한 역사 과목을 개설하고, 해당 과목을 가르칠 강사를 고용하는 데 성공했다. 일라이자는 주도적으로 자신이 배워야 할 내용을 찾아나갔을 뿐만 아니라 삶의 동력이 되어줄 강력한 내재적 동기 또한 스스로 찾아냈다.

그리고 어느 끔찍한 밤, 언니가 죽었다. 일라이자는 우울증이 점점 심해지는 언니가 걱정되어 전화도 하고 편지도 보냈다.

"저는 항상 언니의 편이라고 격려해 줬어요."

일라이자는 훗날 인터뷰에서 이렇게 말했다.[15] 그러나 그녀의 격려는 아무 소용이 없었다. 언니는 당시 젊은 아시아계 미국인 여성들 사이에서 마치 유행병처럼 번지던 자살 대열에 합류하고 말았다.[16]

"오랫동안 충격에서 벗어나지 못했어요. 언니가 자살했단 사실도 받아들이지 못했죠."

일라이자가 고백했다. 언니의 장례식이 끝난 후 그녀는 마치 아무 일 없었다는 듯 학교에 돌아가 공부했다. 하지만 쉽지 않았다.

"다 잊고 앞으로 나아가려 노력했어요. 아버지와 언니가 다툴 때 늘 그랬듯 이 일과도 감정적 거리를 두려고 했죠."

이듬해 졸업 논문을 쓰기 시작하면서, 일라이자는 젊은 아시아계 미국인 여성들의 자살에 대해 파고들기로 결심했다. 하지만 곧 자료 조사 과정에서 깊은 슬픔이 물밀듯 밀려들었다.

"감정적으로 무너져 내린 바람에 졸업 논문을 끝낼 수 없었어요."

일라이자가 고등학생이었을 때와 대학 신입생이었을 때 그녀에게 관심을 가져주고 챙겨준 스승들이 있었다. 졸업과 논문이라는 또 한 번의 중대한 고비 앞에서 이번에도 그녀는 자신을 도와줄 스승을 만났다.

"교수님은 그 시점에 제가 썼던 논문이 완성되지 않았음에도 논문을 받아주셨어요. 그래서 논문을 제출할 수 있었고, 그걸 바탕으로 연구를 계속할 수 있었죠. 대학에서 정한 요건을 충족하지 못했는데도 제 어려움을 헤아려주신 그 교수님이 계시지 않았다면, 저는 연구를 계속하지 못했을 겁니다."

일라이자의 이야기를 들으며 강력한 두 가지 요인이 더 분명해졌다. 첫 번째로 일라이자는 언니의 죽음을 개인의 비극으로 국한시켰을 때보다 사회적·정치적 맥락으로 더 크게 바라보았을 때 비로소 진정으로 받아들일 수 있었다고 했다. 즉 네프가 말했던 것처럼 일라이자가 언니의 죽음을 자기 연민의 세 가지 핵심 요소 중 '보통의 인간성'으로 이해하게 되자 '모범 소수 민족'이라는 관념이 자신의 가족에 닥친 비극에 얼마나 강력한 영향을 끼쳤는지 깨닫게 되었다. 미국 사회에는 아시아계 미국인들이 똑똑하고, 특히 수학에 능하다는 긍정적 고정관념이 있다. 이 고정관념은 외적 동기를 강화하는 요인이면서 동시에 내재적 동기를 약화시키는 요인이 되었고, 때로는 견디기 어려울 만큼 어마어마한 압박감을 주는 요인으로도 작용했다. 다른 많은 아시아계 미국인 가정처럼 일라이자의 부모도 무심코 이 같은 사회적 힘의 도구가 되어버린 것이다.

또한 일라이자는 언니가 자신의 외모를 혐오하게 하고, 서양인에 뿌리를 둔 일부 외적 기준에 자신을 맞추기 위해 성형 수술을 받게 만든 사회적 요인들이 무엇인지 파악했다.

"언니가 따라 하고 싶어 했던 미(美)의 기준은 백인 여성이었어요."

일라이자는 인터뷰했던 기자에게 이렇게 말했다. 이렇게 더 큰 맥락을 이해하게 되면서 그녀는 고통스러운 생각이나 감정에 과하게 몰입하거나 아예 억압하는 대신 인정하고 받아들이는 '마음챙김' 역시 실천할 수 있었다.

"아시아계 미국인 여성들이 자살하는 이면의 사회적 요인들을 공부하기 전까지 저는 무슨 일이 벌어지고 있는지 현실을 부정하고 있었어요."

일라이자가 내린 결론이었다.

배우는 것과 비판적으로 사고하는 것의 기쁨을 만끽하면서 일라이자는 오직 점수만 따려 했던 외적 동기를 극복해 냈다. 삶의 즐거움과 행복을 떨어뜨렸던 숨 막힐 듯한 압박감에서도 벗어날 수 있었다. 내면에서부터 시작되는 기쁨을 발견한 그녀는 그렇게 자기 자신과 화해했다. 그렇게 얻은 내면의 평화는 자기 자신뿐만 아니라 타인에게도 친절하게 대할 수 있는 힘이 되어주었다. 특정 분야에 국한하지 않고, 다양한 관점에서 얻은 인간 사회에 대한 이해를 통해 일라이자는 자기 인생의 힘든 순간들도 이해하고 대처해 나갈 수 있었다.

언니의 죽음으로 심한 정서적 위기를 겪고 한 학기 동안 대학을 쉬었던 일라이자였지만, 결국 다시 돌아와 우수한 성적으로 학위 과정을 마쳤다. 이제 그녀에게 학업적 성취는 크게 중요하지 않았다. 자신의 일에서 더 깊은 의미를 발견했고, 그 과정에서 더 많은 공감 능력과 자기 연민 능력을 얻었다.

"고등학생 땐 좋은 성적을 받는 게 목표였기 때문에 실패를 잘 받아들이지 못했어요. 실패하면 자신을 무척 책망했죠. 1등이 되는 데만 집중한 나머지 사실은 제가 질문하고 비판적으로 사고하는 데서 가장 큰 만족감을 느낀단 사실을 깨닫지 못했어요."

일라이자는 인정했다. 컬럼비아대학교에 입학 후 사고 패턴이 변화하며 실패를 대하는 태도도 달라졌다.

"전엔 항상 1등에 집착했어요. 하지만 이제 제겐 더 이상 배움이 성공과 실패를 가르는 기준이 아니에요. 배움은 과정이에요. 성공과 실패를 재단하는 시험이 아니라 계속해서 배우고 성장하는 게 배움이죠."

이러한 사고 패턴의 변화를 거쳐 일라이자는 캘리포니아대학교 버클리캠퍼스에서 공부를 이어갔다. 민족학 박사 학위를 받은 이후 그녀는 아시아계 미국인 여성들의 자살 연구에 관한 선구자가 되었다.

가난이 만든
최고의 성장 ————

덩컨 캠벨Duncan Campbell은 알코올의존증 부모 밑에서 자랐다. 3세가 되던 해 어느 날에는 부모를 찾으러 집을 나선 덩컨을, 경찰이 술집에서 발견하기도 했다.

"어렸을 때 원래 살던 집이 있었어요."

덩컨은 말했다. 하지만 그의 부모가 병에 걸리고, 아버지가 교도소에 입소하게 되면서 그의 가족은 원래 살던 곳을 떠나 오리건주 포틀랜드의 허름한 집으로 이사를 가야 했다. 그곳은 범죄율이 높았고, 저소득층 가정이 많은 지역이었다.

술에 취한 부모에게서 방치된 채 어린 시절을 외롭게 보낸 덩컨은 억지로 자신이 처한 곤경을 외면하기보다 주의 깊게 사고하는 능력을 포함해 자기 자신을 위로하는 방법을 스스로 습득했다.

"여덟아홉 살이 되었을 때 부모님처럼 살지 않겠다고 결심했어요. 그 후로 20년 동안 제가 했던 모든 일은 그 결심에서 비롯됐습니다."

덩컨은 이렇게 단언했다. 그의 이러한 선택과 다짐은 자신의 삶을 있는 그대로 직면하고, 균형을 유지하는 능력에서 비롯된 것이다. 덩컨은 삶의 어려움을 마음속 깊이 묻어두거나 일부러 억누르지 않았고, 그렇다고 해서 자신의 불행을 곱씹는 데 시간을 낭비하지도 않았다.

장차 백만장자이자 자선가가 될 그는 고등학교 미식축구팀에서 가장 작은 선수기도 했다. 하지만 외로웠던 시절 대부분을 남다른 호기심으로 세상에 대한 배움을 얻으며 자기 자신을 위로했다.

"덕분에 세상 물정엔 아주 밝았지만, 믿기 어려울 정도로 순진했어요. 워낙 작은 세상에서 혼자 놀다 보니 제가 뭘 모르는지조차 몰랐죠."

덩컨이 고백했다. 10세 때 그는 공공 도서관을 알게 됐고, 그곳에 있는 스포츠와 관련된 책을 모조리 읽었다. 길모퉁이에서 발견한 잡화점에서도 만화책과 스포츠 책을 사다 읽었다.

"제게 그렇게 하라고 시킨 사람은 아무도 없어요. 혼자 방치되는 것의 장점이죠."

퍼즐에 흠뻑 빠지기도 했던 그는, 혼자 있는 밤이면 옛날 영화를 틀어 놓고 바닥에 퍼질러 앉아 퍼즐 조각들을 맞추었다. 흡사 자신의 인생에서 마주하여 씨름하게 될 문제들이 무엇일지 예상해 보는 사람처럼 퍼즐을 만지작거렸다. 덩컨은 글자들을 이리저리 끼워 맞추어야 하는 십자말풀이도 좋아했다.

덩컨은 가난했다. 그래서 성장 과정에서 상당한 차별을 겪었고, 쓰라린 고통을 느꼈다. 편견에 시달린 아이는 때로 비슷한 편협함으로 자신이 당한 편견에 앙갚음한다. 이때 그 앙갚음 대상으로 자신보다 형편이 더 좋지 않은 아이가 표적이 되기 쉽다. 즉 불의를 겪는다고 해서 반드시

공정한 사회에 관심을 갖게 되는 것은 아니다. 하지만 덩컨은 달랐다. 아무도 그에게 인종차별이라는 사회의 추악한 이면을 가르쳐주지 않았기 때문일 수도 있다. 아니면 자기 연민 능력에 만족하며 앙갚음할 필요를 전혀 느끼지 못했기 때문일 수도 있다. 덩컨은 외롭고 고통스러운 시절을 거치며 다른 아이들이 차별을 극복할 수 있도록 돕고 싶다는 강한 욕망을 느꼈다. 그는 이렇게 설명했다.

"차별을 겪는 사람에겐 늘 크게 공감했어요. 저 역시 가난한 가정에서 자라 수없이 차별을 겪었으니까요."

덩컨에게는 자신의 부모처럼 되지 않겠다는 인생의 목적이 있었다.

"알코올의존증 환자를 부모로 둔 자녀가 성인이 된 후를 다룬 자료들을 보면 그들의 강점이 대부분 창의력과 임기응변 능력에 있다는 사실을 알게 됩니다. 부모 때문에 거리에서 이런저런 기술을 많이 터득하게 되거든요."

자기 삶의 문제를 개인적 맥락에서 한 발 떨어져 더 큰 맥락에서 보는 그의 능력은 이 말에서도 여지없이 드러났다. 덩컨은 창의적 과정의 기본 요소들을 활용해 어려웠던 시절을 극복했다. 그러고는 훗날 오리건대학교 법과대학에 입학하여 그 요소들을 더욱 가다듬어 나갔다.

"제게 창의성이란 기존 것들을 전에 없던 새로운 방식으로 재배열하는 겁니다."

덩컨은 창의성의 정의를 이렇게 요약했다. 그의 창의력은 어린 시절 배회하던 거리에서 처음 생겨났다. 선택지를 고려하고, 각 가능성을 탐색한 다음, 자신이 실행할 수 있는 것 중에서 취사선택해 행동에 옮기며 창의력이 발휘되기 시작했다. 그는 경험을 통해 할 수 없는 것보다 할 수 있는 것에 집중하는 법을 배웠다.

"많은 사람이 중도에 포기해 버립니다. 미처 뭔가 해보지도 못하고 말이죠."

사회는 덩컨에게 도서관, 학교, 거리 그리고 경제 호황 등을 일부 제공했지만, 그 자원을 활용할 방법은 덩컨 스스로가 찾아야 했다. 그는 집집마다 문을 두드렸다. 씨앗부터 잡지까지 온갖 물건을 팔며 용돈을 벌었다. 그는 동전까지 싹싹 긁어모아 스포츠와 퍼즐 관련 책을 샀다.

"어릴 때 용돈을 받아본 적이 한 번도 없어요. 알아서 돈을 벌 수밖에 없었죠."

공부도 열심히 했다. 뒤처지는 순간 재앙이 된다고 생각하며 다른 아이들을 따라잡으려 애썼다.

"제가 특별하지 않은 존재란 사실을 깨달았기 때문에 좋은 성적을 받아 특별한 사람이 되고 싶었어요. 학교를 배움에 대한 애정이나 지식, 창의성에 대한 열망과 연결해서 생각해 본 적은 없었어요. 그저 성적만 잘 받고 싶었죠."

고등학생 때 덩컨은 독일어 수업에서 단순 암기 능력을 발휘해 짧은 테스트마다 최고 성적을 받았다. 하지만 본 시험에서는 독일어를 제대로 습득해야 좋은 성적을 받을 수 있었고, 더 이상 임기응변식 암기 전략은 통하지 않았다. 결국 덩컨은 독일어 기말고사에서 D를 받았다.

그 외의 대부분 과목에서는 높은 점수를 받았지만, 그의 사고를 자극한 수업은 거의 없었다. 그러나 덩컨의 전략적 학습법은 점차 무너지고 있었다. 우연한 사건으로 그의 전략적 학습법이 완전히 무너지기도 했다. 고등학교 영어 수업이었다. 소설을 읽는 과제를 받은 덩컨은 가능한 한 가장 얇은 책을 구했다. 그때 책장에서 우연히 찾은 책이 미국의 소설가 존 스타인벡John Steinbeck의 『생쥐와 인간』이라는 소설이었다. 덩컨은 그때를 이렇게 회상했다.

"제가 읽은 책 중 처음으로 좋았던 책이었습니다. 그 뒤로 스타인벡의 작품은 모조리 읽었어요."

포틀랜드주립대학교와 오리건대학교를 거치며 덩컨은 자신의 전공이 문고본이었다고 웃으며 말했다. 덩컨은 이후로 잡화점이나 협동조합 매장에서 자신을 매료시키는 책을 찾아 계속 사서 읽었다. 하지만 배움에서 그의 사고를 자극하거나 동기를 부여하기란 여전히 어려웠다. 대학 1학년 작문 과목에서 덩컨은 근거들을 면밀하게 살피고 신중하게 추론한 다음, 결론을 도출하여 반대 의견에 방어하는 법을 배웠다. 그러한 '기술' 중 일부는 이미 거리에서 배웠지만, 자기 생각을 글로 표현하라는 요청을 받은 것은 그때가 처음이었다.

강의를 설계해 볼 기회도 있었다.

"선택 과목 하나를 학생이 직접 설계할 수 있었어요. 마침 상법을 가르치던 변호사님이 계셔서 한 가지 주제에 관한 책을 읽고 토론해도 되는지 물었죠. 변호사님이 그날 강의에서 읽을 책을 제안하면, 그 책을 읽고 한 시간가량 얘길 나누는 시간을 가졌어요. 대학생 때 수강했던 최고의 강의였어요."

그 후 덩컨은 로스쿨에 진학하고 나서야 비로소 비판적으로 사고하고,

선택지와 근거들을 평가한 다음, 그 추론 결과를 글로 쓰는 체계적 교육을 접할 수 있었다.

덩컨은 변호사 겸 공인 회계사가 되었다. 회계 법인에 취직한 그는 대개 세금 관련 업무를 담당했다. 그러다 목재 산업 투자 회사("아무도 하지 않았던 일이었죠")인 캠벨 그룹을 설립했고, 뉴욕증권거래소에 상장한 회사에 매각하며 수백만 달러를 벌어들였다. 그렇게 번 큰돈 덕분에 드디어 늘 꿈꾸던 일을 할 수 있게 되었다. 바로 차별당하는 가난한 아이들을 돕는 일이었다.

"정의에 대해 배우리라 생각하고 로스쿨에 진학했는데, 승소하는 법만 가르치더군요."

막대한 재원을 바탕으로 덩컨은 아이들이 빈곤이라는 무거운 짐을 극복할 수 있도록 돕는 단체들을 설립했고, 자금을 지원했다. 이 단체들은 훗날 미국에서 가장 성공한 빈곤 아동 구호단체들로 자리 잡았다. '유스리소스Youth Resources' '칠드런스코스Children's Course' '칠드런스인스티튜트Children's Institute' '프렌즈오브더칠드런Friends of the Children' 등 네 개의 단체를 설립한 덩컨은 빈곤 아동들의 문제를 개선하는 데 도움을 주었다. 그중 프렌즈오브더칠드런이 가장 탁월했는데, 이곳에서는 만 5~6세에서 고등학생까지 아이들과 함께하는 전문 멘토를 고용한다. 정규직으로 고용되는 멘토들은 저마다 여덟 명의 아이를 담당하게 되며, 각각의 아이들과 매주 최소 네 시간 정도를 함께 보낸다. 다양한 아이들을 돕는 다른 멘토링 프로그램들과 달리 프렌즈오브더칠드런은 가장 어려운 환경에 처한 아이들만을 대상으로 한다. 극빈층 가정에서 성장하며 심각한 정서적·

행동적 문제가 있는 아이들이다. 프렌즈오브더칠드런의 멘토링 프로그램은 경이로운 성공을 거두었다. 극빈층 가정에서 자란 아이들은 학교를 중퇴하거나 어린 시절부터 법적 문제를 일으키고, 10대에 이미 출산한 경우가 많다. 그러나 이 멘토링 프로그램에 참여한 아이들 대부분은 학교를 졸업했고, 법적 문제를 일으키지도 않았으며, 이른 나이에 부모가 되는 곤경도 겪지 않았다. 게다가 많은 아이가 대학에도 진학했다. 이 멘토링 프로그램을 창설한 공로로 덩컨은 로버트 우드 존슨 재단(국내에 '베이비 로션'으로 유명한 '존슨 앤드 존슨' 창업자가 설립한 재단-옮긴이)이 매년 난제를 해결하는 데 앞장선 사람에게 수여하는 '퍼포스상'을 받았다.[17]

덩컨의 어린 시절은 상처로 얼룩졌고, 그가 받은 교육은 덩컨이 진심으로 즐기기 어려웠던 형식적 교육뿐이었지만, 그는 이를 극복하고 창의적이고 생산적이면서 자기 연민을 제대로 실천하는 삶을 살았다. 그의 이러한 여정을 만들고 삶의 결과를 확정하는 데 도움을 준 것은 세 가지 개인적 요인이었다. 첫째, 그는 왕성한 호기심의 소유자였다. 덩컨은 "저는 항상 '호기심 많은 조지Curious George(미국 아동 도서 및 TV 시리즈 속 호기심 많은 원숭이 주인공-옮긴이)' 같았어요"라고 말했다. 그는 자신의 끝없는 호기심을 주로 동네 잡화점에서 산 문고본으로 채웠다. 책을 읽고 음악을 즐기며 삶을 체험했다. 대학 졸업 후에는 여행을 떠났다. 오리건주에서 출발해 LA, 동부에 있는 앨라배마주와 조지아주, 북부에 있는 뉴욕을 거쳐 유럽까지 갔다. 여행 중에는 이런저런 특이한 아르바이트도 했다. 둘째, 그는 자기 연민 능력을 익혀 삶의 고통을 완화하고 불안한 순간들을 치유했다. 셋째, 그는 폴 베이커 교수가 학생들에게 했던 조언을 따랐다.

'자기 삶에서 영감을 얻어라' '자신의 개성을 깨닫고, 남다른 조각들을 모아 다른 누구도 상상하지 못했던 걸 창조하라.'

"저와 같은 어린 시절을 보내는 사람이 앞으로 절대 없었으면 좋겠어요. 그래도 저는 제 어린 시절에 고마움을 느낍니다. 제가 좋아하는 일을 할 기회를 얻을 수 있었으니까요."

덩컨은 포틀랜드의 가장 가난한 지역의 거칠고 난폭한 거리에서 자기만의 창의적인 삶을 일구어냈다.

그는 로스쿨을 비롯해 자신이 받은 이런저런 교육을 통해 비판적 사고 능력을 벼릴 수 있었다. 하지만 그는 왜 정규 교육을 더 즐기지 못했을까? 그는 이렇게 말했다.

"아마도 전략적 학습법을 완전히 놓지 못했기 때문인 듯합니다."

그가 접한 교육 시스템 대부분은 학생의 성장을 돕기보다 학생을 평가하기에 급급했다. 수많은 학교에서 학생들은 끝없이 시험을 치르고 평가받는다. 교육의 존재 목적이 학생의 재능을 육성하는 것이 아니라 학생을 걸러내는 것인 양 평가에 목맨다. 덩컨을 비롯해 우리가 인터뷰했던 다른 사람들이 성공했던 이유는 궁극적으로 창의적 성장으로 가는 자신만의 길을 찾아냈기 때문이다. 덩컨은 나이가 들어서도 하버드대학교에서 강의를 수강했다. 학점이나 점수에 연연하지 않고 그저 배움의 기회를 얻기 위해서였다.

"그 경험은 즐거웠어요. 절 쓸모없는 노인네 취급하지 않더라고요."

그가 환하게 웃으며 말했다.

교실 밖에서 찾은
삶의 목표 ────────

동남아시아 말레이반도 남단에 있는 도시국가 싱가포르는 예순세 개의 섬으로 이루어져 있다. 메이시 응Meixi Ng 은 아시아와 세계의 여러 문화가 공존하며 번영을 구가하던 이 용광로 같은 나라에서 살았다. 다양한 언어를 사용하는 환경에서 그녀는 영어와 표준 중국어 외에도 중국어 방언 한 가지를 더 배웠다. 그뿐만 아니라 메이시는 태국어도 할 줄 알았고, 나중에는 스페인어와 프랑스어도 배웠다. 메이시가 아주 어렸을 때 그녀의 아버지는 노스웨스턴대학교에서 커뮤니케이션학 박사 학위 과정을 밟았다. 3년 동안 그녀의 가족은 노스웨스턴대학교가 있는 일리노이주 에번스턴에서 살았다. 싱가포르로 귀국한 뒤 아버지는 가족 상담과 리더십 개발 관련 일을 했다.

10세가 된 메이시는 체조를 시작했다. 대회에 출전하기 위해 하루 서너 시간씩 훈련했다. 그러나 고등학생 때 넘어져 허리를 다치는 바람에 체조를 그만두게 되었다.

"그 덕분에 다른 분야를 공부할 기회가 생겼죠."

메이시는 미소를 지으며 이때를 회고했다. 그녀가 섬으로 이루어진 도시국가에서 성장하는 동안 아버지는 친구들과 '이글스'라고 이름 붙인 모임에 나갔다. 자녀들끼리도 서로 교류하며 지냈다. 기독교 신앙을 근간으로 만들어진 이 희한한 이름의 모임은 '서로를 지원하고 지지한다'는 공동의 비전에 맞추어 헌신과 겸허함을 강조했다.

"저는 동료애로 똘똘 뭉친 사람들 속에서 지냈어요. 저희는 언제나 함께였죠. 모든 일상이 그 단체를 중심으로 돌아갔어요."

그들은 서로를 아꼈고, 공동체와 더 넓은 세상에서 정의를 추구하는 법을 배웠다. 어른들이 늘 강조했던 덕목이기도 했다.

"저희는 타인에 대한 책임감도 아주 강했어요."

메이시의 기억이다.

메이시가 11세가 되었을 때 그녀의 어머니는 메이시와 남동생을 인도의 어느 빈민가로 보내 형편이 어려운 사람들을 돕게 했다. 이듬해 그녀는 미얀마에서 같은 일을 했다.

"저는 운이 좋은 사람이었고, 다른 사람들은 얼마나 불공평한 세상에서 사는지 알게 됐어요."

두 번의 경험으로 메이시는 깊은 인상을 받았다. 하지만 불의를 목격하는 일은 거기에서 끝나지 않았다. 고등학생 때 메이시는 이글스 친구들과 태국에 갔다. 태국 학교에 입학한 뒤 같은 반의 한 소녀와도 절친한 친구가 되었다. 다라는 이름을 가진 소녀였다.

"저흰 둘도 없는 친구였어요. 학교를 정말 좋아했고, 공부하는 것도 좋아했죠. 그런데 어느 날 다의 어머니가 돈이 필요하다며 다를 신부로 팔아버렸어요. 겨우 열여섯 살이었는데 말예요. 저는 친구를 되찾기 위해 돈을 마련하려 했지만, 실패했어요."

이 충격적 사건은 분노에서 우울까지 메이시에게 수많은 감정을 느끼게 했다. 그녀의 내면에는 현장에서 발생하는 수많은 사회 문제를 해결하기 위해 발 벗고 나서야겠다는 맹렬한 투지가 불타올랐다.

"가슴 아픈 경험이었어요. 그 사건을 계기로 사회적 불의와 불평등이 제 문제인 것처럼 뼈저리게 느껴졌죠."

한 인터뷰에서 메이시는 "다에게 발생한 일이 항상 마음에 걸렸어요"라고 말했다. 친구의 기구한 운명에 충격받은 메이시는 노스웨스턴대학교에 진학했다. 교육학과 국제학을 전공으로, 커뮤니케이션학과 장애 연구에 관한 학문을 부전공으로 선택했다. 고등학생 때는 늘 중간 정도의 성적이었지만, 목적이 분명해지자 대학생 때는 늘 상위권에 올랐다.

"저는 타고나길 머리가 좋은 쪽은 아닌 거 같아요. 하지만 노력은 열심히 하는 편이죠."

여기서 더 중요한 것은, 메이시가 자신이 공부하는 모든 내용을 깊이 있게 살피며 새롭게 떠오르는 아이디어를 실천할 방법을 모색했다는 것이다. 메이시는 일을 계획하고, 실행에 옮기는 법을 배웠다. 이미 그녀는 고등학생 때 청년들이 개인적 문제를 해결할 방안을 논의하는 대규모 콘퍼런스를 진행한 적이 있고, '전 세계 청년 운동을 통한 인간의 존엄성 회복과 보호'를 기치로 내세우며 동남아시아 전역에서 활동하는 '앰버 이니셔티브Amber Initiative'라는 국제단체를 공동으로 설립하기도 했다. 이 단체는 싱가포르에 사는 불우하고 소외된 청년들을 위한 멘토링 프로그램을 만들고, 인도 콜카타의 홍등가에 사는 어린이들을 위한 미술 대회를 개최하는 등 여러 활동을 펼쳤다.[18] 앰버이니셔티브는 전 세계로 교육 기회를 넓혀 인신매매를 근절하고자 노력했다.

에번스턴에 도착하자마자 메이시는 국제연구협회를 공동으로 설립했다. 그리고 협회에서 노스웨스턴대학교 버전의 월드컵을 개최했다. 메이시의 월드컵은 노스웨스턴대학교에서 '학생이 주최한' 최대 규모의 체육대회로 발전했다. 모두 스포츠를 통해 다양한 문화 간 다리를 놓고, 캠퍼스의 풍부한 다양성을 알렸다. 그녀는 일주일에 한 번 초등학생들에게 개인 교습을 해주었고, 스페셜 올림픽(지적 장애가 있는 어린이와 성인이 참여하는 국제 스포츠 대회 - 옮긴이)에 출전하는 수영 선수들을 코치했다. 나아가 공동체 의식과 참여 의식을 대학 교과 과정에 통합하기 위해 애썼다.

"시민 참여가 노스웨스턴대학교 재학생 모두가 공유하는 가치관이 되면 정말 좋겠습니다."

어느 학생 기자와 인터뷰하며 그녀는 이렇게 강조했다. 메이시는 다른 학생들과 함께 노스웨스턴 참여 연합도 설립했다. 시민 참여와 관련해 수많은 단체의 행사와 협업을 조율해 주는 조직이었다. 메이시가 새로 설립한 연합은 편지 쓰기 캠페인을 벌여서 대학 교과 과정 활동 전반에 시민 참여를 독려했고, 나아가 전 세계가 참여할 수 있도록 도와줄 새로운 총장을 선발하도록 대학을 설득하는 일에 매진했다.

이 모든 활동을 하면서도 메이시의 마음속에는 가장 중요한 목표가 있었다. 그녀를 공부하게 만든 원동력이기도 했다. 바로 전 세계의 교육 기회를 향상시키는 일이었다. 대학 3학년 때 메이시는 서컴내비게이터 클럽 재단의 세계 일주 연구 장학금을 지원받아 전 세계를 돌아다니며 소외된 지역의 학교들을 방문했다.

"성공한 사례들을 살펴보며 제가 뭘 해야 할지 더 배우고 싶었어요."

메이시는 강의실이나 강의 하나에 국한되지 않는 더 고귀한 목표를 이루기 위해 스스로 자신의 교육 의제를 설정했다.

작은 세상을 넓혀준
공감의 힘 —————

레이나 그란데Reyna Grande의 아버지는 레이나가 2세였을 때 일자리를 찾아 미국에 갔다. 많은 멕시코 남성처럼 고향에서의 숨 막히는 가난을 견딜 수 없었던 레이나의 아버지는 더 나은 삶을 위해 북쪽으로 향한 것이다.

"저희 마을은 자주 침수됐어요. 불어난 물과 둥둥 떠다니는 동물 사체들을 피해서 작은 오두막 지붕 위로 피신해야 했죠."

레이나는 이렇게 회고했다.

아버지는 충분히 돈을 벌면 집으로 돌아오겠다고 했지만, 결국 돌아오지 않았다. 대신 멕시코 이민자들에게 낮은 임금을 주며 유지하던 미국 경제의 톱니바퀴 중 하나가 되었다. 저임금 일자리라도 갈급했던 이민자들은 제대로 된 이민 서류를 갖추지 못했기 때문에 미국 정부가 언제 추방 명령을 내릴지 몰라 늘 두려움에 시달렸다. 레이나의 아버지는 손재주가 좋아 배관과 전기 관련 일을 할 수 있었고, 덕분에 어느 요양 병원에서 관리인으로 1년에 1만 5000달러를 받으며 일할 수 있었다.

4년 후 아버지는 어머니를 미국으로 불렀다. 하지만 레이나와 언니, 오빠는 할머니와 함께 멕시코에 남았다. 여전히 정식 이민 서류를 갖추지 못했기 때문에 레이나의 부모는 자식들이 국경에서 체포될까 봐 두려웠던 것이다.

"아버지가 미국에 간 지 8년이 지나서야 다시 만날 수 있었어요."

레이나가 10세가 되던 해, 아버지는 세 남매를 데리러 왔다. 함께 국경을 넘었지만, 그때 이미 레이나의 부모가 이혼 후 각자 재혼 가정을 꾸린 상태였다.

"조금 슬펐죠. 멕시코에서 같이 살 때처럼 살 수 없었으니까요."

세 남매는 아버지의 재혼 가정에 들어갔고, 어머니와는 한 달에 한 번밖에 만나지 못했다.

레이나는 학교에 입학할 당시 영어를 하지 못했다. 그래서 구석에서 일일이 통역을 들어야 했다.

"반 친구들과 어울리지 못해 정말 힘들었어요."

세월이 한참 지난 뒤 그녀가 고백했다. 레이나가 영어를 익힌 방법은 책을 많이 읽는 것 그리고 중학생 때 외국어로 영어를 배우는 것이었다.

아버지는 세 남매에게 좋은 성적을 강요했다.

"성적이 나쁘면 멕시코로 돌려보내겠다고 끊임없이 협박했어요. 아버지는 만족하는 법을 몰랐고, 한 번만 지각해도 무섭게 화를 냈죠."

아버지는 못 배운 사람은 미국에서 성공할 수 없다고 누누이 말했지만, 음악과 미술같이 창작에 관심이 많았던 레이나는 중학생 때 밴드부에 가입했다. 학교에 있는 거의 모든 악기를 연주해 보려고 했다.

"트롬본, 클라리넷, 트럼펫, 그 외 거의 모든 악기를 집에 가져왔죠."

미술 수업 때는 '월트 디즈니'에 취업해 애니메이터가 되면 어떨지 생각해 보기도 했다. 레이나는 매주 도서관에 가서 새 책이 들어왔는지 알아보고, 청소년 분야 서가에 있는 책을 두루 훑어보았다.

"파란 눈과 금발 머리를 가진 쌍둥이에 관한 책이 많았어요. 깊이 있는 내용을 가진 책도 별로 없었지만, 독서 방법을 지도해 주는 선생님도 없어서 대학에 진학하기 전까진 이렇다 할 문학작품을 접한 적이 없었죠."

그녀는 이렇게 기억을 떠올렸다.

아버지는 요양 병원에서 일하며 벌어들인 소득으로 가족을 부양했지만, 자식들이 자라면서 형편이 어려워졌다. 언니와 오빠가 대학에 진학할 때가 되자 아버지는 대출까지 받아 진학시켰지만, 둘 다 1년도 안 되어 중퇴했다. 막내 레이나의 차례가 되자 돈도 인내심도 모두 바닥난 아버지는 스스로 학비를 마련하라고 말했다. 레이나는 캘리포니아대학교에 미술 관련 전공으로 합격했지만, 아버지는 보내주지 않았다.

대학에 입학하지 못한 레이나는 이듬해 1월, 패서디나대학에 입학했다. 하지만 집에서의 생활은 점점 더 힘들어졌다. 알코올의존증이 심해진 아버지는 툭하면 자식들을 때렸다. 막내인 레이나가 가장 큰 피해를 겪었다.

"새어머니까지 때리진 않으셨는데, 어느 날 새어머니가 심하게 맞아 병원에 실려 갔어요."

그날 아버지는 경찰에 체포되었다.

세월이 흘러 그날의 충격적 사건을 고백하며 레이나는 그때 느낀 깊은 절망감을 떠올렸다.

"두렵고 외로웠어요. 그래서 누군가에게 털어놔야 했어요."

레이나는 다이애나 사바스Diana Savas 교수를 찾아갔다. 사바스 교수는 오벌린대학에서 불문학을 전공한 뒤 캘리포니아대학교 로스앤젤레스캠퍼스UCLA에서 응용언어학으로 박사 학위를 받았다. 사바스 교수가 했던 공부 중 이러한 순간에 잘 대응하도록 도움을 준 공부는 없었다. 하지만 레이나의 이야기를 듣고, 사바스 교수는 간단히 대꾸했다.

"그럼 나와 함께 사는 건 어떻겠니?"

사바스 교수의 이 한마디는 레이나의 인생을 바꾸었다.

"사바스 교수님은 불안정한 상황에 놓인 저를 구원해 새집을 선사해 주신 거예요."

새로운 환경에 놓인 레이나는 쑥쑥 성장했다. 사바스 교수는 이미 강의에서 본 레이나의 글에 감탄하고 있었던지라 그녀에게 작가가 되어 다른 학교로 편입하라고 조언했다.

"가족과도 거리를 두는 편이 좋겠구나."

이 역시 사바스 교수의 조언이었다.

시련을 겪으며 레이나의 자기 연민 능력은 집중적으로 길러졌다.

"저는 이중인격자였어요. 항상 겁에 질려 있었고, 우울했고, 자존감도 낮았지만, 또 다른 저는 아주 강한 인물을 창조하고 제게 다 괜찮아질 거라고 말하게 시켰어요."

훗날 문학상을 수상한 레이나가 직접 소설 속 인물들을 창조한 것처럼, 레이나의 또 다른 자아는 그녀의 상상 속 산물인 동시에 창작 욕구와 무언가 이룰 수 있다는 신념이 만든 결과물이기도 했다.

"현재를 생각할 필요가 없도록 미래만 바라봤어요. 이렇게 살지 않을 거라고, 그러니 여기서 멈추면 안 된다고 늘 제 자신을 독려했죠."

레이나는 자신의 성장 역량을 강력히 믿었고, 그 자신감은 그녀의 의지와 창작 욕구와 결합하여 의욕을 더 북돋아 주었다.

"언니와 오빠는 대학을 중퇴했지만, 저는 중퇴하고 싶지 않았어요."

사바스 교수는 레이나가 자신의 인생 경험을 토대로 작가가 될 수 있다는 꿈을 가지는 데 큰 역할을 했다.

"책은 백인들만 쓰는 거라 생각했어요."

그러나 사바스 교수 덕분에 레이나의 생각도 바뀌었다. 영문학 강의에서 『미국 다시 읽기Rereading America』라는 책을 공부하며 그에 대응하는 글을 썼고, 다양한 문화적 풍경을 발견했다. 그 풍경들은 레이나가 어린 시절 도서관에서 읽은 책들과 다양한 문화가 그녀에게 만들었던 통념을 깨부수어 주었다. 사바스 교수는 레이나에게 산드라 시스네로스Sandra Cisneros의 『망고 스트리트』 같은 라틴계 여성 작가들의 소설을 읽어보라고 제안했다. 특히 시스네로스는 시카고와 멕시코에서 살았던 자신의 독특한 경험을 문학적 보물로 변모시킨 작가였다. 레이나는 자신의 인생사도 글감이 될 수 있겠다는 생각을 품기 시작했다.

사바스 교수의 강의에서 레이나는 비문학 글을 쓰는 법을 배웠고, 비판적으로 사고하는 습관을 키우는 동시에 부단히 자문했다. '어떤 근거를 바탕으로 어떤 결론을 내려야 할까?' '이 결정을 내리면 직면하게 되는 문제는 뭘까?' '내 논리를 어떻게 입증하고 뒷받침해야 할까?' 이러한 습관은 훗날 레이나에게 큰 도움이 되었다.

"과제를 할 땐 어떤 게 제가 주장하고 싶은 의견과 그를 뒷받침할 근거가 될 수 있을지 며칠이고 고심했어요. 덕분에 글을 쓰려고 책상 앞에 앉으면 글이 술술 풀렸죠."

사바스 교수는 레이나가 집에서 여섯 시간 거리에 있는 캘리포니아대학교 산타크루즈캠퍼스에 장학생으로 편입할 수 있도록 도와주었다.

"LA에선 갱들이 판치는 험악한 동네에 살았어요. 하지만 산타크루즈에선 아름다운 대학 캠퍼스의 기숙사에서 지낼 수 있고, 기숙사 방을 나와도 고함을 치거나 때리는 사람이 없단 걸 아니까 정서적으로도 안정될 수 있었죠."

레이나는 패서디나대학에서 다양한 분야를 공부했다. 그 결과 물리학과 생물학에서 A를 받았다. 셰익스피어에 열광하는 이유를 알고 싶다는 단순한 호기심에 셰익스피어와 관련된 강의도 수강했다. 그 강의에서 셰익스피어가 구사했던 엘리자베스 1세 시대의 영국 영어를 가장 잘 이해했던 사람은 레이나였다. 좋은 환경을 벗 삼아 레이나는 계속 성장했다. 캘리포니아대학교에서도 영화학과 문예창작학을 전공했고, 인류학 강의를 수강하며, 춤을 즐겼고, 색소폰을 연주했다. 정원 가꾸기를 좋아했던 레이나는 비료에 대해 알고 싶어 식물학 강의를 수강하기도 했다. 다른 문화를 탐구하기 위해 중국문학을 공부했고, 모국어 감각을 새롭게 익히기 위해 스페인어 강의도 수강했다. 수학 과목에서는 고전을 면치 못했고, 연대와 날짜만 암기하던 역사 과목 역시 지루했다. 하지만 역사소설들을 계속 탐독했고, 문학 강의에서 배운 역사에 빠져들었다.

"관심사는 무척 많았지만, 과하게 몰두하지 않도록 조심했어요."

실제로 레이나의 학구열은 어찌할 도리가 없이 커졌고, 대학 3학년이 되어서야 서문학 교수의 조언에 따라 글쓰기에 집중하기 시작했다.

레이나는 즐거움을 위해 그리고 아픈 과거의 상처를 치유하기 위해 글을 썼다. 대학 4학년이 되어 졸업 과제로 회고록을 썼는데, 막상 써보니 꽤 고통스러운 작업이었다. 하지만 회고록을 소설로 바꾸면 이야기가 상상력과 감정을 자유롭게 해방시킨다는 사실을 발견했다. 멕시코에 남겨졌던 한 소녀의 인생을 탐구하며 신예 소설가는 자신이 몇 년 전 겪은 사건들을 비틀고 바꾸었다. 레이나는 자신이 창조한 소설 속 허구의 삶에서 자신의 삶을 자유자재로 가지고 놀았다.

"저와 비슷한 캐릭터를 만드는 일이 더 쉬웠어요. 글쓰기가 힘들어지면 '저건 내가 아니라 소설 속 캐릭터야'라고 생각하면 됐죠."

레이나는 소설을 쓰며 등장인물들에게 공감하는 법을 배웠고, 그 능력을 실제 자기 삶에도 적용했다.

"저는 작가로서 캐릭터의 동기를 파악해야 했기 때문에 타인을 '인생'이란 이야기에 등장하는 캐릭터로 바라보게 됐어요. 누군가 실수하면 그가 뭐 때문에 그렇게 행동했는지 동기를 살피는 거죠."

레이나는 글쓰기 덕에 자기 자신을 이해하는 능력까지 갖추게 되었다. 더 이상 자기 삶을 거부하지 않았고, 다른 방식으로 활용할 수 있는 힘을 키울 수 있었다. 깊은 비극적 경험이 그녀의 인생을 관통하고 있었기에 레이나 또한 심각한 우울증이나 절망에 빠져 자기 문제에 집착하거나 그 비극적 경험에 책임이 있는 사람들을 모조리 증오할 수도 있었다. 그러한 길로 빠졌다면 레이나는 아마 한 걸음도 앞으로 나아갈 수 없었을 것이다. 그러나 그녀는 공감, 자기 연민, 자기 성찰, 성장 지향적 태도 그리고 타인의 동기를 이해하는 습관을 통해 내면에 존재하는 '정신의 역동적 힘'을 발견했다. 그 힘을 더욱 키워 창의적이고 풍성한 삶을 일구었다.

우리는 레이나를 포함해 우리가 만난 사람들이 성공할 수 있었던 이유가 전적으로 그들의 공이라거나 인간에게 닥치는 가장 터무니없는 불의들을 극복할 힘이 누구에게나 있기 때문이라고 말하려는 것이 아니다. 다만 나는 레이나를 비롯해 그들이 지극히 음울하고 억압적인 환경에서도 충분히 대처할 수 있는 힘을 만들어준 그들의 태도와 가치관, 실천 방법을 알고자 했다. 물론 그들에게 어느 정도 운이 따랐다는 사실도 부정하면 안 된다. 레이나는 적절한 순간에 사려 깊은 스승을 만났고, 대학 교육 시스템이 제공하는 광범위한 기회와 지원이라는 혜택을 누렸다. 게다가 알코올의존증으로 폭력을 행사하게 된 아버지조차 처음에는 더 나은 기회가 있는 땅으로 자녀들을 데려와 더 많이 배우라고 끊임없이 독려했다.

레이나가 살았던 시절에는 기회와 절망이 공존했다. 그녀는 100년도 더 전에 발발한 전쟁으로 그어진 국경선 너머에서 태어났다. 국경선은 가족과 함께 살고 싶어 했던 소녀의 소망을 꺾는 장벽이었다. 하지만 아버지가 법을 어기며 딸을 미국에 데려오고 난 1년 후 미국 의회의 다수당이었던 민주당과 공화당 출신 대통령은 불법 이민자 300만 명에게 합법적으로 이민자 신분을 취득할 기회를 제공했다. 그래서 레이나와 그녀의 가족은 영주권을 받았다. 그 순간부터 추방에 대한 두려움 없이 미국에서 살 수 있었다. 만일 레이나가 그때보다 10년만 더 늦게 태어났더라도 그녀의 삶은 전혀 다른 방향으로 흘러갔을지도 모른다.

나는 레이나의 이야기를 들으면서 갑자기 거의 15년 전 목격했던 한 사건이 떠올랐다. 어느 날 아침, 사무실에 도착했는데 경찰차들이 내 사무실 건물 옆 골목에 주차된 낡은 픽업트럭을 에워싸고 있었다. 조각상처럼 잘생긴 갈색 피부의 한 남성이 운전석에 무표정한 얼굴로 앉아 있었다. 걸친 옷과 거친 피부로 보아 뙤약볕 아래서 고된 노동을 해왔음을 알 수 있었다. 뒷좌석에는 10대로 보이는 아들이 주먹으로 의자를 때리며 엉엉 울고 있었고, 어머니로 보이는 여성은 우는 아들을 껴안고 달래려 애쓰고 있었다. 경관이 내게 스페인어를 할 줄 아냐고 물었다.

"영어를 한마디도 안 하려고 하네요."

남성이 무슨 죄를 지었는지 물었더니 경관의 답이 돌아왔다.

"골목길에서 사람들이 버린 물건을 줍는 걸 봤는데, 아마 불법 이민자 같습니다."

"그럼 저 사람들은 어떻게 되나요?"

내가 다시 물었다.

"얼마간 감방에 있다가 멕시코로 송환될 겁니다. 가족 전부 다요. 애가 저렇게 화를 내는 것도 그 때문이죠."

레이나는 캘리포니아대학교를 졸업한 후 안티오크대학교 대학원에서 문예창작학으로 석사 학위를 받았다. 그리고 3년 후 첫 자전적 소설 『일백 개의 산을 넘어』를 발표했다. "이민, 상실, 발견에 관한 아름답고 가슴 저린 이야기"라는 평단의 극찬을 받은 이 작품은 '프레미오 아스틀란 문학상'을 비롯해 수많은 상을 받았다. 다시 3년이 지나 레이나는 '포클로리코Folklórico'라는 멕시코 전통 춤에 대한 경험을 바탕으로 두 번째 소설 『나비와 함께 춤을Dancing with Butterflies』을 발표했고, 또 한 번 평단의 갈채를 받았다.

7장

나는 무엇으로
세상과 연결되는가

9월의 어느 무더운 오후, 400명이나 되는 학생들이 작은 강당형 강의실로 몰려 들어왔다. 그들은 거대한 말굽처럼 구부러진 모양의 긴 책상 줄에서 자신이 앉을 자리를 찾았다. 강의실은 학생들이 말하는 소리로 가득 찼고, 학생들은 자기 주변의 소음과 경쟁이라도 하듯 점점 더 크게 떠들어댔다.

몇 분 뒤 흰색 운동화를 신고 갈색 바지와 파란색 셔츠를 입은 키 크고 마른 남성이 들어와 강단에 섰다. 학생들은 대부분 이 남성의 정수리가 보일 만한 위치에 앉아 있었다. 그는 클립으로 옷깃에 작은 마이크를 고정하고는 목청을 가다듬었다.

"강의실이 덥군요."

학생들이 떠드는 소리 탓에 남성은 거의 고함을 치다시피 말했다.

"그래도 할 일은 해야죠."

학생들이 말을 멈추자, 그가 말을 이어갔다.

"이 강의는 '역사 112'란 강의고, 여러분은 이 강의가 필수 과목이라 여기 있는 거 같군요. 사실은 그렇지 않습니다."

남성은 강단 뒤쪽에서 앞쪽으로 나와 학생들이 앉아 있는 곳의 뒤쪽을 바라보며 말했다.

학생들이 고개를 갸웃대며 믿을 수 없다는 듯 수군대는 통에 강의실이 다시 소란해졌다.

"잠깐만요."

그는 마치 달려오는 자동차를 막듯 두 손을 앞으로 내밀며 재빨리 덧붙였다.

"이 강의는 대학 교양 교육 과정의 일환으로 마련된 강의지만, 이런 배움을 여러분에게 강요하는 사람은 이 세상에 아무도 없습니다. 이 강의를 수강하지 않는다고 해서 광장에 끌려 나가 매질을 당하진 않습니다. 또한 여러분을 감방에 가두거나 벌금을 매기지도 않을 겁니다. 뭘 배우고 공부할지 결정할 책임은 여러분에게 있습니다."

학생들이 귀 기울이는 동안 그는 계속 말을 이어나갔다.

"이 강의를 정말 수강하고 싶은지 여러분 스스로 고민해 보기 바랍니다. 이 강의의 아름다움과 효용성을 따져보고, 여러분 자신에게 적합한 강의인지 결정할 수 있었으면 합니다."

강의실 안은 고요해졌고, 마침내 에어컨에서 살살 부는 미풍이 강의실을 맴돌 수 있게 되었다.

교수는 단 몇 분 만에 학생들에게 교양 교육의 간략한 역사를 쭉 훑어주었다. '교양liberal'이라는 단어는 '자유'를 뜻하는 라틴어 'liber'에서 유래했으며, 고대의 교양 교육은 노예가 아닌 자유민의 아이들이 받는 학교 교육이었다고 설명했다. 또한 현대의 교양 교육은 학생들이 과학에서 인문학까지 다양한 분야를 탐구하며, 중요한 문제에 깊이 있게 접근하는 법을 배우는 것이라고 했다.

설명을 마친 교수는 학생들에게 조금 기묘한 과제를 내주었다.

"오늘 저녁, 여러분이 집이나 기숙사로 돌아가게 되면 내가 정말 이런 교육을 받고 싶었던 건지 결정하길 바랍니다. 방 안의 사람들을 모두 내보낸 다음 최소한 30분가량 어둠 속에 혼자 앉아 자문해 보세요. '내가 정말 교양 교육을 받고 싶은 게 맞나?'라고 말이죠. 만일 맞다면 다음 주 수요일, 강의실에 와서 일생일대의 경험을 할 준비를 하십시오. 하지만 그렇지 않다면 여러분은 어떻게 해야 할지 알 겁니다. 이 대학에 다니고 싶은 생각이 사실 없는 겁니다. 다른 길을 준비해야 하는 거죠."

이후 이 강의를 취소한 학생은 단 한 명도 없었다.

호기심,
인간이 가진 특별한 능력 ————

지금 같았으면 많은 학생이 이 교수의 연설을 무시했을 것이다. 요즘 학생들은 대개 전문성이 특화되는 세상에서 성공하기 위해서는 한 분야의 전문가가 되어야 하고, 다른 모든 분야를 포기해야 한다고 생각하기 때문이다. 의사, 배관공, CEO, 정원사, 회계사, 컴퓨터 엔지니어 등 전문직

종사자가 되기 위해 공부한다. 그들은 종래의 대학에서 필수로 수강해야 하는 많은 일반 교양 과목의 필요성을 이해하지 못한다. 교양 교육은 아직 전공을 정하지 않았을 때 수강해야 하는 과목들에 불과할 뿐이다. 그래서 교양 과목은 빨리 해치워야 하는 과목 취급을 받으며, 교수들 또한 교양 과목은 얼른 체크해서 이수해 버려야 하는 애물단지로 취급한다. 이 같은 고정관념이 극단적으로 뻗어나가면 학생들에게 학교는 더 이상 창의성, 비판적 사고, 자기 연민 능력, 관심사와 의식을 갖춘 인간으로 성장하도록 돕는 곳이 아니게 된다. 그저 적당한 자격증과 학위를 취득하기 위해 존재하는 기관에 불과하다.

사실 학생뿐만 아니라 교수나 학장 중에서도 일반 교양 과목을 왜 이수해야 하는지 이해하지 못하는 사람이 많다.[1] 교양 교육의 전통이 무엇인지에 대한 명확한 개념이 거의 없으며, 그저 '전인격全人格을 갖춘 교육이 학생에게도 좋다'는 막연한 느낌만 있을 뿐이다.[2] 하지만 이것도 지금은 매력 없는 구시대적 사고일 뿐이다. '맥가이버 칼'이 필요한 세상에서 공 따위나 되려고 하는 사람이 누가 있을까? 점점 더 복잡해지는 문제들을 해결하려면 이런저런 유용한 쓸모를 갖춘 맥가이버 칼 정도는 되어야 한다.

얼마 전 나는 워싱턴 D.C.의 정책 입안자들을 만났다. 그들 역시 취업 준비 이외의 교육에 도대체 무슨 가치가 있는지 이해하지 못했다. 그들은 돈벌이가 되는 훈련에 집중하지 않는 대학 교육은 무의미하다고 일축했다.

그러나 현대사회에서 가장 창의적이고 생산적인 사람들은 이 같은 경향을 좇지 않았다. 오히려 역행했다. 그들은 일반 교양 과목에서 큰 가치를 발견했다. 팔방미인이라고 해서 잘하는 것이 하나도 없는 비전문가가 되지는 않았다. 그들은 이 분야에서 저 분야로 계속해서 떠도느라 한 분야에 정착하지 못해 결국 변화를 만들지 못한 피상적 학습자들이 아니었다. 하버드대학교의 어느 교수는 이렇게 지적했다.

"우리 대학에 오는 많은 학생을 보면 이런저런 활동을 지나치게 많이 합니다."

우리가 연구했던 창의적이고 생산적인 사람들은 그러한 하버드대학교 학생들과는 달랐다. 그들은 다양한 활동 분야에서 힘들고 어려운 선택을 내리는 법을 배웠다. 그렇게 할 수 있었던 이유는 그들이 교양 교육과 자신이 선택할 분야 사이의 연관성을 보는 데 도움을 얻을 수 있도록 **폭넓게 배웠기** 때문이다. 우리는 레이나 그란데를 비롯한 다른 사람들의 이야기를 통해 그들이 이러한 능력을 갖고 있음을 확인했다. 앞으로도 반복해서 확인하게 될 것이다. 그들이 어떻게 그토록 창의적이고 생산적인 삶을 일굴 수 있었는지 그 방법을 알고 내 삶에 적용하기 위해서는 그들이 한두 분야를 선택해 파고들기 전에 왜 '폭넓은 배움'을 중시했는지부터 알아야 한다.

창의성을 발휘하는 과정에서 가장 중요한 것은 좋은 아이디어를 알아보는 능력이다. 이 능력에는 아주 심오한 의미가 있다. 타인의 아이디어와 성과를 양분 삼아 내가 성장하려면, 그 산물을 만나야 한다. 그래서 예술·과학·수학·철학·역사 등에서 발견되는 '위대한 정신의 산물'을 탐구해야 하며, 광범위한 주제와 분야를 탐구하는 데도 흥미를 느껴야 한다. 그렇게 되면 결국 사상과 학문의 세계는 내 것이 되어 무한한 가능성을 열 수 있다. 무한한 세계까지는 아니더라도 최소한 역사 전반에 걸쳐 쌓아온 인류의 노력과 성취로 넓어진 세계만큼은 열린다.

창의성이 사회에 이롭다고 말할 수 있지만, 우리가 인터뷰했던 인물들이 창의성을 중시했던 이유가 사회에 이롭기 때문만은 아니었다. 창의성이 근본적인 인간의 욕구를 충족시키는 데 도움이 되었기 때문이다. 창의력은 그들의 삶을 더 풍요롭고 튼튼하게 만들어주었다. 미국의 철학자 리처드 테일러Richard Taylor도 『덕 윤리학Virtue Ethics』에서 비슷한 이야기를 했다. 인간은 특별한 지능을 갖고 있기에 창의력을 키워야만 행복한 인생을 살 수 있다고 말이다. 그는 창의력이야말로 우리가 다른 종들과 구별되는 다른 점이라고 말했다.[3] 또한 창의성이 분야를 막론하고 발휘될 수 있다고 믿었는데, 창의성을 무엇인가 만들어내는 것이라고 좁게 해석하는 경향이 있으며, 때로는 창의성이 예술에만 해당되는 것으로 치부하기까지 한다고 지적하며, 이러한 정의가 너무 피상적이라고 결론 지었다. 그의 말에 따르면 창의적 지능은 무용수, 운동선수, 체스 기사 등 지능이 좌우하는 거의 모든 활동에서 나타나며, 정원을 가꾸고 농사를 짓거나 가정을 꾸리고 일구는 일에도 발현될 수 있다. 혁신적인 삶을 위해 독특한 탐색 과정을 지나 온 테일러 또한 철학자이자 국제적으로 유명한 양봉가였다.[4]

우리가 연구했던 사람들은 창의성의 가치를 주장하는 데 그치지 않았다. 그들은 자신의 마음을 사로잡는 대상을 결국 찾아냈으며, 자신이 할 수 있는 일과 해결할 수 있는 문제에 흥미를 느꼈다. 또한 그들이 창의력을 발휘할 수 있었던 이유는 자기 자신이 아닌 것에 몰두했기 때문이다. 우리가 인터뷰했던 사람들은 자신에게 창의적인 인간으로 성장하기 위해 필요한 자양분이 충분하다는 것, 타인의 위대한 정신의 산물 그리고 그것들이 어떤 상황이나 문제 혹은 과제에 제공하는 특별한 시각을 알아차림으로써 그것들에서도 또 다른 자양분을 얻을 수 있다는 사실을 깨달았다. 그들은 자신의 뇌가 어떻게 최선의 기능을 할 수 있는지, 머릿속 생각은 어떤 과정으로 이루어지는지, 무엇을 생각하는지, 그 생각은 어디서 시작되는지 파악해야 했다. 근본적으로 그들은 자신이 역사적·사회적 산물이라는 것을 이해했고, 그러기 위해 과거뿐만 아니라 현재 자신이 사는 세상을 더 깊이 파고, 넓게 공부했다. 독창성이라는 인간의 능력과 필요를 충족하고자 했던 '최고의 학생들'은 인문학·사회과학·자연과학·예술 등 풍부한 학문의 세계를 넘나들며 자기 생각에 양분이 되어줄 지식과 정보를 캐고 다녔다.

더 많이 배우고자 하는 호기심과 배움에서 오는 즐거움은 집중력 형성에도 큰 역할을 했다. 교양 교육은 그들이 매 순간 경험하는 모든 것에서 더 많은 것을 얻을 수 있도록 했고, 그 덕분에 더 풍성한 삶을 누리는 기회까지 제공했다. 삶이란 결국 시간이 지나며 현실을 경험해 가는 과정이다. 하지만 어떤 순간을 포착해 확대한다면, 다시 말해 그 순간의 역사적·사회적 맥락을 알고 다양한 목소리를 찾아 자기 경험에 통합할 수 있다면 똑같은 시공간에서도 훨씬 더 많은 배움을 이끌어낼 수 있다. 인생을 더 크게 넓힐 수 있는 것이다. 시카고대학교의 사회학 교수 앤드루 애벗Andrew Abbott은 몇 년 전 학생들에게 이렇게 말했다.

"경험을 확장할 수 있는 기회를 얻었는데, 지금 당장 모든 수단을 활용하지 않는다면 그건 어리석은 행동입니다. 경험 확장이란 목표를 이루는 핵심적인 수단은 바로 양질의 교육이에요."[5]

가령 역사학이 가장 폭넓은 학문인 이유는 과학에서 예술까지 모든 분야의 인간사를 아우르기 때문이다. 당신이 색의 명도나 채도를 알아본다고 상상해 보자. 색의 차이를 가장 선명하게 보려면 비교하려는 색을 서로 가까이 배치해야 한다. 자기 자신과 내가 사는 지금 시대를 이해하려고 할 때도 마찬가지다. 서로 다른 역사적 기준점이 있어야 비로소 우리는 사회나 자기 자신에 관해 진정으로 많은 것을 알 수 있고, 또 말할 수 있다. 예를 들어 인종차별 같은 특정 고정관념을 자연스럽게 받아들이다가도 이러한 고정관념에 역사적 맥락이 있고, 처음부터 늘 존재했던 것은 아니라는 사실을 알면 생각이 달라진다. 특정 민족과 종교가 폭력적 성향으로 치닫는 경향이 있다고 생각할 수도 있지만, 그 집단의 긴 역사적 맥락을 살펴본 후 다른 맥락과 비교해 보면 그러한 견해는 바뀔 수도 있다. 우리 사회가 실내 화장실을 비롯해 다른 기술들을 사용하는 능력을 향상시켰다고 해서 다른 사회에 비해 유전적으로 우월하다고 생각할 수도 있겠지만, 그들 사회의 번영을 만들었던 장구한 역사를 공부하고 나면 먼 옛날에는 우리의 조상 역시 별 볼 일 없었다는 것을 깨닫게 된다.

삶에 교양이
필요한 이유 ————

2008년 세계 금융 위기를 예측했던 몇 안 되는 경제학자이자 경제 정의를 앞장서서 부르짖었던 딘 베이커Dean Baker는 젊은 시절 형과 함께 '여름 방학 공부 세미나'를 만들었다. 힘을 합쳐 나무로 집을 짓듯 형제는 자기들 나름의 공부 계획을 짰다. 딘은 펜실베이니아주 필라델피아 외곽에 있는 스워스모어대학에서 막 1학년을 마친 상태였고, 형은 포틀랜드의 리드대학에서 3학년을 마친 상태였다. 형제는 어린 시절 시카고 북부 레이크뷰에서 어머니, 조부모와 함께 살았다. 세미나를 계획하던 그해 여름, 그들은 삶에 관한 여러 생각과 질문을 잔뜩 짊어진 채 고향으로 돌아왔다. 형은 대학에서 역사학을 전공하며 미국사에 의문을 제기하던 미국의 많은 역사학자를 만났다.

"대학 1학년 땐 성적이 별로 좋지 못했어요. 특히 언어 관련 과목이 안 좋았죠. 노력이 부족했다고 생각해요."

딘은 이렇게 회상했다. 하지만 대신 그는 늘 정치에 관심이 많았다. 시카고에 살 때 여러 분규와 투쟁을 보며 관심을 키운 덕분인 듯했다. 새로운 학문과 사상을 갖고 집으로 돌아온 형 덕분에 형제는 공부할 주제들을 찾아냈다. 그리고 이때의 경험은 배움에 대한 딘의 접근법 전체를 바꾸었다.

"그해 여름엔 형과 시간을 많이 보냈어요. 덕분에 공부하는 동기가 바뀌었습니다."

여름이 무르익어 가는 가운데 형제는 토론하고, 논쟁을 벌이고, 때로는 책을 같이 읽고 서로의 관점을 공유하며, 다른 주장에 대해 반론을 제기하고 그 근거를 검토했다. 특히 형은 가브리엘 콜코Gabriel Kolko, 윌리엄 애플먼 윌리엄스William Appleman Williams 같은 역사학자들의 책을 읽었다. 전통적 방식으로 역사를 서술하는 데 이의를 제기했던 학자들이었다. 딘은 형과 함께 이 책들을 읽었다. 그들은 전통적 해석 대부분에 의문을 제기하며, 전에는 한 번도 접해보지 못했던 역사 서술의 세계를 열어줄 만한 다양한 사상도 발견했다. 형제는 새로 접한 자료들을 파고들며 그들의 주장과 근거에 질문을 던졌고, 그 내용이 품고 있는 함의에 대해 논쟁하며 더 깊은 지식과 정보를 찾고자 했다.

미시간호 주변 기온은 대부분 30도 언저리를 맴돌았다. 그래서 기온이 높은 날에 모래 사장은 물놀이를 즐기는 사람들로 가득했고, 기온이 낮은 날에는 호수 주변으로 상쾌한 미풍이 불었다. 두 형제가 줄곧 대화를 나누던 곳에서 그리 멀지 않은 곳의 리글리 필드라는 야구장에서는 시카고 컵스가 야구 경기를 펼쳤다. 마법처럼 찾아드는 며칠의 시원함에서든 7월 4일 오후 게임의 뜨거운 열기에서든 한결같았다. 가장 무더운 날도 밤이 되면 에어컨을 틀지 않고 잘 수 있을 정도로 날이 늘 서늘했다.

그해 여름, 딘이 특히 흥미를 갖게 된 역사적 사건이 있었다. 그 사건은 이후로도 몇 년 동안이나 그의 관심을 끌었다. 그로부터 몇 년이 더 지나 딘은 누군가의 운명을 결정하는 배심원단 후보 심사를 기다리면서 그 사건을 떠올렸다.

"이란의 수상 모하마드 모사데그Mohammad Mosaddegh에 관한 사건이었죠."

그가 말했다. 모사데그 수상은 형제가 태어나기도 한참 전인 1951년에 이란의 수상으로 선출되었다.

모사데그 수상은 이란의 제60대, 제62대 국회의장을 지냈다. 귀족 가문 출신이었음에도 노동자와 농민 계층에게 혜택을 주는 경제개혁을 단행했다. 노동자가 병이 들거나 부상으로 일을 할 수 없게 되면 실업 수당을 제공했고, 농민들을 괴롭히던 강제 노동에서도 해방시켰다. 지주에게 세금을 거두어 일반 국민에게 혜택을 주는 공공 정책도 시행했다. 당시 이란 경제는 이란에 매장된 석유의 소유권을 갖고 있던 석유 회사(뒤에 BP로 사명을 바꾼 '브리티시 페트롤리엄British Petroleum')가 좌우하고 있었다. 모사데그 수상은 석유의 주인이 국민이어야 한다고 발언하며 미국·영국 정부와 껄끄러운 사이가 되었다. 결국 미국 중앙정보국CIA이 사주한 쿠데타로 1953년 8월 19일 수상 자리에서 쫓겨났다.

이 사건은 딘과 그의 형이 태어나기도 전에 벌어진 일이지만, 민주적으로 선출된 정부를 다른 나라에서 폭력적으로 전복시켰다는 사실을 알게 된 두 형제는 충격을 받아 괴로워했다. 미국의 외교 정책과 관련해 어린 시절 세웠던 모든 정신 모델에 균열이 생겼고, 가장 소중히 여기던 신념이 흔들렸으며, 국제정세의 현실에 새로운 호기심이 생겨났다.

"모사데그 정부가 전복된 사건을 두고 냉전 시대 독재에 저항하는 투쟁의 일환이라고 해석했지만, 역사적 기록에 견줘보면 그건 말도 안 되는 얘기였어요. 모사데그 수상은 소련의 꼭두각시가 아니라 자국민을 위해 정의를 추구할 줄 아는 진보적 개혁가였지, 폭군이 아니었으니까요.

그를 축출한 쿠데타는 거대 석유 회사의 경제적 이익을 보호하려는 조치였을 뿐입니다."

형제는 공부 세미나를 통해 호기심과 정의감에 불타 여름방학 내내 이러한 문제들을 탐구했다. 그들은 흥미를 끄는 자료들을 읽었고, 중요해 보이는 사실들을 파악하고 기억했다. 7월이 지나고 8월 초로 접어들어서도 형이 토론 대상에 올린 자료를 동생도 토론 대상으로 받아들이며 형제는 여전히 토론하고 논쟁을 펼쳤다.

마법 같았던 형과의 여름방학이 끝나고 가을 학기가 돌아왔지만, 딘은 학교에 가지 않고 유럽으로 여행을 떠났다. 1년 후 그는 대학에 돌아와 창의적이고 비판적인 사상가들을 다수 배출한 스워스모어대학의 우등생 프로그램에 지원했다. 참여 학생들은 매주 소규모 세미나를 열어 서로 의견을 나누고, 자신이 탐구하는 주제로 토론을 열기도 했다. 딘은 이 과정에서 모든 것에 의문을 제기하는 법을 배웠다.

그는 다른 학생들이 활용한 논지와 개념 이면의 가설을 찾았다. 그리고 그 논지와 개념에 숨은 함의에 관해 생각하고, 어떻게 응용할 수 있을지 생각했다. 그다음 근거를 요구했고, 근거로 쓴 정보의 출처와 성격에 의문을 제기했다. 그는 다른 학생들이 제시한 추론과 근거의 출처로 쓴 자료의 추론까지도 분석했다. 특히 때때로 생각을 왜곡하고 감정을 격하게 만드는 데 언어가 사용되는 방식에도 주목했다.

이 프로그램에 합류하기 전에도 딘은 행동주의를 다루는 통섭에 관한 강의를 수강하면서 '인간의 행동을 통제하는 건 뭔가?'라는 한 가지 질문을 집중해서 파고들었다.

"뭔가 비판하려면 내용부터 파악해야 했죠. 교수님이 멍청한 비판을 참아주시지도 않았고요."

딘은 이렇게 설명했다. 이듬해 그는 미국 경제사 강의를 수강하다 대학 2학년 때 강의에서 떠올랐던 질문 일부를 다시 한번 떠올렸다.

스워스모어대학 우등생 프로그램의 교수들은 학생들의 학업을 평가하는 심판이라기보다 그들의 코치이자 멘토 역할에 가까웠다. 그들은 학생들이 대학 4학년 때 치르는 졸업 심사 준비를 도와주었다. 스워스모어대학에서는 4학년 마지막 학기 정도 되었을 때 이틀에 걸쳐 해당 분야의 전문가인 외부 심사위원들에게 자신의 학업을 평가받는 심사를 받아야 한다. 심사위원들은 학생들의 학업 수준을 평가하고, 토론에 참여시키며 생각을 교환한다. 학생들의 생각에 반론을 제기하며 학생들이 제대로 공부한 것이 맞는지 평가한다.

딘은 자신이 직접 학습법 설계에 참여하는 등 자유도가 높을 때 학업적 성취가 가장 크다는 사실을 알게 되었고, 자신의 학습법을 파악했다.

"제가 스워스모어대학을 택한 것도 그런 이유에서였어요. 또 한 가지는 이곳이 학부 교육을 강조했고, 교수진이 좋았기 때문입니다."

강의의 질도 물론 중요했지만, 그가 성공할 수 있었던 요인은 세상에 대한 호기심과 관심 덕분이었다.

"교수님 대부분이 아주 좋은 분들이었습니다. 하지만 그렇지 않았다 해도 그 과목들에서 흥미로울 만한 책을 찾아 읽었죠."

딘은 경제가 사람들의 삶에 미치는 영향과 경제 시스템이 돌아가는 방식에 점점 더 매료되었다. 다양한 학문을 폭넓게 공부하면서 해당 분야의 지혜를 흡수했다. 동시에 자신이 믿는 것들과 그렇게 믿는 이유를 부단히 생각했으며, 새롭게 알게 된 지식을 통합하고 그에 의문을 제기했다.

"무슨 글을 읽든 항상 논점을 찾으려 했어요. 논거를 찾아내 어떻게 사용됐는지 알아보려 했습니다."

타인을 향한 깊은 공감 능력도 그의 배움을 단단히 받쳐주었지만, 자신의 실수나 주변의 부조리함을 웃어넘길 줄 아는 아량 또한 그의 학업을 도운 요인들이었다. 딘은 배움을 통해 웃음과 진지함을 활용해 문제를 해결하는 법, 아무도 굳이 제기하지 않는 의문을 제기하는 법을 배웠다. 근거와 타인의 통찰을 바탕으로 한 추론을 거친 폭넓은 시각으로 수많은 논점을 비판적으로 걸러냈다. 그다음 자신이 세운 가장 높은 수준의 추론과 근거 기준에 부합하는 논지들만 택했다. 몇 년 후 미시간대학교에서 경제학 박사 학위를 취득한 딘은 이렇게 축적한 비판적 사고 습관을 십분 발휘했다. 사회 보장 연금의 지급액을 낮추자고 주장하는 경제학자들의 논리에 숨은 허점이 있음을 간파했을 뿐만 아니라 훗날 짐작조차도 하기 어려웠던 세계 경제 위기를 예측하는 선견지명을 보였다. 하지만 그에게 성적은 전혀 중요한 것이 아니었다.

"성적은 별로 신경 쓰지 않았어요. 나쁘진 않았으니 그 정도면 됐죠. 개인적으로 크게 끌리는 주제에만 관심이 많았어요."

철학자 앤드루 크러키Andrew Chrucky는 교양 교육을 통해 사람들이 갈등을 해결하는 방법을 찾을 수 있다고 썼는데, 그가 쓴 내용을 보면 딘이 받았던 교육이 어떤 것인지 알 수 있다.

교양 교육은 경제적·정치적으로 모든 이에게 이로운 것이 무엇인지 합의를 이끄는 능력을 키워준다.

크러키가 주장한 대로 이러한 성과는 역사학·인류학·사회학·경제학·정치학에서 끌어낸 도덕적 문제와 씨름하면서 대화할 때 얻을 수 있다.[6] 교양 교육을 통해 학생들은 수사와 논리를 배워 토론의 본질을 이해하고, 글과 말을 통해 자신을 표현하는 법을 찾아내면서 의견을 주고받는 과정에 참여하는 법을 배운다. 주장을 거부하거나 근거를 받아들이는 일은 개인의 변덕이 아니라 가장 수준 높은 합리적 판단에 기반한다. 교양 교육이 이 같은 성찰적 사고 능력을 발달시키도록 돕는 것이다.

우리가 만난 최고의 학생들은 대체로 이러한 교양 교육을 스스로 찾았다. 토론에 참여하며 자신의 시각을 타인의 가치관이나 개념과 비교하고, 그것이 추론 규칙과 근거 기준에 부합하는지 검토했다. 장소를 가리지 않았던 친구들과의 토론, 때로는 격렬해졌던 논쟁, 도덕이나 정의 등 여러 쟁점에 대해 개인적으로 탐구하기 위한 고군분투, 읽고 있던 책의 저자가 제기한 논지와 밤을 새우며 벌인 '두뇌 싸움' 등을 이야기했다. 그들은 누군가가 말한 '사실'에 동의(또는 반대)하는 것과 '태도'에 동의(또는 반대)하는 것의 차이를 정확히 짚어냈다.

코미디로 명성과 부를 얻은 스티븐 콜베어는 가치에 대해 논했던 로버트 볼트의 글과 씨름했다. IT업계의 선구자 제프 호킨스는 철학자들의 저작을 고찰했으며, 특히 미국의 분석철학자 존 설John Searl의 사고 패턴을 활용하여 컴퓨터와 인간의 사고 기능 차이를 구분해 냈다. 탐사 보도 기자인 데이비드 프로테스는 교수들뿐만 아니라 다른 학생들과의 세미나에도 참여하며 수많은 토론을 벌였다. 덩컨 캠벨은 정의를 찾기 위해 로스쿨에 입학했지만, 결국은 불우한 아동·청년을 돕는 멘토링 프로그램을 구축해 정의를 구현했다. 메리 앤 홉킨스는 전쟁과 가난으로 피폐해진 세상에서 정의를 찾고자 하는 열망으로 공연 예술, 인문학, 과학 등 여러 학문을 탐구했지만, 결국 자신의 활동에서 답을 찾았다. 우리가 반복해 들은 이야기들은 통섭을 통한 학문적 탐구, 밤늦도록 계속된 대화와 토론, 모든 것을 읽고자 했던 필생의 노력, 두뇌에 자양분이 되어줄 통찰과 아이디어 그리고 사실 탐구에 관한 것들이다. 이 모든 이야기에는 지식을 향한 갈증, 독창성을 찾는 여정, 정의를 구현하고자 한 열망이 곳곳에 배어 있었다.

두 가지
세계 ─────

에마 머피Emma Murphy는 정치·사회사상을 전공했고, 러시아문학을 공부했다. 의학전문대학원에 진학하기 위한 필수 과목을 수강하거나 MCAT를 치른 적이 한 번도 없었다. 그런데 버지니아대학교 3학년 때 엠마는 마운트시나이아이칸의과대학ISMMS에 합격했다. 에마가 ISMMS에 그대로 입학하면 그녀 또한 인문학이나 사회과학을 공부해 의대에 입학한 학생들의 긴 대열에 합류하게 되는 것이었다.

ISMMS는 폭넓은 인문학 교육을 받은 학생들을 데려오기 위한 프로그램을 시작했다. 대체로 의사가 되기 위한 과정 중에 심도 있는 인문학 공부를 늘 독려하는 것은 아니다. 그렇다면 인문학을 전공한 뒤 의대에 입학한 학생들은 과학 관련 과목에 집중해 의대에 입학한 학생들과 비교해 어떤 성과를 보였을까?

ISMMS의 연구자들은 두 그룹을 비교했다. 교양 교육을 받은 학생들이 그렇지 않은 학생들과 성적이 비슷하거나 오히려 그들보다 더 나은 성적을 보였다는 결과가 폭넓고 다양한 지표를 통해 드러났다.[7] 교양 교육을 받고 의대에 입학한 학생들은 학과 성적뿐만 아니라 임상 실습과 현장 실습에서도 모두 두각을 드러냈다. 학문적 연구를 진행하게 될 확률도, 우수한 성적으로 졸업할 가능성도 더 높았다. 소아과, 치과, 이비인후과 등 1차 진료를 전공으로 택하는 경우도 교양 교육을 받은 학생들 쪽이 더 많았다. 에마는 교양 교육을 통해 얻은 경험이 자기 연민 능력과 타인에 대한 배려심을 키워주었기 때문에 앞으로 만날 환자들의 어려움을 더 잘 이해할 수 있게 되었다고 생각했다. 당시 ISMMS 총장 데니스 차니Dennis Charney는 이 프로그램을 통해 입학한 학생들이 의대생들의 다양성을 높일 뿐만 아니라 활기차고 고무적인 교육 경험을 창출하는 데 이바지할 것이라고 주목했다.

에마가 깊이 있게 공부하고 인생에 관한 중대한 문제들에 관심을 갖게 된 데는 대학에서의 교육뿐만 아니라 집안 분위기 덕도 컸다. 어린 시절 메릴랜드주 교외에서 살 때 의사였던 부모는 항상 에마가 호기심을 잃지 않도록 독려해 주었다.

"아버지께서는 저와 함께 앉아서 온갖 주제에 관해 얘길 나눴어요."

예전부터 신앙심이 깊었던 에마의 집안은 그녀가 하는 거의 모든 일에 가치와 목적의식, 신앙심을 심어 주었다.

"일상생활에 늘 종교가 스며 있었어요. 고등학생 땐 신앙이 제 인생에서 아주 중요한 자리를 차지했죠."

1학년부터 12학년까지, 에마는 소규모로 학급을 운영하며 교양 교육을 강조하는 '근사한' 사립학교에 다녔다.

"한 반의 학생 수가 열 명에서 열두 명 정도밖에 안 됐어요."

이러한 환경에서 에마는 중요한 문제들을 탐구하고, 비판적으로 독서하며, 제대로 글을 쓰는 법을 배웠다. 교사들은 활동에 대한 열의를 학생들과 함께 나누었고, 그들의 헌신은 어린 에마에게도 큰 영향을 끼쳤다.

"선생님에게 질문해도 괜찮다고 격려받았어요."

에마가 강조했다.

하지만 에마가 살던 메릴랜드주는 전략적 학습을 부추기며 강력한 외적 동기를 부여하는 곳이기도 했다. 부모는 세 딸이 모두 학교에서 좋은 성적을 받았으면 했고, 학교에서도 역시 명망 높은 사립대학에 입학한 학생들을 자랑스러워했다. 에마의 언니는 프린스턴대학교로 진학했고, 엠마 역시 자신이 아이비리그 중 한 곳으로 진학하는 모습을 상상했다. 수업 때마다 성적에 대한 미묘한 압박감을 느꼈다.

"고등학생 땐 선생님 말씀대로 '학업을 측정하는' 훈련을 받았어요. 마치 제 능력이 그래프에 숫자로만 표시되는 듯했죠."

같은 사회적 계층에 있던 다른 많은 여학생처럼 에마 역시 발레를 배웠다. 에마는 발레에 뛰어난 실력을 보였다. 그러나 그녀는 곧 발레 수업에서도 학교 수업 때와 마찬가지로 정해진 길을 따라야 한다는 압박감을 느끼게 되었다.

"전문 발레리나를 양성하는 수업을 받으며 거식증에 걸려 한 달 동안 치료 센터에 입원해야 했어요."

병원에 입원해 있던 동안 에마는 외롭고 버림받은 듯한 느낌을 받았지만, 삶에 대한 희망을 잃지 않았다. 이 사건은 에마의 사고 패턴과 가치관에 깊은 영향을 끼쳤고, 훗날 감금 생활을 하는 사람에 대한 깊은 연민을 갖는 데 영향을 끼쳤다. 아마도 이 사건을 계기로 시작된 변화가 버지니아대학교에서 그녀의 학업에도 영향을 끼친 것 같다.

진학을 앞두고 에마는 두 세계를 가로지르는 교차로에 서게 되었다. 하나는 외적 동기를 따라 전략적 학습법을 키워 더 좋은 성적을 받는 세계와, 다른 하나는 삶의 목적과 가치관, 자기계발에 집중하는 세계와 이어져 있었다. 첫 번째 세계는 우수한 학업 성적과 영예로운 졸업, 두둑한 급여가 보장된 지름길을 약속했지만, 두 번째 세계는 인생의 의미란 무엇인지 그녀에게 질문을 던졌다. 입시 막판에 에마는 버지니아대학교에서 제공하는 제퍼슨 장학금에 지원하게 되면서 거의 우연히 대학에 입학했다. 입학하기 전 대학 교정을 미리 가본 엠마는 그곳에서 열정적이고 창의적인 학생들을 발견했다.

"입학 결정은 어려움 없이 내렸어요."

메릴랜드 토박이였던 에마는 버지니아대학교에서 정치학과 사회학을 중심으로 자신만의 학업 계획을 짤 수 있었다. 높은 자유도 덕에 공부를 향한 의지가 깊어지고 관심사도 넓어졌다. 대학 신입생 때 그녀는 종교학 교수 빌 윌슨Bill Wilson의 강의를 여러 개 수강하면서 앞으로의 진로를 정하는 데 많은 도움을 받았다.

"다양한 논문들을 붙들고 씨름했지만, 윌슨 교수님은 자신이 전문가라고 해서 자신과 다른 해석을 하는 학생들에게 낙제점을 준단 식의 태도를 절대로 보이신 적이 없었어요."

에마는 윌슨 교수가 자신이 제기한 의문들을 가치 있다고 여겼고, 그녀가 자신의 글과 사고 패턴에서 그 의문을 다루는 방식 역시 존중해 주었다고 기억했다.

"그런 토론에서 성적은 무의미해지죠."

에마가 내린 결론이었다.

대학 3학년 때 에마는 넓고 깊은 교양 교육에 대한 애정을 더욱 확고하게 만들어준 특별한 강의를 수강했다. 바로 러시아문학 강의였다. 러시아문학을 공부하던 학생들은 청소년 교정 시설의 아이들을 위해 정기 세미나를 진행했다.

"저희가 책을 읽는 목적은 교수님 책상에 놓을 글을 쓰는 데 있지 않았고, 문학작품의 핵심 의미와 개인적 연관성을 찾는 데 있었습니다. 저희는 사법 체계가 주변인으로 만든 아이들의 시각에서 러시아의 고전문학들을 탐구했습니다."

에마가 설명했다. 에마의 인생은 교정 시설에서 만난 아이들과 거의 접점이 없었다. 하지만 그 아이들의 고통을 이해하려 애쓰는 과정에서 끌어낼 수 있는 적절한 경험들이 떠올랐다.

"거식증에 걸려 센터에 있으면서 건강한 곳으로 돌아가고 싶어 했던 시절이 생각났어요."

이 경험으로 에마에게는 정의뿐만 아니라 문학이 일으켜준 삶의 목적과 가치문제에 대한 더 큰 관심이 생겨났다. 그녀는 러시아문학 강의를 통해 우리가 공유하는 '보통의 인간성'과 배움의 주도권에 대한 강력한 의식을 갖게 되었다.

에마는 ISMMS 입학 제안을 수락할지 아직 결정하지 못했다. 그녀는 타인과 접촉하며 창의성을 발휘할 수 있는 일을 하고 싶어 한다. 우리가 연구한 사람들 또한 공통적으로 단순 암기 과제나 명망 높은 직업 이상의 것을 원했다. 설사 처음부터 혼자서 그 길을 개척해야 한다고 해도 그들은 자기 성찰이나 배움의 경이로움이 반드시 포함된 교양 교육을 원했다.

완벽한 사람이 아닌
'완전한' 사람 ──────────

캘리포니아주 북부, 어느 맑고 쌀쌀한 봄날. 어린 더들리 허슈바크는 개울가를 따라 걸으며 주위의 온갖 것들을 살펴보고 있었다. 그는 종종 이렇게 주변을 산책하며 나무, 바위, 작은 시냇물에 이는 잔물결, 그러다 다시 시냇물이 다른 곳으로 부드럽게 흘러가는 모습, 세상의 축소판 같은 작은 생태계에 살고 있는 동물들을 감탄하며 바라보고는 했다. 나뭇

7장. 나는 무엇으로 세상과 연결되는가

가지에 앉아 있거나 먹이를 잡으러 급강하하는 새들도 유심히 바라보았다. 먼 훗날 스탠퍼드대학교에서 미식축구 선수로 활약하고, 프로팀의 입단 테스트 제의를 거절하고, 노벨화학상을 수상하고, TV 애니메이션 〈심슨 가족〉의 더빙에 참여했던 더들리는 오랜 세월이 흐른 뒤에도 어린 시절에 했던 산책과 그때 보았던 새들을 떠올렸다. 그때 했던 산책은 마치 훌륭한 스승 같았다. 여러 질문을 떠오르게 했고, 상상력을 자극했고, 자신이 사는 세계에 대한 경외심을 불러일으켰다. 그는 그 시절을 이렇게 회고했다.

"혼자서 이런저런 공상을 하면서 많은 시간을 보냈어요."

더들리는 아들 셋, 딸 셋 중 맏이였다. 그의 부모는 경제 불황기에 여섯 명이나 되는 자식들을 키우며 고군분투했다. 더들리의 아버지는 집 짓는 일을 했는데, 꼼꼼한 일 처리에 자부심이 컸다.

"아버지는 자신이 가진 기술들을 얘기하면서 제대로 일하는 게 얼마나 중요한지 늘 강조하셨어요. 언젠가 아버지는 자신이 지은 집을 분해해 보면 얼마나 잘 지었는지 알게 될 거라고, '제대로'라는 말엔 시간이 걸리는 법이라고 말씀하셨죠."

더들리의 어린 시절에서 큰 비중을 차지했던 것은 '이야기'였다. 그가 4~5세였을 때 그의 집은 자주 친척들로 가득 찼다. 삼촌, 고모 등 아버지의 형제들은 그에게 재미난 모험 이야기들을 들려주었다. 할아버지는 집 차고보다 덩치가 큰 곰들을 만났던 사연을 올올이 풀어놓았고, 아이들은 무서워 벌벌 떨면서도 그 이야기에 빠져들었다. 더들리는 곧 스스로 이야기를 읽어내는 법을 배웠다.

"네다섯 살 때 신문 만화를 봤는데, 인물 옆에 그려놓은 말풍선 안에 든 저게 뭔지 내내 궁금해했죠."

마치 고대 마야 문자를 해독하듯 더들리는 만화 속 말풍선에 담긴 온갖 글자들의 비밀을 끙끙대며 풀어냈다.

"빨간 색연필을 들고 신문을 훑어보면서 아는 단어에 밑줄을 그어대던 기억이 나요."

어머니가 도와주기도 했지만, 대부분은 더들리 혼자 문맥을 통해 의미를 파악했다.

읽는 법을 깨치자 부모는 아동용으로 출간된 세 권짜리 세계사 시리즈 책을 사주었다. 더들리는 초등학교에 입학하기도 전에 그 책들을 이미 다 읽어치웠다.

"저희 가족에게 사실 지적인 분위기는 찾기 어려웠어요. 그 백과사전 같은 역사책을 사기 전, 집에 있는 책이라곤 성경이랑 엘러리 퀸Ellery Queen의 추리소설 그리고《리더스 다이제스트》뿐이었죠."

하지만 9~10세가 된 해의 어느 이른 아침, 화재가 발생하며 집이 전소되었다. 그 바람에 있던 책들마저 모두 사라졌다. 화재 이후 더들리는 도서관과 책을 추천해 주는 사서에게 의지해 책을 읽었다.

"사서 선생님이 제 공부에 아주 큰 역할을 했죠."

그는 이렇게 인정했다.

더들리는 역사 관련 책을 읽고 문학작품들도 읽었다. 그의 부모는 크리스마스나 생일이면 으레 더들리에게 책을 선물했다. 『보물섬』을 탐독하고, 『로빈슨 크루소』와 함께 여행을 떠났다. 11세 때는 행성과 별자리

———————

를 특집으로 다룬《내셔널 지오그래픽》을 읽다 자연의 신비에 푹 빠져들기도 했다. 그는 천체에 관한 책들을 찾아 읽고 직접 별자리 지도도 만들었다. 이렇듯 과학에 대한 탐구를 본격적으로 시작한 더들리는 과학과 수학에 점점 더 집중했다. 하지만 문학작품과 역사책, 전기도 계속 읽었다.

"깨달은 게 있었어요. 우리는 누구나 그저 한 시대를 살다 가는 개인에 불과하지만, 책을 읽으면 자신이 확장되고 다른 시대를 살았던 타인의 삶을 경험해 볼 수 있다는 거였죠. 게다가 책을 읽다 보면 글을 쓰는 법도 배우게 돼요."

고등학생 때 더들리는 셰익스피어가 희곡으로 직조한 풍성한 운율의 세계를 접했고, 수학과 확률에 깃들어 있던 음악 같은 아름다움에 매료되었다.

깊이 있는 탐색 과정을 거치며 더들리는 비범한 상상력을 갖추게 되었다. 그는 여러 시각과 관점을 아무렇지도 않게 오가며 발상을 쉽게 전환했고, 다른 사람들은 상상하지도 못할 것들 사이에 연관성을 찾아냈으며, 아무도 하지 않은 질문을 던지는 법도 배웠다.

"어릴 적에 어른들이 뭘 하라고 시키거나 강요한 적이 전혀 없었기 때문에 저는 주로 공상하면서 많은 시간을 보냈어요. 그래서 코를 킁킁거리며 먹이를 찾아다니는 사냥개처럼 이리저리 자유롭게 생각하는 법을 터득했죠. 제게 사고한단 건 일직선을 따라 쭉 가는 것보단 여기저기로 마구 튀어 오르는 것이었어요."

더들리가 생각한 자신의 사고 패턴 특성이었다.

더들리는 인생과 사랑에 빠졌다. 인생의 신비, 흥밋거리, 아름다움 모두 좋았다. 심지어 그는 삶의 비극조차 사랑했다. 우리가 연구했던 다른 사람들처럼 그 역시 폭넓은 배움을 위해 다양한 학문을 공부했다. 하지만 그중에서도 화학의 세계를 특히 더 파고들었다. 화학의 세계를 정복할 때 얻는 전율과 해결되지 않은 문제를 푸는 데 늘 매력을 느꼈다. 그래서 더들리는 미식축구 경기장뿐만 아니라 교실에서도 즐거움을 잃지 않을 수 있었다. 또한 그는 개인적 경험과 배움에서 잉태된 자신의 특성이 무엇인지 잘 알고 있었다. 더들리는 지성과 인격은 한자리에 얼어붙어 있는 것들이 아니라 배우는 모든 것에 의해 계속 변화를 거듭하며 부단히 진화하는 것이라고 생각했다.

"뭔가를 확실히 습득하면 자신을 보는 시각이 달라집니다. 내가 타인과 다른 별개의 존재란 인식이 생겨나는 겁니다. 우리는 모두 각자 특별한 방식으로 이런 능력을 부여받았어요."

우리가 연구한 많은 사람처럼 더들리도 교육의 위력을 일찌감치 알았다. 고등학생 때 그는 역사, 수학, 화학 등 다양한 과목에서 고전을 면치 못하는 미식축구부 친구들에게 개인 교습을 해주었다. 더들리와 팀원들은 대화를 통해 배운 내용을 함께 이해해 나갔고, 새로 생겨난 생각이 있으면 공유했다. 사회적으로 지식을 구성하는 법이 무엇인지 배운 셈이다. 이 경험 덕분에 과학자로 막 싹을 틔울 당시 더들리는 복잡한 개념에 대해 자신이 이해한 내용을 다른 사람들에게 설명함으로써 다시 한번 자신이 제대로 이해한 것이 맞는지 점검할 수 있었다. 고등학생 시절, 더들리는 어느 수학 교사의 수업을 들었다. 전쟁터에서 갓 돌아왔던 덩치큰 수학 교사는 수학적 지식의 수준은 낮았지만, 학생마다 '왜 그 방식으

　　　　　　　　　　　　　　　　　　　　　7장. 나는 무엇으로 세상과 연결되는가

로 문제를 풀었는지 설명하게' 했다. 다른 과목 교사들도 자신이 가르치는 학생들이 배움의 주도권을 갖고, 서로에게 자신이 이해한 내용을 설명할 줄 알아야 한다고 말했다.

"그런 걸 또래 교수법이라고 부를 수 있겠죠."

훗날 더들리는 이렇게 말했다.

더들리는 스포츠를 즐겼고, 몸도 건강하게 유지했다. 그가 즐겼던 스포츠인 미식축구와 농구는 20세기의 기업 문화에서 유래한 것으로, 시간, 공간 그리고 선을 중심으로 진행된다. 19세기에 크게 유행했던 야구가 타석에 홀로 서서 공을 칠 기회를 노려야 하는 선수 개인의 경기라면, 미식축구와 농구는 조율과 협력을 강조한다는 점에서 더들리가 최종적으로 정착할 과학 연구의 세계와 닮아 있었다. 스탠퍼드대학교 입학 당시 학교 측은 그에게 성적 장학금과 체육 특기생 장학금을 모두 주겠다고 제안했다. 하지만 더들리는 학업과 운동 중 최종 선택의 자유를 남겨두기 위해 성적 장학금만 받기로 했다. 대학 미식축구팀 코치가 훈련에 방해된다는 이유로 더들리에게 과학 실험에 참여하지 말라고 했을 때 그는 운동을 포기했다. 훗날 프로팀인 로스앤젤레스 램스에서 그에게 입단 테스트를 제안했을 때도 그는 유혹조차 느끼지 않았다. 더들리 역시 우리가 연구한 최고의 학생들과 마찬가지로 어려운 선택도 확신을 갖고 해내는 자질을 갖추고 있었다.

그는 분명 폭넓은 배움을 추구했다. 하지만 자신이 모든 분야에서 뛰어나지는 못하리라는 것도 잘 알았다.

"요요마가 했던 말을 항상 기억해야 해요. '나는 노래는 못하지만, 첼

로를 연주할 줄 알아요'라는 말이요. 세상을 탐구할 순 있지만, 모든 분야에서 우월해야 할 필요는 없습니다."

더들리는 2차 방정식을 푸느라 낑낑댔던 어느 동료 과학자가 유기화학 분야에서는 세계적인 업적을 이루었던 것을 떠올렸다. 더들리는 우리가 인터뷰했던 많은 사람처럼 자신이 가진 역량을 최대로 발휘하지 못하는 분야에 매달려 자책하기보다 마음이 끌리는 분야를 찾아 나섰다. 그럼에도 한 가지 분야로만 시야를 한정하지 않았다. 그는 분야들 사이에서 시야를 넓혀줄 새로운 연관성을 늘 모색했다. 자신이 최고로 빛나지 않을까 봐 두려워 새로운 분야에 대한 도전을 꺼리는 일도 전혀 없었다. 그는 기존 분야와 새로운 분야 사이의 연결 방법을 찾아다녔고, 늘 새로운 시각에서 현상을 분석할 방안을 고민했다. 몇 년 뒤 분자 충돌 연구로 노벨화학상을 받은 더들리는 미식축구 경기장에서 다른 선수들과 치고받으며 충돌했던 경험이 해당 분야의 연구로 이어지지 않았을까 생각했다.

스탠퍼드대학교에 다닐 때 더들리는 무엇이든 원하는 것을 마음껏 공부할 자유를 만끽했지만, 동시에 체계적인 공부에 대한 책임감도 느꼈다. 더들리는 도서관의 조용한 구석 자리를 찾아 누구의 방해도 없이 매일 9시부터 12시까지 역사, 과학, 수학 등을 공부했다. 그는 사상과 이야기, 문제와 해결책에 대해 탐구하며 깊이 몰두하는 법을 알았다. 심층적 학습법을 활용했기에 모든 과목에 깊이 몰입했다. 시간 가는 줄 모르고 배운 내용의 개요를 작성하며 전체를 조망했고, 각각의 부분을 다방면으로 연결해 나갔다.

"제 친구 중엔 제가 전혀 공부하지 않는다고 생각하는 녀석들도 있었지만, 사실 저는 누구보다도 체계적이고 집중적으로 공부했어요."

그가 회고했다.

더들리는 공부하는 과목마다 다른 분야에서는 절대 제기하지 않을 새로운 의문을 제기했다. 다각적으로 문제를 해결하는 능력을 습득하게 되면서 어떤 분야든 깊이 있게 배울 수 있었다. 훗날 그는 이렇게 말했다.

"학생들이 거의 닥치는 대로 이런저런 강의를 선택해 수강할 수 있도록 허용하는 걸 반대하는 권위자들이 있습니다."

더들리는 다양한 방식으로 질문하는 법을 배우는 것이 교육의 커다란 미덕이라고 보았다.

"다양한 과목을 선택해 배우다 보면 기존의 해답을 평가하기 위한 다각적 질문들과 희한할 정도로 다양한 기준들을 만날 수 있습니다."

교양 교육을 통해 근거를 의심하고, 자신만의 답을 끈기 있게 궁리하는 법을 배울 수 있다. 더들리는 다양한 잣대로 기존의 답에 의문을 제기하고, 새로운 답을 측정하는 교양 교육이 학문 연구를 위한 필수 요인이자 민주 사회에 의미 있게 참여하는 일에도 꼭 필요해졌다고 말했다.

사실 우리가 연구한 사람들이 왜 그렇게 폭넓게 배우는 데 관심을 갖고, 자유로운 인간이 되기 위해 교양 교육을 적극적으로 추구했는지 간단히 설명하기란 불가능에 가깝다. 능력과 성공은 그들의 선택을 설명하는 요인이 되지 못한다. 물론 그 중심에는 호기심이 있었지만, 목적의식이나 더 큰 대의를 위한 헌신, 공정한 사회를 향한 관심 역시 중요한 요인이었다. 그들은 온갖 형태의 아름다움을 사랑했고, 어릴 때부터 이야기의 힘을 배웠으며, 난제를 해결하는 데서 오는 흥미진진함을 잘 알고 있었다. 또한 대학 시절의 경험을 활용해 사고를 자극할 줄도 알았다. 그들은 교육을 발달의 한 과정으로 보았고, 그 과정에서 '정신의 역동적 힘'을 성장시키려 했다. 이러한 태도들은 그들이 가진 배움의 주도권에 영향을 끼쳤다.

이 중에는 다른 사람들보다 더 일찍 폭넓고 통합적인 배움을 적극적으로 추구한 사람들도 있다. 당연하게도 이 같은 태도를 일관되게 오랫동안 유지한 사람들이 가장 인상적인 성과를 보였다. 우리가 만났던 최고의 학생들은 폭넓은 관심을 바탕으로 다양한 분야에서 자기 능력과 통찰력을 통합하는 능력을 발전시켰지만, 궁극적으로는 자신이 필생의 과업을 펼칠 수 있는 '주요 무대'를 선택했다. 때로 그 무대가 바뀌는 사람들도 있고, 독창적으로 여러 활동을 결합하는 사람도 많았지만, 그들은 집중해야 할 때와 자신의 재능을 완성해야 할 때가 언제인지 분명히 알았다. 한 분야의 전문가가 되기로 한 결정 때문에 다른 모든 관심사를 외면하는 경우는 없었다. 오히려 전문 분야를 한두 가지 택한 뒤에는 자신이 그동안 배운 온갖 것들을 활용해 그 분야에서 창조성을 발휘했다. 무엇보다 중요한 사실은 그들은 자신의 직업이나 스스로 발명한 장치 혹은 부른 노래 등으로 자신을 규정하지 않았다는 점이다. 창의적이고, 호기심 많고, 다정하고, 남을 배려할 줄 아는 인간이자 세계 시민. 이것이 최고의 학생들이 스스로 규정한 자신의 자질이다.

8장

당신의 선택은 무엇인가

'해리 포터 시리즈'를 집필한 조앤 롤링Joan Rowling은 하버드대학교 졸업식 연설에서 학생들에게 자신의 인생 이야기를 들려주었다. 가난했던 탓에 대학에 진학하지 못한 그녀의 부모는 돈벌이가 될 만한 유용한 것을 배워 그녀가 가난에서 벗어나기를 바랐다. 번듯한 직업을 얻을 만한 학위를 원한 것이다. 그러나 그녀는 이렇게 말했다.

"저는 영문학을 공부하고 싶었어요."

부모와 약간의 다툼 끝에 현대 언어를 공부하기로 타협했다. 하지만 그 약속은 오래가지 않았다. 롤링이 졸업생들에게 말했다.

"부모님을 태운 차가 도로 끝의 모퉁이를 돌기 무섭게 전 독일어 과목을 취소하고, 잽싸게 고전문학 강의를 수강하러 갔어요. 부모님께 고전문학을 공부하고 있다고 말씀드린 기억은 없어요. 아마 저희 부모님은 졸업식에서 처음 아셨을 거예요. 부모님 눈엔 지구상에 존재하는 모든 공부 중에서 그리스 신화만큼 돈벌이에 쓸모없는 공부도 없었겠죠."

롤링이 고백했다. 하지만 결국 글을 써서 세계에서 손꼽히는 부자가 된 롤링은 대학 시절 자신이 간절히 하고 싶었던 것을 따랐을 뿐이다. 고 전문학을 공부하겠다고 방향을 바꾼 결정은 그녀뿐만 아니라 전 세계 수백만 독자와 영화 관객에게도 어마어마한 영향을 미쳤다.[1]

물론 우리 중 누구도 롤링처럼 되어 해리 포터 시리즈와 맞먹는 베스트셀러를 쓰겠다는 계획을 세우지는 않을 것이다. 하지만 대학에서 전공을 선택하는 일은 어떤 대학생이든 인생에서 엄청난 전환점을 만드는 일이다. 우리가 연구했던 사람 중에서 이와 관련된 뚜렷한 패턴을 발견했다는 말은 못하겠다. 메리 앤 홉킨스는 롤링과 비슷하게 의과대학에 진학하는 과정에서 라틴어를 선택했다. 단지 라틴어가 아름답다는 이유에서였다. 데브라 골드슨은 사회심리학을 선택했다. 그것이 흥미롭기도 했지만, 더 좋은 의사가 되는 데 도움이 될 것이라고 생각했기 때문이다. 이 두 사람을 비롯해 우리가 연구한 사람들은 대체로 자신이 공부할 분야를 선택할 때 아름답거나 흥미가 있거나 매료되거나 실용적이거나 혹은 다른 이유로 선택했다.

전공 선택은 대학생들이 내려야 하는 결정 중 하나지만, 그들의 성적, 인격적 성장, 졸업 후의 창의적이고 생산적인 인생에도 지대한 영향을 미친다. 하지만 이처럼 정말 중요한 문제에 대해 대부분 진지하게 생각하지 않는다는 것이 문제다.

그렇다면 어떤 결정이 가장 큰 차이를 만들까? 우리가 만난 '최고의 학생들'이 훗날 창의적이고 생산적인 인간으로 성장하는 데 어떤 도움을 받았는지 파악하려면 그들이 내렸던 핵심적 선택에 대해 알아보아야 한다.

그들이 어떤 길로 나아갔는지 살펴보기 위해서기도 하지만, 그보다는 그들이 어떤 문제를 가장 중시했는지 살펴보기 위해서다.

지금까지 우리는 성적에 관한 이야기는 거의 하지 않았고, 좋은 성적을 받는 방법에 대해서도 거의 언급하지 않았다. 이 책의 목적 또한 학생들이 성적 우수자가 되도록 돕는 일은 결단코 아니지만, 1장에서 말했듯 성적에 관해서 몇 가지 조언은 하려 한다. 이미 말했지만 배움에 깊이 있게 접근하면 성적 역시 높일 수 있다. 하지만 우등생이 되는 것이 중요한 학생이라면 심층적 학습법에 도달하거나 창의적인 인생을 살아갈 가능성이 낮다는 주장에는 변함이 없다. 8장에서는 우수한 학업 성적에 대한 전통적 지침들에 가장 근접한 내용을 다루고자 한다. 이를 위해 우리가 만난 놀라운 사람들이 했던 공부 습관부터 시간 관리에 이르기까지 그들의 실천법과 방대한 연구 자료들을 활용했다.

하지만 공부법을 다룬다고 해서 케이크 굽듯 따라 하기만 하면 되는 요리법 같은 마법을 기대해서는 안 된다. 우리가 다루는 것은 케이크를 굽는 법이 아니라 인생을 일구어가는 법이기 때문이다. 여기서 제공하는 조언을 잘 활용하려면 복잡다단한 문제를 깊이 사고하는 능력과 현명하게 판단하는 능력이 필요하다. 우리는 생각할 거리와 당장 적용할 수 있는 실용적 공부법도 제공할 것이다.

지금부터 살펴볼 질문들에는 세 가지 요점이 있다. 첫째, 공부의 여정을 따라가다 보면 때로는 길을 바꾸거나 심지어 뒤로 다시 돌아가 완전히 다른 길로 가야 할 수 있다. 둘째, 그러려면 실패를 받아들일 수 있거나 심지어 포용할 수 있어야 하며, 목적에 도달하지 못한 경험을 통해 얼마나 큰 배움을 얻을 수 있는지 깨달아야 한다. 롤링은 이렇게도 말했다.

"실패를 통해 저 자신에 대해 배웠어요. 실패하지 않았다면 결코 배울 수 없었을 것들입니다."

셋째, 가장 중요한 요점이다. 배움의 목적을 찾고, 배움의 과정에서 주도권을 발휘하며, 스스로 능력을 끊임없이 확장시키며 그 목적을 이룰 수 있다고 믿어야 한다.

인생의
마시멜로 ————

스탠퍼드대학교의 심리학자였던 월터 미셸Walter Mischel은 유명한 실험을 고안해 냈다. 그는 4세 정도 된 아이들에게 마시멜로를 주면서 지금 당장 먹으면 한 개만 먹을 수 있지만, 자신이 돌아올 때까지 기다리면 두 개를 먹을 수 있게 해주겠다고 약속했다. 또한 먹고 싶으면 종을 울리면 되지만, 그렇게 되면 기다렸다고 해서 두 개를 받을 수는 없고, 한 개만 먹을 수 있다고도 말했다. 미셸은 마시멜로, 쿠키, 브레첼 등 맛난 간식이 가득 담긴 접시를 남겨두고 방을 나갔다. 일부 아이들은 유혹을 이기지 못하고 연구팀이 방을 나가자마자 정신없이 간식을 먹어대거나 바로 종을 울렸다. 그러나 일부 아이들은 더 큰 보상을 위해 유혹을 참고 간식을 먹지 않았다.

실험이 끝난 후 몇 년 동안, 미셸과 연구팀은 실험에 참여했던 아이들을 추적했다. 그들이 수집한 자료에서는 몇 가지 놀라운 결과를 발견할 수 있었다. 간식을 먹지 않고 기다렸던 아이들이 대체로 생산적이고 성공적인 학창 시절을 보낸 어른으로 성장한 반면, 즉각적인 욕구를 충족시켰던 아이들은 대체로 학교에서 문제 행동을 보였고, 학업 성적도 좋지 않았으며, 교우 관계도 원만치 않았을뿐더러 대학 입학시험SAT 점수 역시 참고 기다렸던 아이들에 비해 평균 210점가량 더 낮았다.

당장의 만족을 미루고 기다릴 줄 알았던 아이들에게 무언가 다른 특별한 점이 있었던 것일까? 혹시 유혹에 굴복하지 않는 비결이라도 배운 것일까? 지난 25년 동안 심리학자들은 유혹을 잘 견딘 아이들이 마시멜로에 대한 주의를 다른 것으로 돌리는 방법을 잘 찾아낸다는 사실을 발견했다. 마시멜로를 먹고 싶은 마음이야 다른 아이들과 같았지만, 그 아이들은 마시멜로가 아닌 다른 것에 집중하는 법을 습득한 것이다. 게다가 미셸과 연구팀은 마시멜로가 실물이 아니라 사진이라고 생각하는 식으로 그 대상을 마음속에서 다른 무언가로 바꾸는 심리적 요령을 가르쳐주면 아이들이 기다릴 수 있는 시간을 크게 늘릴 수 있다는 사실을 발견했다.

미셸은 이렇게 밝혔다.

"의지력이 주의와 생각을 통제하는 법을 배우는 거란 점을 깨닫는다면 의지력을 크게 키울 수 있습니다."[2]

우리가 만난 최고의 학생들은 유혹적인 방해 요인을 제쳐두는 법을 배우는 것도 배움의 하나로 삼았다. 그들의 학습 접근법은 대체로 미셸의 '마시멜로 실험'에서 오래 기다릴 줄 알던 아이들과 비슷했다. 그들은 주로 자신의 배움에 목적이 있으며, 스스로 그에 책임져야 한다고 생각했다. 목적과 배움의 주도권을 잊지 않기로 굳게 결심한 다음, 참석할 수 있는 파티, 방문할 수 있는 웹사이트, 연락할 수 있는 전화번호, 컴퓨터 게임 등 다른 모든 유혹에 굴하지 않고, 오롯이 배움에 매진하는 법을 터득했다. 나아가 공부에 너무 몰두한 나머지 다른 일들을 생각할 시간조차 없는 수준에까지 도달했다. 그러나 이러한 태도는 대개 도덕적 헌신, 공감 그리고 자신이 배운 것이 더 높은 목적을 이루는 역할을 할 수 있다는 확신이 결합된 것이기도 하다. 그들은 먼저 전반적인 목표의 중요성을 찾아냈고, 그다음으로 목표를 달성하는 일에 돌입하기 위해 해야 할 과제들의 세부 사항에 집중했다.

우리가 만난 최고의 학생 중에는 과제로 논문을 쓸 때 주제 선택부터 자료 조사까지 매 단계를 생각해야 한다고 말한 사람들도 있었다. 그중 다수가 최종 기한을 정해놓았고, 그 일에 책임지기 위해 스스로 만든 제약을 따르느라 '인생의 마시멜로'는 거들떠보지 않았다. 또한 자신이 무언가 **해낼 수 있다고** 믿었다. 3년 과정을 2년 만에 끝낸 스티븐 콜베어나 천체를 이해한 닐 디그래스 타이슨이나 모두 자신의 배움이 가져올 더 큰 보상을 생각하면서 공부했다. 그들은 무언가를 향한 열정과 드높은 도덕적 헌신의 기쁨을 위해 유혹이 아주 많은 환경에서도 스스로 끊임없이 몰아붙였다.

그렇다고 어떤 특정 기술 한 가지가 우리가 연구했던 사람 모두에게 통했다고 말할 수는 없다. 창의적인 사람들이 취했던 학습법에는 우리의 주목을 끌 만한 지점이 조금 더 있는 정도다. 그들의 비결은 '정신의 역동적 힘'을 발달시키기 위해 노력했다는 것, 그 힘을 더 나은 세상을 만드는 데 활용했다는 것, 그다음 타인의 처방에 일방적으로 의지하지 않고 자신이 썼던 방법 중 무엇이 효과적이었는지 탐색했다는 것에 있다. 동시에 그들은 좋은 학습법이라면 타인의 방식에도 늘 개방적이었다. 타이슨이나 티아 풀러, 더들리 허슈바크처럼 계획을 짜서 엄격하게 따랐던 사람들도 있었다(물론 그렇지 않은 사람들도 있었다).[3] 하지만 모두 자신에게 효과적인 방법을 찾았다. 때로는 타인의 아이디어를 빌려오기도 했지만, 자기 통제와 만족을 지연시키는 방식이 하나뿐일 것이라고는 전혀 생각하지 않았다.

셰리 카프카가 수강했던 폴 베이커 교수의 강의에서 학생들은 케이크를 구웠던, 소설을 창작했던, 의상을 제작했던, 수학 문제를 풀었던지 간에 과거 자신이 했던 창의적인 일들을 생각했다. 그다음 그 일에 필요했던 것이 무엇인지 살펴보았다. '어떤 태도를 취했는가?' '자기 행동을 스스로 통제하고 조율했는가 아니면 타인의 명령에 반응했는가?' '계획을 짜거나 아이스크림을 먹는 등 되풀이해 지킨 의식 같은 게 있었는가?' '스스로에게 어떻게 말했는가?' '시각적으로 뭘 상상했는가?' '어디서, 얼마나 오랫동안, 하루 중 어느 시간에 창작 활동을 했는가?' '뭘 가치 있게 여겼는가?' '자신의 작업을 더 큰 목표와 연계했는가?' '창작 활동을 마쳤을 때의 감정을 계속 담아뒀는가, 창작 과정의 각 단계에만 집중했는가 아니면 둘 다였는가?' '창작 활동을 마쳤을 때 어떤 기분이 들었는가? 그 과제를 즐겼는가 아니면 그저 결과만을 중시했는가?' 그들은 자기 자신과 대화하며 자기 생각과 그 생각이 어떻게 작동했는지 파악했다. 그들이 배우고자 한 원동력은 자신의 활동과 각 절차에 대한 엄격한 점검이 아니라 자기 성찰이었다.

몇 년 동안 이와 관련해 여러 연구자가 또 다른 측면에서 살펴보았다. 사람들이 어떤 일을 마치면 결과가 더 나아진다는 사실을 아는데도 미루게 되는 원인이 무엇인지 알아본 것이다. 특히 이 문제와 관련해서는 대학생들이 심하게 꾸물대며 늑장을 부리는 집단으로 악명이 높다. 이 연구는 사람들이 일을 미루는 이유와 문제 해결 방식의 다양한 측면을 탐색하면서 한 가지 중요한 문제를 부각시켰다. 칼턴대학교 지연 행동 연구 그룹의 책임자인 티머시 파이킬Timothy Pychyl은 이렇게 말했다.

"지연 행동이 일어나는 원인은 자신의 목표를 진정으로 반영하는 프로젝트가 없기 때문입니다."⁴

우리가 연구한 사람들은 자신의 목표를 완벽히 반영한 프로젝트와 강한 내재적 동기를 갖추었기에 지연 행동을 피할 방법을 찾아냈다.

지연 행동의 손아귀에서 벗어나려면 '자기 탓'을 해야 한다. 엄한 스승처럼 자신의 습관을 꾸짖어야 한다는 말이다. 파이킬과 연구팀이 했던 연구는 우리가 이미 탐색했던 주제를 그대로 보여주면서 좀 더 나아갔다. 지연 행동을 벗어나려면 오히려 '자신을 용서하라'는 것이다. 파이킬과 연구팀은 첫 시험에서 공부를 게을리했던 자기 행동을 용서한 학생들이 자책한 학생들보다 두 번째 시험에서 지연 행동을 보일 가능성이 더 낮다는 사실을 발견했다. 물론 용서가 미루어도 된다는 승인은 아니다. 크리스틴 네프가 자기 연민 능력에 대해 말한 것처럼 용서란 미룬다는 행동에 맞서고, 미루는 경향이 보통의 인간성임을 이해하며, 자기 자신을 나쁜 사람이라고 비난하지 않으면서 이러한 태도를 극복할 방법을 세심하게 모색하는 것을 의미한다. 우리가 만났던 최고의 학생들 역시 이와 비슷한 사고 패턴을 가졌다. 과거를 재단하지 않고, 더 나아지기 위해 해야 하는 일에 집중했다.[5]

책임을 위한
열다섯 가지 질문 ————

'인기 있는' 교수나 '강의가 편한' 교수를 찾아주는 웹사이트도 있다. 그러나 교수가 강의를 통해 심층적 학습법을 알려주고, 목표를 이루는 데 도움을 주는지까지는 알려주지 않는다. 예전에 출간했던 책에서 나는 학생들에게 심층적 학습법을 성공적으로 촉진시켰던 교수들을 연구했다. 당연한 말이겠지만, 이 훌륭한 교수진들은 자신이 가르치는 전공 분야에 정통했고, 깊이 있게 생각할 줄도 알았다. 하지만 학생이 교수의 지식 수준과 사고 능력을 측정할 수 있을까? 그것은 거의 불가능하다. 불가능하지 않다고 해도 쉬운 일은 아니다. 한 가지 좋은 방법은 교수가 학생의 배움 정도를 어떻게 평가하는지 살펴보는 것이다. 단순히 정보를 암기하는 것만 요구하는 교수의 강의는 피하라. 자신의 전공 분야에 대한 그의 지식과 이해도가 깊지 않다는 뜻이다. 학생들이 이해하고 배운 내용을 활용해 스스로 문제를 분석하고 해결하는 법을 찾을 수 있기를 기대하고, 또 그것을 요구하는 교수를 찾아라. 내가 연구했던 내용을 근거로 하면 특정 강의가 깊이 있는 배움의 경험을 제공하는지 살펴볼 때 가장 중요한 요인은 다음과 같다. 단 해당 강의를 진행하는 교수가 전공 지식이 충분하다고 전제했을 때 그렇다.

1. **답이 필요한 명확한 질문 혹은 능력을 습득하는 것을 중심으로 구성되었는가?** 강의에서 나오는 질문들과 강의를 통해 습득하게 될 능력의 중요성, 아름다움, 매력 등을 학생들이 이해하도록 돕는가? 우리가 연구했던 최고의 학생들은 자신에게 중요한 질문을 던져준 강의가 삶까지 바꾸었다는 이야기를 우리에게 반복해서 들려주었다. '정의란 뭔가?' '전쟁의 원인은 뭔가?' '더 효과적으로 글을 쓴단 건 어떤 의미이며, 그 방법은 어떻게 배울 수 있는가?' '권력은 누가 소유하며, 어떻게 행사되는가?' '진화론은 다양한 동식물의 존재 이유를 설명해 주는가?' '곡선 밑의 면적은 어떻게 계산하는가?' 등 말이다.

2. **학생들이 질문하고 능력을 계발하는 고차원적 활동에 참여할 수 있고, 성적을 받기 전 피드백을 통해 다시 한번 시도하고 도전해 볼 수 있는 기회가 있는가?** 혹시 한두 번의 시험으로 모든 것이 다 결정되며, 실수를 교정하거나 개선할 기회가 전혀 없지는 않은가? 교수들은 연구 과정에서 동료들에게 끊임없이 피드백을 요청하고, 학술지에 논문을 게재하기 전 연구를 수정하며 많은 자문을 거친다. 그 과정에서 "지금까지 한 걸로 보면 당신은 C 수준이야"라

고 말하는 동료는 없다. 동료들은 논문이나 가설을 어떻게 개선할 수 있을지 실질적으로 조언해 주고, 한참 후에야 최종적으로 판단한다. 하지만 이러한 사람 중 정작 자기 제자들에게는 기회를 주는 데 인색한 사람들이 있다. 그들은 강의 후 학생들에게 시험을 치르게 하고, 성적표에 점수를 적는다. 단 한 번의 시험과 단 한 번의 경험으로 영구적인 기록이 남는 것이다. 이러한 유형의 강의에서 매겨지는 학점은 학생들이 한 학기 동안 얻은 많은 성과 중에서도 어느 특정 지점만 보여줄 뿐 학생들이 진정으로 성취한 바가 무엇인지는 제대로 반영하지 못한다. 즉 학생들이 강의를 모두 마치고 습득하게 된 능력이 무엇인지 점수가 꼭 반영하지는 않는다는 인식이 없다. 하버드대학교의 총장이었던 데릭 복Derek Bok은 리처드 라이트Richard Light 교수에게 학생들이 가장 큰 지적 만족감을 느낀 경험이 무엇인지 조사해 달라고 부탁했다. 라이트 교수와 연구팀은 당시 재학생들뿐만 아니라 졸업생들도 인터뷰했다. 라이트 교수는 학생들의 만족도가 가장 높았던 강의가 '수준 높고 의미 있는 목표' '강의를 마치고 시간이 한참 지난 후에도 여전히 중요한 목표'를 설정한 강의들이었다고 보고했다. 또한 이러한 강의들은 라이트 교수가 언젠가 내게 말했던 것처럼 최종 성적을 받기 전, 여러 차례 다시 도전할 수 있는 기회를 제공한 강의였다.

3. **같은 문제, 질문, 능력으로 고군분투하는 다른 학생들과도 협력할 기회가 있는가?** 강의 내용은 그러한 협력을 독려하는가?

4. 추론을 독려하며, 학생들이 해당 분야에 능통하지 않아도 새로운 기술을 연마해 볼 기회를 제공하는가? 사람들은 직접 경험해 보면서 배워나간다. 그러나 일부 강의에서는 학생들이 지적·신체적·정서적 활동 전에 수많은 지식을 암기해야 한다고 고집한다. 반면 학생들이 많이 알지 못해도 적극 참여하도록 유도하며, 위협적이지 않고 탐구심을 자극하는 분위기에서 직접 해보며 배울 수 있도록 하는 강의도 있다.[6] 이러한 강의들은 피아노를 배우는 방식과 같다. 피아노를 배울 때 몇 달 동안 건반을 두드리는 법을 암기한 후에 피아노 건반을 누르지 않는다. 아리스토텔레스는 이미 오래전에 이에 대해 가장 적절한 표현으로 지적했다.

"배워서 능력을 획득해야 하는 일은 직접 하면서 배운다."

5. 기존 사고 패턴과 세계관에 의문을 갖게 할 만한 질문을 던지는가? 사람들은 세계에 대한 어떤 정신 모델을 구축한 다음, 자신이 접하는 모든 것을 그 모델에 적용해 이해하려 들기 마련이다. 인문학 교육의 위대한 점은 기존 정신 모델이 작동하지 않는 상황에 학생들을 몰아넣고, 그들이 스스로 믿는 것이나 그 모델 때문에 직면하게 된 문제들이 무엇인지 인식하도록 만든다는 것이다. 아무 의문을 제기하지 않는 강의도 있고, 질문이나 추론 과정 없이 자신이 생각하는 것과 다른 교조적 내용을 바로 수용하기를 기대하는 강의도 있다.

6. 학생들이 중요한 질문들과 씨름하고, 자신만의 논지를 펼치고, 서로 생각을 교환하며 다른 의견을 수용하고, 합리적 논거로 자신의 결론을 변호할 수 있는가?

7. **중요하거나 흥미롭거나 아름다운 삶의 문제들과 씨름할 때 교수와 강의는 학생들에게 필요한 지원을 제공하는가?** 이러한 지원은 지적·신체적, 때로는 정서적 형태를 띠기도 한다.

8. **학생들이 강의의 주제, 가능성 그리고 강의 내용에 관심을 갖게 하는가?** 학생들이 배움의 과정을 거치며 자신이 갖고 있는 기존 정신 모델에 어떤 문제가 있어 현실에 적용하기 어려운 것은 아닌지 생각해 볼 수 있도록 해주는가?

9. **학생들이 스스로 배움의 주도권을 쥐고 있다고 느낄 수 있는가 아니면 어떤 조건에 의해 조종당한다고 느끼는가?**

10. **학생들이 자신의 학업이 공정하고 정직하게 중요한 기준에 맞추어 존중받는다고 생각할 수 있는가?**

11. **학생들이 질문과 개념, 정보 등을 다른 강의나 세상에 대한 자신의 이해와 통합할 수 있도록 독려하는가?**

12. **구체적인 사례에서 일반 원칙으로 나아가는 귀납적 학습법을 따르는가?** 그저 암기해야 할 일반 원칙만을 제시한 다음, 같은 내용을 반복하는가?

13. **교수는 학생들의 지적·정서적·윤리적 건강을 진심으로 걱정하고, 학생들이 만들고 싶어 하는 세상이 어떤 곳인지 고민하도록 독려하며, 의미 있는 인생철학을 만들도록 도움을 주는가?** 이러한 관심과 배려가 강의에 내재하는가? 교수는 진실성에 모범을 보이고, 중요한 윤리적 질문을 제기하며, 어떻게든 가치에 집중하고, 성찰을 독려하며, 학생들이 자기 인생의 의미와 목적 그리고 어떤 사람이 되고 싶은지 생각하도록 독려하는가? 학생들의 자기 성찰과 정의감, 공감 능력 그리고 사회적 책임을 길러주는 교수인가? 또한 학생들이 비판적으로 사고하고, 호기심을 키워 창의성을 발휘하고, 남을 배려하는 따뜻한 인간이 되도록 돕는 데 관심을 갖는가? 강의 방침과 활동이 이러한 관심사들을 반영하는가? 교수는 자기 고유의 목적과 진실성, 정의감을 고민하며, 그러한 목표를 진전시키고자 하는 사람인가? 그러한 고군분투 과정을 학생들과 공유하는가?

14. **학생들이 강의를 수강한 뒤 중요한 것을 배웠고, 이 배움이 세상에 변화를 만들 것이라고 생각할 수 있도록 구성되었는가?**

15. 교수는 학생들에게 성장 능력과 정신의 역동적 힘을 계발할 능력이 있다고 분명히 믿는가 아니면 이미 능력은 고정되어 있어 개선의 여지가 거의 없다고 생각하는가? 교수는 강의에 필요한 지능과 재능에 대해 고착된 시각을 갖는가 유연한 시각을 갖는가?

우리가 인터뷰했던 사람 중 일부는 자신에게 자극과 영감을 크게 주는 스승을 만난 적이 없었음에도 깊이 있는 배움을 통해 적응력을 발휘하는 창의적인 인간이 될 수 있었다고 말했다. 그들은 교수의 행동과 무관하게 항상 심층적 학습자였다. 그들은 교수가 질문하지 않아도 스스로 질문을 던졌다. 단조로운 강의 중에도 능동적인 배움을 추구하는 사람들은 가능성을 생각했고, 응용에 필요한 활동을 했고, 텍스트에 숨겨진 함의도 추정했다.

"흥미로운 것들은 늘 찾아낼 수 있었어요."

우리가 연구했던 사람들이 공통으로 하는 말이다. 가장 중요한 것은 그들이 강의실 밖에서도 적극적으로 탐색하고 독서하며, 사고와 성찰을 이어갔다는 점이다.

"인터넷이 발전하며 가능성은 거의 무한해졌습니다."

우리와 인터뷰했던 한 사람의 말이다. 그들은 자기 스스로 배움의 주도권을 쥐고 조율하며 배우는 내용과 질에 대해 최종적으로 책임졌다.

최고의 배움을 얻는
열한 가지 독서법 ─────

책이나 글을 읽으며 눈으로 단어들을 훑어볼 때 머릿속에서는 무슨 일이 벌어질까? 더 마스터스 스쿨의 '시티텀 프로그램CITYterm program(뉴욕시에서 도시 생활과 문화를 탐구하는 체험 교육 프로그램으로, 종래의 학업과 체험 학습을 결합해 학생들이 뉴욕의 다양한 동네, 기관, 문화적 허브와 직접 교류할 수 있도록 한다-옮긴이)'에서 학생들을 가르치는 데이비드 던바David Dunbar는 이렇게 말했다.

"책을 읽으라고 말만 하는 건 축구 규칙이나 전략을 전혀 모르는 사람에게 축구공만 던져주고 경기를 뛰라고 하는 거나 마찬가지입니다."

독서에는 다양한 형태가 있고, 어떻게 독서하는지에 따라 결과의 차이도 커진다. 가장 높은 수준의 창의성과 비판적 사고 능력에 도달한 최고의 학생들의 독서법은 다음과 같았다.

1. **깊은 목적의식이 있다.** 책을 펼치기 전부터 그들의 머릿속에는 다양한 질문이 생겨난다. '뭐에 관한 책일까?' '요점은 뭘까?' '이 책이 다루는 주제는 다른 주제들과 어떤 연관성이 있을까?' '이 책은 내 생각에 어떤 의문을 제기해 줄까?' 등 그들은 책 속에서 의미를 찾고, 찾아낸 의미를 자신의 문제에 적용하려고 한다. 마치 추리소설에서 단서를 찾아다니는 탐정처럼 질문에 질문을 더해가며 면밀히 책의 내용을 뒤진다. 또한 '문자'와 '단어'라 부르는 것들이 사실은 상징에 불과하며, 곧 관념, 사건, 개념 등 책 바깥에 존재하는 일

부 현실이나 실재를 의미한다는 것을 잘 알고 있다. 그들은 종이에 적힌 내용 뒤에 숨은 의미를 찾고자 하며, 인쇄된 활자라는 창을 통해 그 너머의 다른 것을 보려 노력한다.

2. **독서를 시작하기 전, 책에서 찾아야 할 것을 예상하고 그 내용들을 확인하거나 버려가면서 읽는다.** 훌륭한 독자는 책에서 만나게 되리라 예상하는 내용을 미리 상상한다. 질문과 해결책을 상상한 다음, 책에서 찾아낸 내용과 <u>스스로</u> 추측한 내용을 비교한다. 이 같은 연습은 읽은 내용을 이해하는 데도 도움이 되고 또 다른 중요한 목적도 수행한다. 많은 연구에서 정답을 찾기 **전에** 추정과 예측을 **미리** 해두면 '적응 전문가'가 되는 데 도움이 될 뿐만 아니라 난제를 정복하는 능력도 키워준다고 강력하게 시사한다.[7] 이것이 바로 독서의 또 다른 목적이다. 그들은 평범한 절차로는 해결하기 어려운 미지의 문제와 씨름하는 것을 즐긴다. 무언가 배우기 전에 먼저 추측해 본 경험이 있으면 뻔해 보이는 쉬운 해결책이 문제 해결에 얼마나 불충분한지 깨닫게 될 가능성이 높다. 점차 지혜가 쌓이며 자신의 사고 패턴에서도 허점을 발견하게 될 것이다. 교육학자 존 브랜스퍼드 John Bransford 는 새로운 상황에 적응하려면 기존 사고 패턴과 행동 방식을 '놓아주어야' 한다고 말했다.[8] 게다가 브랜스퍼드와 연구팀은 권위자의 말을 읽기 전에 가능한 해결책이 무엇인지 미리 추정해 보아야 비로소 그 수준에 도달할 가능성이 높아진다는 사실도 발견했다.

8장. 당신의 선택은 무엇인가

3. **본격적으로 책(특히 비문학)을 읽기 전에 먼저 대충 훑어본다.** 차례를 살펴보면서 글의 목적과 구조에 관한 단서를 찾고, 요약된 부분을 먼저 읽고 중제목들을 훑어보며 근거의 종류와 주된 결론에 주목한다. '논거의 구성이 귀납적인가, 연역적인가?' '언제 출간됐는가?' '저자는 어떤 사람인가?' '저자가 이 책을 쓴 이유는 뭔가?' '저자가 답하고자 했던 주된 질문은 뭔가?' 등 말이다. 어떤 사람은 본격적으로 책을 읽기 전에 30~60분 동안 책에 대해 질문해 본다고도 했다. '책에 보기표나 도표가 있는가? 그것들은 뭘 알려주는가?' '책이 시리즈의 일부인가? 그렇다면 그 시리즈의 목적은 뭔가?' '이 책은 더 큰 목적의 계획과 어떻게 연결되는가?' '이 책을 통해 내가 얻고 싶은 건 뭔가?' '나는 어떤 질문에 답하고자 하는가?' '이 책은 내가 답하고자 하는 질문을 직접 다루는가?' '주요 관심사와 어느 정도의 접점이 있는 수준인가?' '본격적으로 학술 논문을 읽기 전에 이 논문의 초록을 이해했는가?' '실험 내용을 살펴보기 전에 논의부터 읽어야 하는가?' 등 말이다.

4. **우리가 만난 최고의 학생들은 책을 읽는 동안 연결고리를 찾으며 더 큰 목적의 질문과 책의 내용을 연관 지었고, 잠시 멈추어 생각하고 통합해 나갔다.** 책 여백에 메모하거나 노트에 자기 생각이나 감상을 기록하기도 했다. 때로 자신이 어떤 질문을 하고 싶어 하는지 몰라 고민하기도 했지만, 그 고민 역시 독서 과정의 일부가 된다. 특히 과학, 수학, 공학 등의 분야에서는 연결고리를 찾는 것이

개념을 시각화하고, 아이디어와 씨름하며, 그 아이디어의 함의와 응용 방법을 생각해 보고, 논증이나 근거를 질문하고, 실험 절차를 살피며 각 단계를 뒷받침하는 가설을 계속 생각하고, 그렇게 이해하게 된 내용을 더 큰 질문에 적용하는 일이다.

5. **문학작품을 읽을 때 연결하는 방식은 더 다양하다.** '이 소설이 제기하는 철학적 질문은 뭔가?' '이 소설은 내 삶과 내가 사는 세상 혹은 내가 만들고 싶은 세상을 바라보는 데 어떤 도움을 주는가?' 시를 읽을 때는 아름다움과 운율 등의 형식을 살펴볼 수 있지만, 어떤 형식의 문학작품이든 시대적 문화나 시공간을 반영하는 결과물로서 접근해 볼 수도 있다. 최고의 학생들은 그 작품이 기존 가치와 관점에 제기하는 의문을 곰곰이 생각하거나 그 방식을 사유했다. 작품 속 상징과 은유를 분석하며 그것이 어떻게 특정 생각과 감정을 불러일으키는지도 살펴볼 수 있다. '이건 탐색하는 이야기인가, 세상의 축소판인가?' 여정보단 동물원이나 박물관처럼 그냥 관람하는 소설인가?' '독자에게 특정 감정을 불러일으키기 위해 어떤 언어를 사용하고 있는가?' '나는 이 이야기를 읽으면서 왜 울거나 웃었는가 혹은 울지 않기 위해 웃었는가?' '이 책은 내가 더 다정하고 공감 능력이 뛰어난 인간이 되도록 만드는가?' '다른 공동체와 내가 연결되도록 만들고, 작가의 가치와 관점을 이해하는 데 도움을 주는가?' '공간, 시간과 리듬, 운동과 선, 실루엣과 색을 어떻게 다루는가?' '소설이 이런 것들을 다루는 방식은 물리학이나

문화가 같은 주제에 접근하는 방식과 어떤 공통점과 차이점이 있는가?' '이 책은 내가 정의와 윤리적 문제들을 다른 관점에서 보도록 도와주는가? 그렇다면 어떤 방식으로 돕는가?' '내가 이 작품에 접근하는 방식에서는 어떤 점이 독특한가?' '출신 배경, 나를 만든 토양과 사람들, 우리 집안을 고려할 때 나는 왜 이 작품이 빌려 온 문학적 관습에 지금처럼 반응하는가?『백 년 동안의 고독』 같은 위대한 소설의 첫 문장―"많은 세월이 지난 뒤, 총살형을 집행하는 대원들 앞에 선 아우렐리아노 부엔디아 대령은 아버지에게 이끌려 얼음 구경을 갔던 먼 옛날의 오후를 떠올렸다."―을 읽을 때, 왜 특정 단어들이 내게 강렬한 이미지, 신비감 그리고 흥미를 불러일으킬까?'와 같은 방식으로 말이다.

6. **비문학을 읽을 경우, 연결고리를 만든다는 것은 우선 글의 논점을 찾아보고, 모든 문장이 하나의 논지 안에 있지 않아도 논지마다 결론과 그 결론을 뒷받침하는 전제가 있다는 사실을 인식하고 있다는 뜻이다.** 때로는 결론이 직접 명시되기보다 암시될 수도 있다는 인식 그리고 전제 역시 그러할 수 있다는 인식이 그들이 비문학을 읽을 때 고려하는 부분이다. 학생들이 적극적으로 어떤 논지를 분석할 때는 그것을 구성하는 부분들에 대해 질문을 던질 수 있다. '전제는 결론을 뒷받침하는가(쉽게 말해 "이게 말이 되는 주장인가?" 하는 질문)?' '동일한 정보에서 나라면 어떤 결론을 이끌어낼 수 있는가?' '논지에서 빠진 부분은 뭔가?' '전제를 받아들이면 결론도 받

아들여야 하는가?' '결론의 개연성을 높이는 건 전제가 아니라 증거가?' '이 논지가 사용한 주요 개념과 가설은 뭔가?' '이런 논지의 전제와 개념은 내가 다른 강의에서나 혹은 삶에서 본 것들과 어떤 관련이 있는가?'와 같은 질문 말이다.

7. **논거의 질과 성격을 평가한다.** '추론에서 비롯된 논거라면 그 추론은 무엇에서 이끌어 냈는가?' '같은 논거를 바라볼 수 있는 다른 관점이 존재하는가?' '관찰에서 비롯된 논거라면 누가, 어떤 시각에서 관찰한 건지 알면 도움이 될까?'와 같이 말이다.

8. **최고의 학생들은 심층적 학습자이므로 지금 읽고 있는 글이 과거에 읽었던 다른 글이나 자신의 신념과 어떤 점에서 일치하거나 다른지 살펴본다.** 생각이 같은 두 저자라도 태도는 다를 수 있다. 혹은 생각이 다른 두 저자도 태도는 같거나 혹은 태도까지 모두 다를 수 있다. 예를 들어 역사 관련 연구에서 제2차 세계대전에 미국이 개입하게 된 원인에 대해 두 역사학자의 생각이 같을 수는 있지만, 미국의 개입이 옳았는지에 대한 의견은 갈릴 수 있다는 말이다. 의견의 불일치가 순전히 가치관 때문이라면 논거에 호소해 보았자 큰 영향을 끼치지 못한다. 하지만 신념 때문이라면 논거는 중요해진다. 때로 상충하는 태도는 신념의 차이에서 비롯되지만 그런 것만은 아니다. 학생들이 이러한 가능성을 고려하면서 독서하는 경우 더욱 예리하고 체계적으로 생각할 수 있다.

9. **대부분 책을 읽으면서 개요를 작성했고, 메모를 거듭해 작성했던 개요를 점차 줄여나갔다.** 그렇게 줄여나가는 각 단계에서 그들은 논거와 결론을 평가하고, 증거와 일반화된 내용을 찔러보고, 사용된 개념과 만들어진 가설에 주목하며, 그 함의와 응용에 대해 생각해 볼 수 있었다. 많은 학생이 낯선 단어를 만나면 옆에 사전을 두고 찾아보지만, 더 좋은 방법은 새로운 단어의 의미를 맥락에서 먼저 추론한 다음, 다른 참고서를 볼 때 그 추론이 맞는지 확인해 보는 것이다.

10. **우리가 만난 최고의 학생들은 모든 인지 활동을 동시에 수행했다.** 책을 읽는 동안 기억하고, 이해하고, 적용하고, 분석하고, 종합하고, 평가하기까지 했다. 그러나 많은 대학교수가 인지 활동들을 통합적 방식이 아닌 차례대로 정복해야 하는 활동 목록처럼 만들어 강의를 계획한다. 그래서 학생들이 정보에 관해 생각해 보기도 전에 방대한 정보를 먼저 암기하도록 강요받는 것이다. 그러나 인간의 두뇌는 그런 방식으로 작동하지 않는다. 예를 들어 내가 당신에게 149162536496481라는 숫자를 배우라고(다시 말해 기억하라고) 요청한다면 당신은 도저히 불가능하다고 생각할 것이다. 하지만 이 숫자가 1에서 9까지를 제곱한 수를 나열한 결과($1×1=1$, $2×2=4$, $3×3=9$, $4×4=16$……)라는 사실을 먼저 알아차린다면 암기하기가 쉬워진다. 이해한 내용을 중요한 문제에 적용해 보았다면 그 이해는 적용해 본 만큼 더 깊어지고, 의미도 커

진다. 관념과 정보를 분해해 구성 요인들과 그 안의 관계들을 살펴본다면 적용 능력도 향상된다. 분해한 내용들을 새로운 방식으로 다시 결합해 보았다면 이번에는 분석 능력이 더욱 향상될 것이다. 관련된 아이디어와 정보를 가지고 평가해 보았다면 모든 과정이 더 큰 의미를 갖게 된다(홉킨스가 아버지와 함께 차고에서 자동차를 분해했던 일을 떠올려 보라. 자동차든 논지든 다루는 과정은 동일하다). 벤저민 블룸Benjamin Bloom과 연구팀이 인간의 두뇌가 할 수 있는 활동들(기억, 이해, 응용, 분석, 종합 및 평가)의 목록을 만들었을 때, 인간이 그 활동들을 순서대로 정복해야 한다는 내용은 그 어디에도 없었음에도 많은 대학교수가 여전히 정복 활동처럼 강의를 계획해 진행하고 있다.

11. **최고의 학생들은 수업 준비를 하듯 책을 읽는다.** 존 바그John Bargh
    와 연구팀은 학생들이 누군가를 가르칠 준비를 하듯 공부하기만
    해도 기억력과 이해력이 향상된다는 사실을 이미 오래전에 발견
    했다. 지금은 고전이 된 실험이지만, 그는 학생들을 두 그룹으로
    나눈 뒤 A 그룹에는 단어 목록을 주고 혼자 공부하라고 지시했다.
    B 그룹에는 단어 목록의 단어들을 다른 사람들에게 가르칠 준비
    를 하라고 지시했다. 실제로 가르친 것은 아니지만 B 그룹은 단
    어를 훨씬 더 많이 기억했다.[9] 우리가 만난 최고의 학생들은 이러
    한 원칙을 단어를 암기하는 데뿐만 아니라 개념을 이해하고 응용
    하며, 함의를 파악하는 데도 적용했다. 미네소타주 세인트올라프

대학에서 심리학 개론 강의를 수강한 학생들은 자신이 배운 것을 초등학생들에게 가르칠 수 있는 수준으로 공부하는 것의 이점을 직접 경험했다. 한 학생은 이렇게 말했다.

"꽤 복잡한 과학적 개념을 초등학생에게 가르치기 위해선 그 개념을 속속들이 이해하고 있어야 하며, 수업을 계획할 때도 창의력을 발휘해야 합니다."[10]

즉 수업을 준비하기 위해서는 공부할 때 연관성을 만들고 통합하는 학습법을 적용할 수밖에 없다. 버지니아대학교의 앤드루 코프먼Andrew Kaufman 교수의 러시아문학 강의를 수강한 학생들은 레프 톨스토이의 『전쟁과 평화』를 읽고 토론하는 데 그치지 않았다. 그들은 소년원에 톨스토이의 작품들을 가져갔다. 수용된 청소년들을 위한 세미나를 준비한 것이다. 학생들은 버몬트소년원에 가서 다양한 범죄로 수감된 청소년들을 도왔다. 그들은 '나는 누군가?' '나는 왜 이곳에 있는가?' '나는 어떻게 살아야 하는가?'라는 세 가지 근본적 문제를 다룬 러시아문학을 읽어주었다. 강의를 수강한 한 학생은 이렇게 말했다.

"이 강의 자체가 '응용문학'입니다. 강의 내용을 삶에 응용해 적용하니까요."

이 강의를 수강하려면 교수에게 먼저 신청한 뒤 자신이 선택한 배움에 책임지는 자세로 '진리의 공동체'에 합류해야 한다. 그곳은 단순히 사실을 전달받기만 하는 것이 아니라 스스로 질문하고 생각을 탐험하도록 코프먼 교수가 교육학자인 파커 파머Parker

_{Palmer} 와 만든 곳이다. 학생들은 그곳에서 인간 존재를 둘러싼 심오한 질문들과 씨름하며, 소년원의 청소년들을 똑같이 자극하기 위해 준비한다. 그 과정에서 향후 자신이 생각하고, 행동하고, 느끼는 방식에 깊은 영향을 끼칠 배움을 얻는다. 그 결과 배움의 바탕이 된 문학작품에 대한 지식뿐만 아니라 같이 공부했던 다른 학생들 그리고 소년원의 청소년들과도 깊은 인연을 갖게 된다. 학생들은 이렇게 말했다.

"모두 서로의 말에 귀 기울이고 있는 듯했어요." "어쨌든 모두의 결론은 늘 같아요. 저희 모두 이곳에 남고 싶어 했단 거죠." "이번 강의에서만큼은 문학작품을 현실에도 적용해 볼 수 있었어요. 이런 일이 가능하다는 걸 거의 잊고 있었죠." "이 강의에선 그저 말 한마디 더 얹어보겠다고 논평하는 사람이 없었어요. 다른 강의에선 졸업이 주요 동기가 됐지만, 이 강의에선 소년원 아이들을 실망시키지 않는 게 동기였죠. 아이들을 확실하게 이해시키려면 제가 그 자리에 있어야 했어요."

코프먼 교수의 강의를 수강한 학생들은 성적보다 깊이 있게 이해하는 데 집중했다. 학생 대부분이 처음 하는 경험이었다. 단순히 타인에게 어떤 내용을 설명하기 위해서가 아니라 그 사람이 깊이 사고할 수 있도록 자극하기 위해 각자 나름대로 자신의 수업을 준비하는 과정에서 학생들은 스스로 깊이 이해하고 감상하는 능력을 얻었다. 학생들이 타인을 가르치는 기회는 흔치 않다. 얻는다 해도 대개 토론 분위기 조성보다 발표가 중심이 된다. 그럼에도 우리에게 자신의 이야기를 들려준 학생들은 타인의 배움을 돕기 위해 수업을 준비하듯 내용을 설계하고, 자신의 공부를 마주하는 풍요롭고 다양한 방식을 탐구하면서 배움을 정교하게 다듬는 일의 가치가 얼마나 큰지 확실히 이해하고 있었다.

강의 내용을 '읽을' 때도 들을 때 못지않게 깊은 연구와 면밀한 검토가 필요하다. 최고의 학생들은 내용을 연관 짓고 통합하며, 질문하고 검토했다. 그들은 공부할 때 노트를 두 권 사용했다. 한 권에는 강의의 중요한 정보와 개념 등을 기록했고, 다른 한 권에는 질문할 내용, 상기·추측·응용할 내용, 내용의 함의와 가능성 등을 적었다. 어떤 학생은 노트 한가운데 선을 긋고, 왼쪽에는 강의 내용과 질문 내용을, 오른쪽에는 강의와 관련된 개념과 아이디어, 절차 등을 적기도 했다. 그들은 새로운 내용을 배울 때 단순히 모든 것을 기록하려 애쓰는 속기사가 되는 것이 아니라 정보를 분류하고 다듬는 사람이 되었다. 강의 내용을 필기한 다음, 최대한 빨리 그 내용을 다시 정리하는 학생들도 있었다. 한 학생은 이렇게 말했다.

"아주 저렴한 종이를 사서 강의 시간에 그 종이에 필기한 다음, 제대로 된 노트에 더 오래 볼 수 있도록 다시 정리했습니다."

노벨물리학상을 받은 미국의 물리학자 이지도어 라비Isidor Rabi는 우리가 살펴본 사람은 아니다. 하지만 라비 또한 자신의 세심한 공부 습관을 어머니 덕으로 돌렸다고 전해진다.

"어머니는 의도하지 않게 저를 과학자로 만들어주셨습니다."

그는 브루클린에 살았다. 그곳의 부모들은 자녀에게 학교에서 무엇을 배웠는지 물었지만, 라비의 어머니는 매일 이러한 질문들을 던졌다.

"어머니는 제게 이렇게 묻곤 하셨어요. '오늘 선생님께 좋은 질문을 했니?' 바로 이 차이—좋은 질문을 던지는 것—가 저를 과학자로 만들었습니다."[11]

이러한 맥락을 알아야 우리가 인터뷰했던 사람 중 다수가 우리에게 이렇게 말했던 이유를 제대로 이해할 수 있다.

"저는 공부를 그렇게 많이 하진 않았어요. 책은 많이 읽었지만요."

하지만 이렇게 말했다고 해서 그들이 공부를 열심히 하지 않았다는 뜻은 아니다. 사실 그들은 누구보다도 오랜 시간을 도서관에 책을 읽거나 실험실에서 실험하며 보냈다. 그러나 막판에 벼락치기로 공부하거나 기계적으로 강의 자료를 복습하는 데 의존하지 않고, 끊임없이 의문을 품으며 깊이 있게 강의 내용을 파고들었다. 그들은 강의 자료를 이해할 때 개념과 논증을 분석했다. '이 개념이나 정보가 내게 무슨 말을 건네고 있는가? 리듬인가, 선인가 아니면 공간, 소리, 실루엣 중 뭔가?' '그건 내 가치관에 어떤 영향을 주는가?' '이치에는 맞는가? 그 이유는 뭔가?' '다른 강의에서 토론했던 주제나 문제와 어떤 연관성이 있는가?' 우리가 만났던 최고의 학생들은 독서하며 의문을 제기하고, 내용을 깊이 있게 파고들고, 숙고하고, 추정하고, 평가하며 이해와 적용을 실천했고, 그 덕분에 제대로 기억할 수 있었다.

최고의 공부법에 관한
조언 ─────────

체계적으로 공부하지 않는다고 해도 자료를 복습해야 할 때는 닥쳐오기 마련이다. 배운 내용을 어떻게 되새기는지에 따라 엄청난 차이가 생긴다. 미네소타대학교 교정은 추운 겨울이면 캠퍼스가 눈으로 덮이는 경우가 많다. 봄이 찾아오며 하얀 담요처럼 캠퍼스를 덮고 있던 눈이 녹기 시작하면 그 자리마다 크로커스가 군데군데 색색이 피어난다. 잠자던 나뭇가지와 덤불에서 푸른 잎이 돋아나기 전이지만 날씨가 조금만 풀려도 학생들은 서둘러 여름옷을 걸친다. 마치 '여름 맞이 옷'을 입으면 따뜻한 날씨를 조금이라도 더 앞당길 수 있을 것이라고 잔뜩 기대하는 듯하다. 1960년대 후반 미국의 심리학자 제임스 젠킨스James Jenkins와 토머스 하이드Thomas Hyde는 바로 이러한 환경에서 한 실험을 진행했다. 이 실험은 '최고의 공부법'에 관한 혁명이었다.

두 심리학자는 학생들을 여러 그룹으로 나눈 다음, 단어 목록을 주고 공부하게 했다. 일부 학생들에게는 각 단어에 'E'라는 알파벳이 있는지와 같이 사소한 주의사항에 집중하라고 당부했다. 일부 다른 학생들에게는 호감도에 따라 단어의 순위를 매기라고 했다. 첫 번째 그룹의 학생들은 철자만 주목하면 되었겠지만, 두 번째 그룹의 학생들은 단어의 의미까지 생각해야 했다. 당연하게도 호감도에 따라 단어의 순위를 매긴 학생들이 더 많은 단어를 암기했음이 시험 결과로 드러났다.[12]

이 실험이 다른 심리학자들의 주목을 받았던 이유는 간단했다. 학생들이 적극적이고 의미 있게 배운다면 단순 반복이나 사소한 것에 집중해야 할 때보다 더 많은 내용을 기억할 수 있다는 점 때문이었다. 이후 40여 년에 걸쳐 가장 효과적인 학습법이 무엇인지에 관한 연구가 지속되었다. 수십 명이 이러한 연구를 바탕으로 좋은 성적을 받는 방법에 관한 책을 출간했다. 애리조나주립대학교의 경영학 교수 클로드 올니Claude Olney 는 〈의지가 있는 곳에 A가 있다Where There's a Will, There's an A〉라는 뻔뻔한 제목의 비디오와 DVD를 출시해 큰돈을 벌기도 했다. 하지만 이 같은 연구들은 모두 여러 중대한 오류를 범하고 있다. 첫째, 이는 암기 능력과 성적 산출 접근법만 살펴보았기 때문에 나온 결과들이다. 즉 어떤 접근법이 깊이 있는 배움을 얻고 창의적인 삶을 만들어주는 접근법인지는 대체로 살펴보지 않았다는 뜻이다. 둘째, 이러한 결과는 전략적 학습법의 목적에만 적합하다. 학생들이 A를 얻는 데만 골몰하거나 주력하면 심층적 학습자, 적응 전문가, 창의력이 높은 사람은 되지 못할 공산이 크다.[13]

정신의 역동적 힘을 키우는 동시에 학업 성적도 같이 올릴 수 있는 공부법이 있을까? 나는 분명히 있다고 생각한다. 그리고 그 해답은 우리가 만났던 최고의 학생들에게서 얻은 학습법에 있다. 당연히 그러한 학습법이 배움의 본질을 다루는 연구들에서 강력히 다루어지기는 했지만, 창의성이 높은 사람들에 관한 우리의 연구와 심층적 학습법을 다룬 다른 수많은 연구 문헌을 다시 주의 깊게 살펴볼 필요가 있다. 그것들이 최고의 공부법에 관해 우리에게 알려주는 것은 이러하다.

면밀하고 자세하게 공부하라. 다른 주제와의 연결고리를 찾고 또 찾으며 질문하고 평가하라. 머릿속에서 단어를 갖고 놀아보며 재미있게 공부하라. 젠킨스와 하이드의 실험에서처럼 단어의 호감도를 기준으로 순위를 매겨보는 등 다소 바보 같은 행동이라도 도움이 된다. 앞에서 그들의 연구를 소개할 때 나는 미네소타대학교의 겨울 교정을 배경으로 설정하여 기존 연구가 이루어진 장소와 연구 결과를 당신이 연관 지어 기억하게 하려 했다. 단어가 전달하는 운율이나 의미가 가진 선, 색 등을 연상하며 생각해 볼 수도 있다. 연상 기법을 활용할수록 나중에 기억하고 있을 가능성이 높아진다.

이해한 다음 기억하라. 앞에서 언급했던 숫자(149162536496481)를 기억하는가? 기억 장치에 무엇을 채우든 적용 원리는 동일하다. 이해하려면 깊은 '연상망'이 필요하다. 복잡하게 가닥가닥 꼬인 이러한 망이 작동하지 않으면 애초에 기억 자체가 불가능하다. 나는 현재 중국어의 간체자를 익히기 위해 애쓰고 있다. 처음에는 한자를 배우는 것조차 불가능해 보였다. 찾아보는 책마다 무조건 반복하며 암기하라고 조언했다. 하지만 의미를 지닌 여러 가지 글자로 이루어진 경우가 많다는 사실을 깨달은 뒤에는 한자를 분해해보며 조금씩 한자 학습에도 진전이 보이기 시작했다. 나는 한자로 이야기를 만들어보기도 했고, 한자문화권에 대대로 전해 내려오는 다른 이야기들도 배우기 시작했다. 예를 들어 '울다'라는 뜻을 가진 한자 '哭(곡)'은 큼직한 두 개의 눈 중 한쪽 눈에서 눈물 한 방울이 뚝 떨어지는 사람처럼 보인다. '숲'을 의미하는 한자 '森(림)'은 세 그루의 작은 나무가 모인 모양이다. '좋다'라는 뜻을 가진 한자 '好(호)'는 여성과 아이를 의미하는 한자로 이루어져 있다.

반복, 반복, 또 반복하라. 연상 기법을 아무리 활용한다 해도 반복해서 보지 않으면 기억할 수 없는 것들도 있다. 하지만 얼마나 자주 반복해야 하는 것일까? 중요한 시험을 앞둔 전날 밤에 끝없이 반복해 보는 것이 효과적일까 아니면 며칠, 몇 주에 걸쳐 반복 횟수는 같아도 소요되는 시간을 줄일 수 있는 방법을 사용하는 것이 좋을까? 부지런하게 공부하는 학생들은 날짜와 이름, 세포의 명칭 등 자잘한 세부 사항을 암기하는 데 많은 시간을 보낸다. 그러나 연구에 따르면 그러한 전통적인 공부법은 시간 낭비일 수도 있다.

뇌가 작동하는 원리를 살펴보자. 새로운 단어처럼 무언가 새로운 내용을 접하면 뇌는 그것을 거의 즉시 잊기 시작한다. 하루가 지나면 전혀 기억하지 못할 수 있다. 하지만 같은 내용을 두 번 접하면 그것을 기억하는 시간이 늘어난다. 세 번, 네 번, 계속 접할수록, 다시 말해 접하는 횟수가 늘어날수록 기억하는 시간은 더 늘어난다. 정보를 반복해 기억할수록 다음에 정보를 노출시키는 데까지 걸리는 시간이 늘어난다. 반복해서 암기한 정보는 시간이 좀 지난 후에 보아도 잊지 않는다는 말이다. 새로운 단어가 기억에서 사라지기 직전, 그 단어를 다시 보며 뇌를 자극한다면 기억을 되살릴 수 있다. 그렇다면 어느 정도의 간격을 두고 정보를 접해야 시험을 치를 때뿐만 아니라 이후 내 사고 패턴과 행동 방식, 감정 등에도 기억이 긍정적인 영향을 끼치게 할 수 있을까?

이 질문에 명확한 답을 제공해 주는 연구는 없지만, 우리가 인터뷰했던 사람들에게서 찾은 패턴들을 분석하면 정답 비슷한 것을 유추해 낼 수 있다. 대체로 그들은 일정 간격을 두고 공부했다. 반복하며 숙지한 내용을 다른 문제와도 연계시키며 공부했다는 점이 중요하다. 많은 사람이

'암기의 간격'을 정확히 알아내고자 노력했는데, 그들 또한 정보 노출의 횟수가 늘어날수록 더 오래 기억할 수 있다는 사실을 알고 있었다. '핌슬러Pimsleur' 같은 인기 언어 학습 프로그램들은 이러한 원리에 바탕을 둔다. 새로운 단어를 처음 접한 뒤 두 번째는 몇 초 이내, 세 번째는 몇 분 후, 네 번째는 그보다 조금 더 긴 시간 후, 아홉 번째는 다음 날이 되는 식이다. '슈퍼메모SuperMemo'나 '앙키Anki' 같은 학습 카드식 암기 프로그램들은 이러한 암기의 간격이 정확히 어느 정도가 되어야 하는지 알고리즘을 개발하고자 했다. 한편 일정 수준 이상으로 노출 빈도를 늘리는 것은 시간 낭비라고 주장하는 사람들도 있다. 일부 실증적 연구자들은 노출 빈도에 좌우되는 이러한 학습법에 의문을 제기한다. 그러나 면밀한 간격을 둔 반복 기법을 활용해 학습 효과를 높인 언어 학습자들이 무수히 많다. 이러한 프로그램들은 유럽의 통번역학을 배우는 학생들과 중국의 외국어 학습자들 사이에서 점점 더 인기를 얻고 있다.[14]

지금까지의 모든 연구로 추정하자면 중요한 시험을 앞둔 전날 밤, 한꺼번에 몰아서 공부하는 것보다는 몇 주에 걸쳐 간격을 두고 반복해서 공부하는 것이 좋다. 물론 몇 주간 공부한 **다음**, 막판에 복습까지 더한다면 정확성을 높이는 데 도움이 될 것이다. 우리가 만났던 최고의 학생들에게 두드러지게 나타났던 패턴도 바로 이것이었다. 그들은 끊임없이 읽고 복습했으며, 배운 내용을 노트에 정리한 다음, 공부에 몰입했다. 더들리를 비롯한 다른 사람들도 여러 차례 개요를 작성했다. 티아는 서술형 시험을 준비하거나 리포트를 작성할 때 자기 생각을 반복해서 적어보고, 새로운 용어와 개념을 자주 사용하여 자기 것이 될 때까지 단련했다.

복습하는 데 지나치게 많은 시간을 보낼까 봐 걱정되는가? 물론 그럴 수 있다. 특히 그 시간이 시험 직전에 몰려 있다면 더 그렇다. 몇 주에 걸쳐 적절한 간격을 두고 공부한다면 시험 직전 벼락치기로 몰아서 공부하는 것보다 훨씬 더 효율적으로 좋은 성과를 거둘 수 있다. 학습 프로그램을 활용할 경우 기억하기 어려운 부분도 집중해서 볼 수 있고, 시간을 덜 들여도 충분히 기억할 수 있도록 도움을 받을 수도 있다.

하지만 '반복'이 가장 큰 보상을 가져다줄 때는 바로 의미를 부여하며 세밀하고 깊이 있는 배움을 얻고자 할 때다. 그래서 나는 학습 카드를 넘기며 단어를 암기하는 것보다 실제 대화와 유사한 스크립트가 녹음되어 학습자가 참여하는 느낌을 받을 수 있는 어학 테이프를 들을 때 암기가 더 수월해진다(물론 가끔은 학습 카드도 기억한 단어들을 점검할 때 도움이 된다). 또 학습 카드로만 단어를 볼 때보다 흥미로운 글을 읽다 만나게 된 단어가 더 잘 기억된다.

단순한 반복 연습보다 테스트의 효과가 더 좋다. 특정 단어를 반복해서 보기만 할 때보다 틀리더라도 스스로 단어 시험을 치는 편이 학습에 더 효과적이라는 연구 결과가 점점 늘고 있다. 두뇌 활동이 발생하려면 뇌에게 기억 깊은 곳에서 무언가 파내라고 지시해야 한다. 내용을 탐색하고, 기억하기 위해 애쓰고 조합해 볼 때 단순 반복으로는 결코 생기지 않을 강력하고 안정적인 내용 연계성이 구축된다. 타인에게 어떤 개념을 설명하면 그 내용을 이해하고 기억하는 데 도움이 되는 이유가 바로 그 때문이다. 개념을 설명해야 하는 환경에서는 자신의 기억 능력을 테스트해야 한다. 나는 어학 테이프를 들을 때 해설자의 답을 기다리기보다 혼자

답을 기억해 내려 애쓸 때 가장 효과가 좋았다. 우리는 기억한 내용을 떠올릴 때마다 기억을 구성한다. 테스트를 거치며 반복적으로 구성된 기억들은 다음에 재구성하기 더 쉬워진다. 우리가 만났던 학생들은 함께 공부하며 서로 퀴즈를 내고 질문하며 공부한 내용을 확인했다. 번갈아 가며 서로에게 자신이 배운 내용을 가르치기도 했다.

당신이 공부할 때 암기 없이 추측만으로 공부하며 테스트를 치렀는데, 정답을 전혀 적지 못했다고 가정해 보자. 이러한 학습법도 올바른 답을 암기하기 위해 노력하는 것만큼 효과적일까? 적어도 무언가 기억하려고 하기 전에는 우선 그것을 공부해야 하는 것이 아닐까? 정답을 알기도 전에 대충 추측만 해서 테스트를 치르면 틀릴 것이 뻔한데, 이러한 방식으로 공부하면 오히려 효과가 감소하지 않을까? 하지만 그렇지 않다는 연구 결과가 있다. UCLA의 심리학자들은 두 그룹의 학생들에게 학습 자료를 공부하는 각각의 방법을 일러주었다. 첫 번째 그룹은 정답을 알기 전에 답이 무엇일지 추측했고, 두 번째 그룹은 공부하는 것부터 시작했다. 과연 시험 성적은 어느 그룹이 더 좋았을까? 추측부터 했던 학생들은 비록 답을 전부 맞히지는 못했어도 공부부터 시작했던 학생들보다 유의미하게 높은 성적을 받았다. 학생들에게 인간의 시각에 대한 과학 논문을 제공한 실험도 있다. 그 실험에서 한 그룹은 논문을 읽고 얼마나 많은 내용을 기억하는지에 관한 시험을 치렀다. 다른 그룹은 논문을 읽기 **전에** 시험을 치른 다음, 논문을 읽고 내용을 얼마나 기억하는지에 관한 시험을 다시 치렀다. 논문을 먼저 읽은 학생들의 논문에는 시험에 나올 내용이 전부 강조되어 있었고, 이탤릭체로도 표시되어 있었던 반면,

추측으로 시험을 치렀던 학생들의 논문에는 그러한 표시가 전혀 없었다. 그럼에도 추측을 먼저 했던 학생들이 최종 시험에서 더 높은 성적을 받았다.[15]

공부하는 장소가 늘 같다면, 바꾸어라. 장소를 바꾸어가며 공부하면 다양성이 생기고, 경험을 더 풍부하게 만들어 배운 내용을 기억하고, 그 기억을 강화하는 데 도움이 된다. 티아를 비롯한 다른 학생들은 제일 좋아하는 공간이 아니라 다양한 장소에서 공부했고, 이 같은 습관의 효과는 배움에 관한 연구에서도 드러났다. 수많은 연구에서 최소한 서로 다른 두 장소에서 공부한 학습자가 자신이 배운 내용을 기억할 확률이 더 높다는 사실이 발견되었다. 공부하는 장소와 관련해 최초로 실시되었던 실험에서 연구자들은 두 그룹에게 각각 단어 목록을 공부하게 했다. 한 그룹은 모두 같은 장소에서 공부한 반면, 다른 그룹은 다른 장소에서 같은 시간을 공부했다. 그 결과, 다른 장소에서 공부했던 학생들이 목록에 있던 단어를 더 많이 암기했다. 다양성은 풍부한 연상을 돕는다. 우리가 의식적으로 생각하는 것과 관련 없는 배경에서 연상 활동이 이루어진다고 해도 마찬가지다.[16]

멀티태스킹은 금물이지만, 공부할 때는 두 과목 정도 꼭 동시에 하라. 무슨 앞뒤 안 맞는 헛소리냐고 생각할지도 모르겠지만, 그렇지 않다. TV를 보며 역사책을 읽거나 게임하며 리포트를 작성하면 집중하기 어렵다. 많은 연구에서도 확인되었듯 인간의 두뇌는 오래 반복해 온 몇 가지 일상적 작업을 제외하면 두 가지 작업을 동시에 수행하지 못한다. 그래서 걸으며 말할 수는 있어도 TV를 보며 책을 읽을 수는 없다. 두 가지 작업을 동시에 수행하는 것이 아니라 기껏해야 번갈아가며 하는 것이기 때문에 TV를 보며 책을 읽으면 다 읽는 데 시간만 두 배로 걸릴 뿐 얻는 것도 더 적다.[17]

한번 실험해 보라. 먼저 A부터 Z까지 알파벳을 모두 쓴다. 그다음 1부터 26까지 숫자도 쓴다. 마지막으로 알파벳과 숫자를 번갈아가며 쓴다. 1, A, 2, B…… 식으로 쓰면 된다. 알파벳과 숫자를 따로따로 썼을 때와 번갈아 썼을 때의 시간을 비교해 보면 번갈아 쓸 때 훨씬 더 시간이 오래 걸린다. 멀티태스킹의 효과는 허상이다.

하지만 화학과 역사처럼 서로 다른 과목을 지속적으로 통합하면 공부할 때 기억에도 훨씬 잘 남고, 이해도도 더 깊어진다는 연구 결과가 있다. 두 개 이상의 과목을 거의 동시에 공부하면 통합시키는 데 도움이 된다. 두 과목을 번갈아 공부하되, 두 과목의 연관성을 부단히 찾으며 한 과목을 다른 과목의 맥락에서 생각해 볼 방법을 찾는다면 통합적 공부가 될 수 있다. 더들리는 화학의 고분자 연구와 역사 속 제2차 세계대전 결과 사이의 연관성을 발견했다. 고분자 연구 덕에 미국은 일본이 동남아시아의 고무나무 재배 지역을 모조리 정복하려고 했던 상황에서도 인조 고무를 개발할 수 있었다.

조용하고 방해 요소가 없는 장소를 찾아라. 두세 군데를 찾아도 좋다. 일부 학생들 중에는 음악을 들으며 공부하면 더 잘 된다고 생각하는 학생들이 있고, 실제로도 정말 그럴 수 있다. 그러나 음악이 공부하는 데 도움이 된다는 확실한 연구 성과는 없다. 오히려 여러 연구를 살펴보면 내향적인 사람들이 공부할 때 음악을 들을 경우 더 악영향을 받는다.[18]

그나마 노래보다 기악곡이 효과적이라는 연구도 일부 있기는 하지만, 둘 다 방해가 될 수 있다. 음악이 공부하는 데 끼치는 영향은 사람마다 다르다. 다시 한번 말하지만 자신의 경험을 잘 들여다볼 줄 알아야 올바르게 결정하는 데 도움이 된다. 자신에게 솔직해야 한다. 자신이 원하는 학습법을 실제로 효과가 있는 학습법으로 혼동해서는 안 된다.

운동하라. 몇 년 동안 정기적이고 꾸준한 운동, 충분하고 계획적인 수면, 건강하고 균형 잡힌 식단이 두뇌와 학습 능력에 도움이 된다는 여러 연구 결과가 제시되었다. 예를 들어 정기적인 유산소 운동은 기억 능력에 연관된 해마의 크기를 키울 수 있다는 사실을 밝힌 연구도 있다.[19] 뉴욕대학교의 신경과학 교수 웬디 스즈키Wendy Suzuki는 강의 전 한 시간 동안 유산소 운동을 한 학생들이 그렇지 않은 학생들보다 유의미하게 나은 성적을 받았다는 사실을 발견했다.[20] 베이커 교수는 이러한 연구가 축적되기 훨씬 전부터 비슷한 이치를 파악하고 있었다. '능력 통합' 강의를 수강한 학생들은 강의 전, 늘 발성 연습과 스트레칭을 했다.

무언가 배우기 전에 해결책과 그 연관성을 추측해 보라. 억측이라도 좋다. 수학 문제나 역사적 수수께끼에 직면했을 때 여러 가지를 가정해 보며 가능한 아이디어들을 굴려보고, 가설을 세워보라. 단 스스로 생각한 아이디어들은 무엇이든 검증해야 한다는 사실만은 꼭 명심해야 한다. 타인이 정답을 알려줄 때까지 넋 놓고 기다리고만 있지 말라.

글쓰기를
시작하는 법 ──────

일단 써라. 종이(혹은 컴퓨터)에 글을 쓰는 작업이 크게 유익하다는 사실이 연구를 통해 점점 더 많이 드러나고 있다. 자기 자신과 삶, 가치, 심지어는 가장 상처가 된 경험조차 성찰하는 글쓰기 연습에 특히 좋다. 그 사례는 다양한 자료에 넘쳐난다. 3장에서 살펴보았듯 콜로라도대학교 물리학과 학생들은 자신이 소중히 여기는 가치에 대해 학기마다 15분짜리 글을 두 번씩 썼다. 그 결과 글을 쓰지 않은 학생들보다 더 좋은 성적을 받았다. 일본에서는 자기 삶에서 받은 상처를 글로 표현하는 작업을 할 경우, 학생들의 작업 기억(감각 기관에서 들어오는 정보를 잠시 저장한 뒤 여러 인지 과정을 수행하는 기억 작용-옮긴이) 용량이 증가했다는 연구 결과가 나오기도 했다.[21] 노스캐롤라이나주립대학교에서도 비슷한 연구 결과가 나왔다. 대학에 입학하자마자 '생각과 감정'이라는 주제로 글을 쓴 학생들은 작업 기억의 능력이 상당히 향상된 반면, 그보다 사소한 주제로 글을 쓴 학생들은 그렇지 않았다.[22] 심리학자 제임스 페니베이커James Pennebaker는 수십 년에 걸친 연구 끝에 자기 생각을 표현하는 글쓰기의 이점을 찾아냈다. 그는 힘들었던 개인적 경험에 대한 생각과 감정을 언어로 바꾸면 신체적·정신적 건강이 향상되는 경우가 많다는 결론을 내렸다.[23]

"지금까지 살아온 여러분의 인생사를 써두고, 우리가 앞으로 하는 모든 활동에 대한 자신의 반응도 기록해 두세요."

'능력 통합' 강의 초반, 베이커 교수는 이렇게 말했다. 어떤 도구든, 무슨 내용을 쓰든 상관없었다. 방식에 옳고 그름이 있는 것도 아니었다.

"연필이든 크레용이든 상관없어요. 자기 자신에게 어울리는 것으로 쓰세요."

그는 학생들에게 이렇게 말했다. '능력 통합' 강의에서 가장 중요한 것은 자기 자신과 자신이 하는 활동을 살피는 일이었다. 두 번째 과제에서 베이커 교수는 학생들에게 단어를 하나 제시했다. 그 단어에 대해 떠오르는 생각이 무엇이든 자유롭게 의식의 흐름을 사용해서 써보라고 말했다. 형식적·문법적 규칙에 상관없이 흘러나오는 말을 자연스럽게 옮겨 적어보라는 뜻이었다.

베이커 교수의 강의나 심리 실험에서는 규칙들은 중요하지 않았다. 그저 표현하면 되었다. 기준을 전혀 생각하지 않고 글을 쓰는 작업에는 어마어마한 이점이 있다. 하지만 학생이라면 언젠가는 누구나 형식적·문법적 규칙에 따라 글을 써야 하는 시점을 맞이하게 된다. 글쓰기 기량을 갈고 닦기 위해서는 부지런히 쓰고 피드백을 받아야 한다. 우리가 만났던 최고의 학생들의 삶이나 가치관에서 글쓰기에 도움이 될 만한 것들을 발견할 수 있을까?

첫째, 근본적으로 그들은 글을 쓸 때 관련된 요인이 무엇인지 인지하고 있었다. 그중 한 사람은 이렇게 말했다.

"글쓰기를 배운다는 건 새로운 공동체에 합류해 그곳의 기준을 받아들인단 의미입니다."

올바른 글쓰기와 잘못된 글쓰기를 구분하는 요인은 무엇일까? 특정 독자 집단과 작가 집단은 특정한 형식을 기대한다. 물론 그들이 바라는

　　　　　　　　　　　　　　　　　8장. 당신의 선택은 무엇인가

형식의 이상은 모두 다르지만, 그중 임의로 생겨난 것은 하나도 없다. 글쓰기 형식은 특정 목적들에 복무하며 수백 년 동안 그렇게 다듬어져 왔다. 형식은 글의 매력과 명확성, 논리, 설득력을 부여한다. 어떤 언어도 구두법句讀法도 처음부터 '틀린' 것은 없다. 그저 공동체별로 기대하는 바가 다를 뿐이다.

둘째, 좋은 독서와 좋은 글쓰기는 서로를 발전시킨다. '현명한 초심자'가 그렇듯 최고의 학생들 또한 언어의 대가인 훌륭한 작가들의 작품을 가장 미세한 장치까지 집중해 살피며 좋은 글을 알아보는 법을 배울 수 있었다. 또한 시간이 지나며 그들도 좋은 글을 흉내 내는 법을 배웠다. 여러 세대에 걸쳐 전해 내려오는 언어의 규칙들을 세심하게 살피며, 좋은 아이디어를 만나면 배우려 했다. 궁극적으로 그들은 '전통'을 자유자재로 갖고 놀려는 의지가 강했다. 장난감 만지듯 문장을 이리저리 비틀고, 언어의 작용 원리를 발견하고, 독자들이 기대하는 바를 알아내 그 기대에 부응하면서도 놀라울 만한 내용들을 어떻게 적재적소에 배치해야 할지 알고 있었다.

마지막으로 다른 사람들이 읽고 싶어 하는 글을 쓰려면 많은 시간과 정성을 들여야 한다. 사람들은 글을 써서 피드백을 받으며 글 쓰는 법을 배우고, 최고의 학생들은 대개 그러한 배움을 얻을 수 있는 강의들을 찾아다녔다. 그들의 노력은 학교 안에 국한되지 않았다. 명확하게 사고하고, 교감하는 능력을 키우는 데 관심이 많았기에 그러한 능력을 개발하기 위한 노력을 멈추지 않았다. 천체물리학자 타이슨은 여러 권의 대중 과학서와 수많은 논문을 발표한 탁월한 저술가지만, 그에게도 글쓰기에 고전하던 과거가 있었다. 그는 《뉴요커》에서 읽은 어느 명징한 문장과 글의 몰입감에 깊은 인상을 받았다. 그 후 그는 글을 쓸 때마다 명징성과 몰입감을 높이려 애썼다.

"언어가 얼마나 효율적으로 쓰이는지 그리고 단어의 배치가 얼마나 흥미롭게 변할 수 있는지 알게 됐어요. 저 역시 그런 글을 쓰고 싶었죠. 하지만 《뉴요커》에 실린 글들에 필적할 만한 글을 쓰기까진 10년이 걸렸습니다."

타이슨은 이렇게 말했다.

당신의 배를 흔드는 파도는 어디에서 오는가 ─────────

먼저, 오해는 금물이다. 내가 여기서 가입 여부를 논할 '클럽'은 대학생들이 많이 가입하는 '친목 동아리'를 말하는 것이 아니다. 우리가 만났던 창의성 높은 사람들 중 친목 동아리에 가입했던 사람은 소수였다. 대부분은 친목 동아리에 가입하지 않았다. 내가 말하는 클럽은 공부하는 사람들의 공동체인 '대학'을 말한다. 언제까지 과제를 마쳐야 하는지부터 타인의 생각과 언어를 어떻게 빌려 올 수 있는지까지 그 나름의 규칙과 기대로 가득한 학문 공동체 말이다.

대학에 입학하는 사람들은 수백 년 동안 진화를 거듭한 낯선 신세계에 발을 들여놓는 것과 같다. 대학이라는 '학문 종사자 클럽'은 다양한 문제에 관해 일종의 규정집을 발전시켜 왔다. 하지만 불행하게도 대학은 그 규정집을 굳이 한곳에 모아 출판하려 하지도 않았고, 모든 규정을 기록하지도 않았다. 어떤 것은 학생들을 통해 파악되기도 하지만, 관련 설명은 전혀 없다. 대학에 입학한다는 것은 신비로운 도시로 가는 입구에 도착해 그 도시의 거리를 여행할 수 있게 해줄 비밀번호를 모조리 추측해 보라는 말을 듣는 것과 같다. 세리가 현명한 평가를 내린 적이 있다.

"학교 또한 하나의 문화권이란 사실도 일찌감치 알아차렸죠. 학교를 옮길 때마다 옮긴 학교에서 그곳의 문화 풍토가 어떻게 돌아가는지 알아내기만 하면 됐어요."[24]

물리학이나 수학에서 읽기와 쓰기를 다루는 방식은 영문학과 크게 다를 수 있다. 어느 강의에서 제출했던 좋은 리포트는 다른 강의에서 형편없는 리포트가 될 수 있다. 물론 대학 내 기준들에 패턴이나 근거가 전혀 없다는 뜻은 아니다. 학문에는 공통되는 기반이 있고, 과학자들이 언론인과 다른 방식으로 글을 쓰는 데는 타당한 이유가 있다(물론 학계 인사 대부분이 대체로 훌륭한 언론인이 언어를 쓰는 방식에서 많은 것을 배울 수 있기는 하다). 하지만 글쓰기 방식을 구분하는 일은 쉽지 않다.

학생들은 다양한 출신 배경을 갖고 대학에 당도한다. 그래서 자신을 기다리는 문화에 대한 이해 수준이 모두 다르다. 그들에게는 대학이라는 '클럽'에 가입할지, 그 클럽의 규칙대로 활동할지, 영원히 외부자로 남을지 등을 결정할 기회가 남아 있다. 클럽에 가입한다는 것은 인용이나 출처 표기에 관한 온갖 규칙, 표절의 의미 등을 배운다는 의미다. 가장 성공한 대학생들은 이러한 기준을 배우면서도 배움의 주도권을 유지할 수 있었다. 이 지면을 빌려, 대학 문화에서 가장 중요함에도 여전히 논란의 여지가 있는 한 가지 특징을 좀 더 설명해 보겠다. 바로 '과제 지각 제출'이다.

대학은 대개 과제를 완료해야 하는 시점에 대한 규칙이 있다. 나는 개인적으로 이러한 규칙을 옹호하기 매우 어렵다고 생각하는 쪽이지만, 내 동료들은 대부분 나처럼 생각하지 않는다. 훌륭한 창의적 활동은 늘 계획표에 맞추어 이루어지지는 않는다는 것이 내 생각이다. 하지만 바쁘게 돌아가는 현대 사회에서 기한을 지키는 것도 때로는 꼭 필요하다. 시간 측정이 정교하지 못했던 먼 옛날의 조상들은 계절과 연도에서 시간을 추정했지만, 지금 우리는 시간을 초 단위로 재며 산다. 내가 학생들에게 자주 하는 말이 있는데, 지금 해야 하는 이 과제가 필생의 업이 아닌 이상 일단 끝내고 다음 과제로 넘어가야 한다는 말이다. 나는 학생들에게 삶을 영위할 시간을 더 줄 수 있는 것은 죽음의 사자뿐이라고 말해준다. 특정 과제에 시간을 많이 할애할수록 그만큼 인생의 시간을 빼앗기는 셈이라는 것을 알아야 한다.

물론 학생이 제시간에 과제를 마치는 것이 그가 가입한 클럽을 온전하게 유지하기 위해 중요할 때도 있다. 뉴욕대학교 법과대학의 데릭 벨 Derrick Bell 교수가 진행했던 강의가 그랬다. 그의 강의는 학생들이 서로의 과제를 읽고 답하는 방식으로 진행되었다. 따라서 과제 마감 기한을 지키지 않을 경우, 다른 학생이 피해를 입는다. 그러나 마감 기한은 임의로 정해진다. 해당 제출일자에 합당한 이유가 있든 그저 교수의 변덕으로 제출일자가 정해지든 지혜로운 학생들은 그 기한에 동의할지, 동의할 수 없어도 그냥 따를지, 이의 혹은 최소한의 의문이 있다면 언제 제기해야 좋을지 결정해야 한다. 우리가 만난 최고의 학생들 중 일부는 엄격한 강의 방침에 적응하지 못해 일정을 유연하게 허용하는 교수를 찾아야 했다. 일라이자 노는 언니의 자살 이후 졸업 논문을 쓸 때 그러한 교수를 만날 수 있었다.

예전에 나는 노스웨스턴대학교에서 냉전 시대에 대해 강의했다. 학생들에게 마크 대너Mark Danner의 가슴 아픈 실화 보고서인 『엘 모소테 대학살The Massacre at El Mozote』을 읽게 했다. 대너는 기자로, 엘살바도르 내전이 한창이던 1981년 12월 미국의 지원을 받은 정부군이 수풀에 몸을 숨긴 몇 명을 빼고 닥치는 대로 사람들을 학살한 사건을 전했다. 대너는 이 사건을 '냉전의 은유'라고 불렀다. 냉전이라는 국제 분쟁이 단순히 미국과 소련 간 적대관계의 의미만을 담고 있지 않다는 점을 시사한 것이다. 나는 학생들에게 대너의 책을 읽고 그의 진단이 엘 모소테 학살 사건의 온전한 의미를 포착하는지 자문해 보라고 했다.

대너의 책에 대해 토론 후 며칠이 지나고 내 강의를 수강한 학생 중 조엘 파인만이라는 학생이 특별히 요청할 것이 있다며 나를 찾아왔다. 엘 모소테 학살 사건에 관심이 있어 기말 과제로 해당 사건의 실상과 원인을 파헤쳐 보고 싶다는 것이었다. 이전 강의에서 나는 학생들에게 역사적인 문제 하나를 택해 자료를 수집하고 결론을 이끌어낸 다음 다른 학생들과 공유해 보라고 했다.

"역사적 주장을 개진하는 글을 쓰면 됩니다."

하지만 늘 그랬듯 이번에도 농담 한 마디를 덧붙였다.

"영화를 만들어도 좋고, 연극 극본을 써도 되죠. 하지만 저는 여러분의 조사 능력과 추론 능력을 더 유심히 볼 겁니다."

대부분은 리포트를 썼다. 그러나 조엘은 달랐다.

조엘은 엘 모소테 학살 사건의 실상과 냉전 시대에 그 사건이 갖는 의미, 미국 로널드 레이건Ronald Reagon 대통령 정부가 사건의 진상과 관련된 정보를 숨기려고 했던 이유 그리고 미국의 언론들이 학살 사건을 묵살하거나 부인했던 이유를 다룬 희곡을 쓰고 싶어 했다. 하지만 그러려면 사건에 대한 조사가 더 필요했다.

조엘은 내게 시간이 더 필요하다고 말했다.

"강의 기간을 연장해야 할 것 같습니다."

노스웨스턴대학교는 다른 학교들과 마찬가지로 4년제 학위 수료 방침을 매우 중시하기 때문에 학교 측에서는 학생들에게 강의 연장을 허가해 주고 싶어 하지 않았다. 하지만 나는 조엘의 요청을 수락했고, 그해 여름 조엘은 조사를 보충해 희곡을 썼다. 가을 학기가 되자 조엘은 배우, 조명 담당, 무대 제작, 의상 제작 등을 학생들에게 맡겨 연극을 제작했다. 1980년대 중앙아메리카에서의 냉전에 관한 세미나를 열어 연극에 참여한 모든 학생을 공부시켰고, 연극 리허설을 진행한 다음, 캠퍼스에서 2주 간 연극을 올렸다. 전석 매진이었다.

그러나 조엘의 이야기는 거기서 끝나지 않았다. 엘 모소테 학살 사건은 조엘의 머릿속을 떠나지 않았다. 대학을 졸업하고 1년 후, 조엘은 엘살바도르로 떠났다. 스페인어를 할 줄 알았음에도 통역해 줄 사람을 고용했고, 엘살바도르 내전에 얽힌 이야기를 제대로 들려줄 수 있는 사람을 찾아 나섰다. 아르헨티나 연구자들이 300구가 넘는 훼손된 시신을 발굴해 가며 기록한 법의학 보고서를 모두 읽었고, 당시 수풀에 숨어 간신히 목숨을 구했던 루피나 아마야Rufina Amaya라는 생존자를 찾아냈다. "엄마, 저 사람들이 날 죽이려 해요"라고 울부짖는 딸의 목소리를 들으면서도 아무것도 하지 못한 기구한 운명의 여성이었다.

"엘살바도르 여행은 제 인생에 정말 깊은 영향을 끼쳤습니다."

훗날 조엘이 말했다. 그는 엘살바도르 내전 동안 많은 농민이 전쟁을 피해 도망친 난민촌에 얼마 동안 머물렀다. 그곳에서 입에 담기도 힘들 만큼 끔찍한 이야기를 많이 들었다. 그중에는 폭력 사태를 피해 산속에서 수년을 지낸 여성도 있었다. 그녀는 아기를 안고 있었고, 양 진영 간의 십자포화에서 달아나려 몇 킬로미터를 달렸는데, 달리기를 멈추고 보니 아기는 이미 머리에 총을 맞고 죽어 있었다. 여성은 아기를 묻었지만 결국 미쳐버렸고, 수년 동안 산속을 거의 알몸으로 헤매 다니며 짐승처럼 살았다. 파라분도 마르티 민족해방전선FMLN 소속 부대가 그녀를 발견해 문명사회로 돌려보냈다. 조엘은 난민촌에서 그 여성을 직접 만났다.

이러한 만남들을 겪은 뒤 조엘은 사람들을 도우며, 세상에 조금이라도 정의를 가져올 수 있는 일을 해야겠다고 결심했다. 애리조나대학교 로스쿨에 입학해 법학을 전공하며 라틴아메리카에 관해서도 복수 전공했다. 조엘은 4년 만에 두 전공의 석사 학위를 모두 취득했다. 국선 변호사가 된 조엘은 가난한 사람들에게 법률 서비스를 제공하고 있다. 그리고 우리는 2장에서 그녀의 이야기를 다루었다. 조엘은 이렇게 말했다.

"제가 시스템 전체를 바꿀 순 없습니다. 하지만 개인이 억울한 일을 당하지 않도록 도울 순 있죠. 로스쿨에 진학하고, 이러한 중요한 일을 하게 된 건 대너의 책과 엘 모소테를 찾아갔던 엘살바도르 여행 덕분입니다."

조엘은 내 강의의 과제 마감 기한을 6개월 이상 넘겼다. 하지만 그것이 대수겠는가?

우리의 논의를 처음 촉발시켰던 질문 그리고 우리가 만났던 사람들이 보여준 성공과 창의성에 대한 핵심으로 돌아가 보자. 창의적인 사람이 되겠다고 결심한다고 해서 창의적인 사람이 되지는 않는다. 성공하겠다고 결심한다고 해서 무조건 성공하는 것도 아니다. 창의성을 발휘하거나 성공하는 자기 자신의 모습에 대해 따로 집중해 생각할 것은 없다. 물론 자기 자신이 어떻게 움직이는지 파악하기 위해서는 자기 자신과의 대화를 발전시켜 나가는 작업이 중요하다. 이때 집중해야 할 것은 감정이나 창의적이고 싶은 욕망이 아니라 배우고 싶은 것, 보고 싶은 것, 하고 싶은 것, 변화시키고 싶은 것 혹은 스스로 갖고 있던 질문들, 자신을 움직이는 열정이다. 단기적 성공이나 유명해지는 것에만 관심을 갖는다면 성공이나 창의성, 심지어 명성도 얻지 못한다. 우리가 연구했던 사람들은 자기 자신보다 자신을 더 매료시킨 것을 세상에서 발견한 사람들이다. 성공과 창의성—때로는 명성—은 그저 그들이 당면한 문제나 과제에 완전히 몰입하며 만든 성과의 부산물이다. 무언가에 관심과 애정을 가져라. 그리고 그 열정이 당신의 삶을 앞으로 밀고 나가게 내버려 두어라.

오직 '나'만이 할 수 있는 일

예나 지금이나 대학생들은 우리가 연구했던 사람들은 한 번도 경험하지 못했을 어마어마한 압박감에 시달리고 있다. 물론 우리가 만났던 사람들도 압박감이 없지는 않았겠지만, 최소한 지금 대학생들이 느끼는 수준까지는 아니었다. 사회적·경제적·정치적·문화적 요인으로 그들은 피상적이거나 전략적인 학습법을 사용하도록 강요당한다. 설상가상으로 치솟는 대학 등록금에 공적 재정 지원만으로 충분하지 않을 때도 있다. 그래서 많은 학생이 상당한 부채를 떠안은 채 공부하고 있다. 그들은 대개 빚을 갚기 위해 가능한 한 빨리 졸업해야 한다는 압박을 받는다. 인생의 다른 어떤 목표보다 돈 버는 일을 중시하며, 돈을 벌지 못했을 때 맞게 될 미래를 두려워한다. 누가 그들을 비난할 수 있겠는가? 재학 중에 아르바이트를 해야 하는 학생들은 결국 호기심을 따라 공부하고 심층적인 학습법을 활용할 수 있는 기회도 점차 잃어버린다. 심층적 학습법을 실천하기 위해서는 시간이 필요한데, 많은 학생이 이러한 시간을 자신이 감당할 여력이 없는 '사치'라고 생각한다. 이러한 상황에서는 판에 박힌 전문성 정도면 성공적인 삶을 살기에 충분해 보이며, 적응력을 발휘하는 전문성은 손이 닿지 않는 먼 곳에 있는 듯 보인다.

여러 세대에 걸쳐 일부 학생들은 피상적이고 전략적인 학습을 강조하는 교육 시스템 속에서 살았다. 피상적이고 전략적인 학습법을 강조하는 분위기는 삶의 많은 곳에 영향을 준다. 사회는 학습자들이 제대로 외우고 있는지, 교육이 가치 있는 투자인지 알고 싶어하기 때문에 교육이라는 투자의 성과를 입증하기 위해서 표준화된 시험을 부과했다. 이 같은 시험으로 모든 것이 변했다. 이제 학습자들은 깊이 있는 이해보다는 기계적 암기를 중시한다.

심지어 이 표준화된 시험에서 성과를 내라는 압박이 없을 때조차도 일부 교육자들은 피상적이고 전략적인 학습법을 중시한다. 일부 학생들에게는 그 정도 학습법이면 충분하다는 편견을 갖고 있기 때문이다. 어느 교수는 내게 이렇게 말했다.

"일상과 직장생활에서 필요한 절차를 실행하는 법을 아는 피상적 학습자도 일부 필요합니다."

이 교수는 이해해야 기억력이 향상된다는 점, 살면서 생각하고 이해하는 능력이 필요한 어려운 문제를 마주치는 사람이 따로 있는 것이 아니라는 진실을 전혀 인식하지 못하고 있었다. 그가 가르치는 학생들이 대학에서 습득하는 판에 박힌 전문성은 급속도로 시대에 뒤떨어져 진부해진다. 그 교수에게 배우는 학생들은 가엾지만, 그 학생들만 가여운 것은 아니다. 이미 모든 학생이 배움을 그저 암기 능력으로만 생각하게끔 만드는 교육을 경험하고 있기 때문이다. 심지어 최고의 대학들조차 학생들에게 지름길을 찾으라고 요구한다. 한 학생이 말했다.

"대학에 입학했을 때, 심지어 고등학교에서도 절 상담해 준 진로진학 상담사들은 온통 필수 과목을 손쉽게 이수하는 법만 이야기하더군요."

배움의 주도권을 쥐고, 스스로 그것을 관리하며 이 책에서 논의한 목표들을 달성하려면 굉장한 용기와 노력이 필요하다. 대학 경험을 유의미하게 만드는 유일한 접근법은 이 방법뿐이다. 당신에게 충만한 만족감을 선사할 수 있는 접근법 또한 분명 이 방법뿐이다. 장차 성공하리라는 보장은 그 누구도 할 수 없지만, 당신의 앞길에 어떤 예기치 못한 일을 마주한다 해도 평생 배우고 적용하는 능력을 갖추는 일은 오직 스스로만이 해낼 수 있다. 이 책에서 수많은 사례를 말했다. 그중 일부는 힘든 환경에서 출발했지만, 장애물을 극복하고 스스로 인생의 경로를 찾아 선택했다. 우리가 만났던 사람들은 대부분 이따금씩 겪은 실패나 좌절을 기회로 삼아 자기 자신을 파악했고, 새로운 기회를 추구하거나 목표를 다듬어나갔다. 실패나 좌절을 대하는 올바른 접근법을 알고 실행하면 실패하더라도 다시 일어나 나아갈 기회가 얼마든지 있다는 점을 잊어서는 안 된다. 자신이 특별히 기여할 수 있는 바를 깨닫고, 타인의 성과를 통해 배우는 능력을 키운다면 호기심 왕성하고, 창의적이며, 비판적으로 사고하는 인간으로 살아갈 수 있다.

감사의 말

이 연구와 책에 대한 아이디어가 처음 떠오른 것은 2004년이었다. 『미국 최고의 교수들은 어떻게 가르치는가』라는 책을 출간한 후였다. 이 프로젝트를 실행하고 완성하는 데 중요한 역할을 한 두 사람이 있다. 한 명은 마샤 마셜 베인이다. 마샤는 처음부터 끝까지 이 책을 집필하는 데 필요한 조사를 일일이 도와주었다. 연구 대상을 찾는 일, 그들과 연락하는 일, 인터뷰 내용을 기록하는 일, 연구의 결론을 도출하고 이야기를 전개하는 일, 우리가 만났던 사람들의 학습법과 생애에 대한 아이디어를 탐색하고, 그들의 경험이 인간의 배움과 창의력에 대한 기존 자료 내용들과 어떻게 비교할 수 있는지 알아내는 일까지 도맡았다. 또 한 명은 편집자 엘리자베스 놀Elizabeth Knoll이다. 2007년에 놀과 점심 식사를 하며 나누었던 대화를 통해 나는 이 프로젝트에 대한 생각을 명확히 정리할 수 있었다. 놀은 그 후로도 이 프로젝트를 진행하라고 늘 격려해 주었다. 하버드대학교 출판부의 재정적 지원도 큰 힘이 될 수 있었겠지만, 결국 나는 제안을 거절했다. 놀은 원고를 집필하는 과정에서 훌륭한 제안들을 해주었다. 그녀의 탁월한 조언이 없었다면 이 책의 완성도는 지금보다 훨씬 떨어졌을 것이다. 하버드대학교 출판부의 케이트 브릭Kate Brick도 원고 집필에 매우 유용한 제안을 해주었다. 덕분에 원고의 질을 상당히 개선할 수 있었다.

연구를 끝내고 책을 집필하면서 많은 분의 지원과 지지에 의지했다. 내 아들딸과 며느리, 사위인 토니아 베인Tonia Bain과 알 마지노Al Masino, 마샤, 앨리스 위안Alice Yuan은 끊임없이 나를 격려해 주고, 참신한 제안으로 전체 프로젝트의 발전에 큰 기여를 해주었다. 내게 가장 큰 영감을 준 사람들은 장차 대학생이 될 내 손주 애덤과 네이선 그리고 장차 태어날 손주들이다. 문장을 쓰고, 아이디어를 하나하나 발전시키고, 한 장 한 장 얼개를 짜면서 나는 이 책이 앞으로 15년쯤 후 이 아이들과 어떻게 상호작용할지 끊임없이 생각했다.

인터뷰에 응해준 경이로운 모든 분에게 특히 감사드린다. 그들이 해준 이야기는 이 책의 결론을 형성하는 데 중요한 역할을 해주었다. 일부는 최종 원고에 싣지 않았지만, 그래도 큰 도움이 되었다. 초고를 읽고 의견을 준 동료 줄리 달리Julie Dalley와 시그넴 탈가르Cigdem Talgar, 참고 문헌 정리에도 도움을 준 조이 덩Joy Deng에게도 감사드린다. 조교인 테리 프레스콧Terry Prescott, 데니스 슬로터Denise Slaughter, 베니 이냐마Benyi Inyama, 살로메 아무수Salome Amoussou에게도 고맙다. 학장 직무 때문에 허덕이던 가을, 그들의 도움과 지원 덕분에 프로젝트를 무사히 끝낼 수 있었다. 마지막으로 앨런 세섬스Allen Sessoms 선생에게도 감사드린다. 세섬스 선생은 2011년 여름 콜롬비아특별구대학교의 학장직을 제안해 준 뒤, 내가 책을 마무리할 수 있도록 기꺼이 임명을 미루어주었다. 덕분에 초고를 마치고 나서 2012년 1월 임명을 받을 수 있었다. 감사드린다.

1장. 성공이란 무엇인가

1. 폴 베이커 교수와 관련된 인용은 모두 『능력 통합Integration of Abilities』에 등장한 내용들이다. 1962 년 베이커 교수의 강의에서 작성된 강의 노트와 셰리 카프카를 비롯해 강의를 수강했던 다른 사람들의 기억, 당시 베이커 교수가 했던 말 등을 기록해 1970년대에 출간되었다.
2. 마찬가지로 또 다른 전설적 이야기는 프레드 스미스Fred Smith에 관한 것이다. 그가 테네시주 멤 피스에 세워 수십억 달러짜리 회사로 성장시킨 '페덱스'는 대학생 때 작성한 리포트에서 시작 되었다. 그는 그 리포트로 C를 받았지만, 정작 자신은 기억하지 못했다.
3. I. A. Halloun & D. Hestenes(1985). The Initial Knowledge State of College Physics Students. *American Journal of Physics*, 53(2), 1043-1055.
4. Michelle Brutlag Hosick(2011.12.01.). "Growing Power CEO Is NCAA's Theodore Roosevelt Recipient." NCAA. Retrieved from http://www.ncaa.org/wps/wcm/connect/public/NCAA/Resources/Latest+News/2011/November/Growing+Power+CEO+is+NCAAs+Theodore+Roosevelt+recipient.

2장. 어떤 배움을 선택할 것인가

1. A. Fransson(1977). On Qualitative Difference in Learning. *British Journal of Educational Psychology*, 47(3), 244-257.; G. Gibbs, A. Morgan & E. Taylor(1982). A Review of the Research of Ference Marton and the Göteborg Group. *Higher Education*, 2(3), 123-145.; E. J. Rossum & S. M. Schenk(1984). The Relationship between Learning Conception, Study Strategy and Learning Outcome, *British Journal of Educational Psychology*, 54(1), 73-83.
2. N. Entwistle(1977). Strategies of Learning and Studying, *British Journal of Educational Psychology*, 25(3), 225-238.; F. Marton & R. Säljö(1976). On Qualitative Difference in Learning. *British Journal of Educational Psychology*, 46(1), 4-Ⅱ.; F. Martin, D. Hounsell & N. Entwistle, eds(2005). *The Experience of Learning*. UK: University of Edinburgh.
3. G. Hatano & Y. Oura(2003). Commentary. *Educational Researcher*, 32(8), 26-29.; T. Martin, K. Rayne, N. J. Kemp, J. Hart & K. R. Diller(2005). Teaching for Adaptive Expertise in Biomedical Engineering Ethics. *Science and Engineering Ethics*, 2(2), 257-276.; G. Hatano & K. Inagaki(1986). Two Courses of Expertise. NY: W. H. Freeman.

4. S. B. Nolen(1988). Reasons for Studying. *Cognition and Instruction*, 5(4), 269-287.; S. B. Nolen(1996). Why Study? How Reasons for Learning Influence Strategy Selection. *Educational Psychology Review*, 8(4),335-355.

5. E. L. Deci(1971). Effects of Externally Mediated Rewards on Intrinsic Motivation. *Journal of Personality and Social Psychology*, 18(1), 105-115.; E. L. Deci(1972). Intrinsic Motivation, Extrinsic Reinforcement, and Inequity. *Journal of Personality and Social Psychology*, 22(1), 113-120.; E. L. Deci & R. M. Ryan(2002). *The Paradox of Achievement*. BS: Academic Press.

6. 먼저 그들은 스물네 명의 학생에게 '소마 큐브'라는 블록 형태 퍼즐을 갖고 놀게 했다. 소마 큐브는 독특한 모양의 블록 일곱 개를 수백만 가지 조합으로 조립할 수 있다. 그러나 한 번 조립할 때마다 특정 형태를 만들어내야 하는 것이 관건이다. 학생들은 한 명씩 연구 센터에 와서 희한하고 흥미로운 게임을 접했다. 처음에 학생들은 전달받은 네 가지 그림의 형태를 재현하려 했다. 심리학자들은 옆 방에서 유리창을 통해 학생들을 관찰했다. 아무도 없는 상황에서 학생들이 얼마나 오래 소마 큐브를 갖고 노는지 알고자 했다. 책상 위에는 여러 잡지가 놓여 있었고, 딴짓을 위한 유혹이 충분했다. 몇 주 후 학생들은 다시 한 명씩 돌아와 비슷한 과정을 반복했다. 그러나 이번에는 학생들 중 절반—A 그룹이라 하자—이 정답을 맞힐 때마다 보상으로 돈을 받았다. 심리학자들은 이번에도 8분 정도 실험실을 나가 있었다. 당연히 A 그룹 학생들은 큐브를 푸는 데 시간을 더 쏟을 것이 분명해 보였고, 실제로도 그러했다. 반면 나머지 절반의 학생들은 보수를 받는 사실을 몰랐고, 전과 비슷한 시간만큼 즐겼다. 그런데 일주일 후 세 번째 과정에 돌입했을 때 이상한 일이 발생했다. 학교가 어떻게 학생들의 호기심을 파괴할 수 있는지, 창의적인 사람들은 어떻게 그러한 일을 피할 수 있는지에 관한 상당한 통찰을 제공할 만한 결과가 나타난 것이다. 그들은 A 그룹 학생들에게 더 이상 돈을 지급할 수 없다고 말했다. 보수를 전혀 받지 않았던 학생들은 전과 같이 센터로 돌아와 큐브 퍼즐을 풀었다. 그러나 이전 세션에서 보수를 받았던 A 그룹 학생들은 갑자기 흥미를 잃었고, 퍼즐에 할애한 시간도 급격히 줄었다. 반면, 외적 보상이 없었던 학생들은 전과 같은 속도로 계속 즐겼다.

7. E. L. Deci & R. Flaste(1995). *Why We Do What We Do*. NY: G. P. Putnam's Sons.

8. A. W. Astin, H. S. Astin & J. A. Lindholm, *Cultivating the Spirit*. SF: JosseyBass.

9. 18세기 선교 지역이었던 투손은 처음에는 스페인의 식민지, 그다음에는 멕시코 북부 전초 기지였던 곳이다. 지역민들의 가계를 추적하면 산타크루즈강을 따라 수천 년 동안 내려온 풍요로운 문화유산을 만날 수 있다. 그들은 고향에 침입한 유럽인들과 격렬하게 싸우기도 했으나 시간이 지나며 혼인 관계를 맺게 되었고, 히스패닉(혹은 라티노) 문화를 형성했다. 19세기 중반 멕시코를 침공한 미국은 현재의 애리조나주 대부분을 포함해 멕시코 북부 지역을 장악했고, 5년 후 멕시코인들에게 투손 주변의 땅을 팔라고 강요했다. 일부 미국인들이 이곳을 통과하는 대륙횡단철도를 건설하고 싶어 했기 때문이다. 20세기 후반에 투손 주민들은 대체로 모두 권력, 교육, 경제적 기회를 박탈당한 채 소외감을 느꼈다. 그들은 스페인어를 사용하며 전

통과 문화를 소중히 여겼지만, 그들의 관습과 언어, 역사는 악의적으로 비하당하며 희화화 대상으로 전락하는 경우가 잦았다. 그들은 증오와 두려움의 표적이 되었고, 양질의 일자리와 교육 기회를 얻기 어려워지면서 빈곤율 또한 큰 폭으로 상승했다. 인구조사 범주의 '순수 백인'들은 정치적·경제적 권력을 대부분 쥐고 있었음에도 많은 사람이 멕시코 이민자들의 침략을 두려워했고, 국경선을 넘어온 사람들을 현지의 히스패닉계 미국인과 혼동하기도 했다.

10. M. E. P. Seligman(1975). *Helplessness*. NY: W. H. Freeman.

3장. 무엇을 생각할 것인가

1. I. Halloun & D. Hestenes(1987). Modeling Instruction in Mechanics. *American Journal of Physics*, 55(5), 455-462.; I. A. Halloun & D. Hestenes(1985). The Initial Knowledge State of College Physics Students. *American Journal of Physics*, 53(2), 1043-1055.

2. W. W. Maddux & A. D. Galinsky(2009). Cultural Borders and Mental Barriers. *Journal of Personality and Social Psychology*, 96(5), 1047-1061.

3. K. W. Phillips, K. A. Liljenquist & M. A. Neale(2009). Is the Pain Worth Distinct Newcomers. *Personality and Social Psychology Bulletin*, 35(3), 336-350.

4. '악어의 뇌'를 가리키는 공식 학명은 '편도체'지만, 별로 재미는 없는 이름이다.

5. E. J. Langer(1997). *The Power of Mindful Learning*. MA: Perseus.; L. P. Anglin, M. Pirson & E. Langer(2008). Mindful Learning. *Journal of Adult Development*, 15(3-4), 132-139.; L. L. Delizonna, R. P. Williams & E. J. Langer(2009). The Effect of Mindfulness on Heart Rate Control. *Journal of Adult Development*, 16(2), 61-65.; E. Langer, M. Pirson & L. Delizonna(2010). The Mindlessness of Social Comparisons. *Psychology of Aesthetics, Creativity, and the Arts*, 4(2). 68-74.; E. Langer, T. Russel & N. Eisenkraft(2009). Orchestral Performance and the Footprint of Mindfulness. *Psychology of Music*, 37(2). 125-136.

6. E. J. Langer & A. I. Piper(1987). The Prevention of Mindlessness. *Journal of Personality and Social Psychology*, 53(2), 280.

7. K. E. Stanovich(2009). *What Intelligence Tests Miss*. NH: Yale University Press.

8. D. Western(2007). *The Political Brain*. NY: Public Affairs.

9. K. E. Stanovich(2009). Rational and Irrational Thought. *Scientific American Mind*, 20(6). 34-39.

10. Retrieved from http://reacting.barnard.edu.

11. Retrieved from http://www.videojug.com/interview/stephen-fry-learning.

12. J. Kounios & M. Beeman(2009). The Aha! Moment. *Current Directions in Psychological Science*, 18(4), 210-216.

13. C. Steele(2010), *Whistling Vivaldi*. NY: W. W. Norton.; C. M. Steele & J. Aronson(1995). Stereotype Threat and the Intellectual Test Performance of African American. *Journal of Personality and Social Psychology*, 69(5), 797-811.; C. M. Steele, S. J. Spencer & J. Aronson(2002). Contending with Group Image. *Advances in Experimental Social Psychology*, 34, 379-440.

14. J. Aronson, M. J. Lustina, C. Good, K. Keough, C. M. Steele & J. Brown(1999). When White Men Can't Do Math. *Journal of Experimental Social Psychology*, 35, 29-46.

15. N. Ambady, M. Shih, A. Kim & T. L. Pittinsky(2001). Stereotype Susceptibility in Children. *Psychological Science*, 12(5), 385-390.; M. Shih, T. L. Pittinsky & N. Ambady(1999). Stereotype Susceptibility. *Psychological Science*, 10(1), 80.

16. L. E. Kost-Smith, S. J. Pollock, N. D. Finkelstein, G. L. Cohen, T. A. Ito & A. Miyake(2010). Gender Differences in Physics Ⅰ. *Conference Proceedings*, 1289, 197.

4장. 어떻게 실패할 것인가

1. C. S. Dweck(2007). *Mindset*. NY: Random House.

2. C. I. Diener & C. S. Dweck(1978). An Analysis of Learned Helplessness. *Journal of Personality and Social Psychology*, 36(5), 451-462.

3. L. S. Blackwell, K. H. Trzesniewski & C. S. Dweck(2007). Implicit Theories of Intelligence Predict Achievement across an Adolescent Transition. *Child Development*, 78(1), 246-263.

4. M. L. Kamins & C. S. Dweck(1999). Person versus Process Praise and Criticism. *Development Psychology*, 35(3), 835-847.

5. R. Perry, N. Hall, & J. Ruthig(2005). Perceived(Academic) Control and Scholastic Attainment in Higher Education. *Higher Education:Handbook of Theory and Research*, 363-436.; T. L. Hynes, L. M. Daniels, R. H. Stupnisky, R. P. Perry & S. Hladkyj(2008). The Effect of Attributional Retraining on Mastery and Performance Motivation among First-Year College Students. *Basic and Applied Social Psychology*, 30(3), 198-207.; N. C. Hall, R. P. Perry, J. G. Chipperfield, R. A. Clifton & T. L. Haynes(2006). Enhancing Primary and Secondary Control in Achievement Settings Through Writing-Based Attributional Retraining. *Journal of Social and Clinical Psychology*, 25(4), 361-391.; N. C. Hall, S. Hladkyj, R. P. Perry & J. C. Ruthig(2004). The Role of Attributional Retraining and Elaborative Learning in College Students Academic Development. *Journal of Social Psychology*, 144(6), 591–612.

6. A. Bandura(1977). Self-efficacy. *Psychological Review*, 84(2), 191 – 215.

7. J. S. Lawrence & J. Crocker(2009). Academic Contingencies of Self-Worth Impair Positively and Negatively Stereotyped Students' Performance in Performance-Goal Settings. *Journal of Research in Personality*, 43(5), 868–874.; J. Crocker & L. E. Park(2004). The Costly Pursuit of Self-Esteem. *Psychological Bulletin*, 130(3), 392–414.; J. Crocker, A. Canevello, J. G. Breines & H. Flynn(2010). Interpersonal Goals and Change in Anxiety and Dysphoria in First-Semester College Students. *Journal of Personality and Social Psychology*, 98(6), 1009–1024.

8. 그는 존 설이라는 철학자가 제기한 문제에 관한 이야기를 읽은 적이 있었다. 설은 인간의 이해와 컴퓨터의 기능 차이를 지적했는데, 이는 피상적 학습법과 심층적 학습법의 차이를 예증하기도 한다. 설은 '중국어 방'이라는 공간에서 일하는 남성을 등장시켰다. 그의 방에는 책상과 수많은 종이, 연필, 엄청나게 큰 지침서가 있다. 그 책은 남성에게 한자를 다루는 방법을 상세하게 안내했다. 어떤 지침은 "선을 이렇게 그려라"라고 했고, 어떤 지침들은 "이 선을 지워라" "이것을 이곳으로 옮겨라"라고 말했다. 수천 개의 지침은 아이들이 입체 퍼즐을 조립할 때 볼 법한 설명서처럼 자세했다. 하지만 남성의 모국어인 영어로 제공된 지침 중 한자의 의미를 번역한 것은 하나도 없었다. 그는 한자가 무엇을 의미하는지 전혀 알 수 없었다. 어느 날 누군가가 문틈으로 한자를 잔뜩 쓴 종이 한 장을 밀어 넣었다. 중국어로 써 있었기에 중국어를 전혀 모르던 남성은 쪽지의 내용을 알지 못했다. 남성은 종이를 집어 들어 육중한 지침서에서 알려준 대로 선을 바꾸고 지우며, 글자를 옮겼다. 몇 시간 동안 지침을 하나씩 따라간 끝에 마지막에 도달했다. 그는 한자를 완전히 새로 썼지만, 중국어를 몰랐기 때문에 무슨 의미인지 몰랐다. 그는 종이를 문틈으로 다시 넣었고, 밖에 있던 중국어 사용자는 그것을 집어 들어 읽었다. 종이에 적힌 내용이 맨 처음 내용에 대한 완벽한 답임을 알아보았다. 누군가 그 사람에게 그 답이 중국어를 이해한 지적 사고에서 비롯된 것인지 물었고, 그 사람은 물론이라고 대답했다. 하지만 철학자는 그 지적 사고가 어디에 있는 것인지 질문했다. 분명 남성은 지침을 따랐지만, 자신이 무엇을 하는지 전혀 몰랐으며 그저 맹목적으로 지침을 따랐을 뿐이었다. 지적 사고는 분명 지침서에도 없었다. 심지어 그 책을 쓴 사람에게도 없었다. 책을 쓴 사람은 그 종이를 본 적조차 없기 때문이다. 설은 그 남성이 한자를 번역하도록 프로그래밍한 컴퓨터와 같으며, 결국 컴퓨터가 인간의 지능을 갖지는 않았다는 결론을 내렸다. 내가 이 실험을 다시 꺼낸 이유는 피상적 학습법이 중국어 방에서 일하던 남성과 아주 비슷하기 때문이다. 피상적 학습법으로는 올바른 답변을 산출할 수 있겠지만, 인간의 이해 능력을 높일 수는 없다.

9. 사실 찰리는 가공한 인물의 이름이다. 실험에 참여한 학생들이 6학년 수준의 수학 시험에서 받은 평균 점수는 백분위로 환산했을 때 35퍼센트에 위치했다(평균적으로 65퍼센트의 학생들이 더 높은 점수를 받았다는 뜻이다). 그중 52퍼센트가 아프리카계 미국인, 45퍼센트가 히스패닉계 미국인, 나머지 3퍼센트가 백인 또는 아시아계 미국인이었다. 학생들은 저소득층 가정에서 자랐으며, 거의 80퍼센트가 무료 급식 대상자였다.

10. 심리학자들은 모든 교사에게 학생의 동기가 감소하거나 증가하는 모습을 보이면 알려달라

고 요청했지만, 그들은 학생들이 서로 다른 경험을 했다는 것과 어느 그룹의 누가 그 다른 경험을 하고 있는지 몰랐다. 교사들의 보고에 따르면 뇌의 변화 방식을 다룬 기사를 읽은 학생 중 27퍼센트가 동기를 향상시킨 반면, 기억 작동 방식을 다룬 기사를 읽은 학생 중에서는 단 9퍼센트만이 동기가 향상되었다.

5장. 받아들일 것인가, 질문할 것인가

1. Retrieved from http://chicagoinnocenceproject.org/mission.
2. 손은 정치는 대부분 빈곤을 대하는 방식과 연관된다고 말했다. 그녀가 참여했던 활동들은 빈곤층인 사람들이 고등학교를 졸업하면 직장을 얻어 복지에 의존하지 않을 수 있다는 인식에 기반했다. 빈곤층인 사람 대다수가 돈을 벌기 위해 학교를 중퇴했지만, 막상 졸업장이 없으면 생존할 만큼의 돈을 벌 수 없다는 사실을 깨달은 그녀는 그들은 자기 삶을 개선하기 위해 필사적으로 노력했다고 말했다. 그러나 그들이 맞닥뜨린 미래는 냉혹했다. 그녀는 또한 그들이 학위와 괜찮은 직장을 얻으면 돌봄 서비스도 종료되었고, 결국 가족들을 돌볼 방법이 없어진 사람들은 다시 직장을 그만두거나 가족을 포기해야만 했다고 말했다.
3. S. Armbrust(2002). *The Machinery of Death*. NY: Routledge.
4. 위의 책.
5. Retrieved from http://www.umich.edu/~refjudg/index.html.
6. Retrieved from http://www.daimi.au.dk/~brabrand/short-film/part-3.html.
7. J. B. Biggs & K. F. Collis(1982). *Evaluating the Quality of Learning*. NY: Academic Press.

6장. 삶을 어떻게 마주할 것인가

1. K. Neff(2011). *Epiphany*. NY: Random House.
2. N. Branden(1994). *The Six Pillars of Self-Esteem*. NY: Bantam Books.; R. F. Baumeister, J. D. Campbell, J. I. Krueger & K. D. Vohs(2003). Does High Self-Esteem Cause Better Performance, Interpersonal Success, Happiness, or Healthier Lifestyles?. *Psychological Science in the Public Interest*, 4(1), 1–44.
3. 위의 논문.
4. J. Crocker & L. E. Park(2004). The Costly Pursuit of Self-Esteem. *Psychological Bulletin*, 130(3), 392–414.
5. J. S. Lawrence & J. Crocker(2009). Academic Contingencies of Self-Worth Impair Positively and Negatively Stereotyped Students' Performance in Performance-Goal Settings. *Journal of Research in Personality*, 43(5), 868-874.

6. 위의 논문, 870.

7. C. M. Steele & J. Aronson(1999). *The Black White Test Score Gap*. DC: Brookings Institution Press.; C. M. Steele(1999). Thin Ice: Stereotype Threat and Black College Students. *Atlantic*, 284, 44-54.

8. S. J. Garlow et al(2008). Depression, Desperation, and Suicidal Ideation in College Students. *Depression and Anxiety*, 25(6), 482-488.; D. Eisenberg et al(2007). Prevalence and Correlates of Depression, Anxiety, and Suicidality among University Students. *American Journal of Orthopsychiatry*, 77(4), 534-542.; D. Eisenberg, E. Golberstein & J. B. Hunt(2009). Mental Health and Academic Success in College. *BE Journal of Economic Analysis and Policy*, 9(1), 40.; J. Crocker, A. Canevello, J. G. Breines & H. Flynn(2010). Interpersonal Goals and Change in Anxiety and Dysphoria in First-Semester College Students. *Journal of Personality and Social Psychology*, 98(6), 1009-1024.; L. N. Dyrbye, M. R. Thomas & T. D. Shanafelt(2006). Systematic Review of Depression, Anxiety, and Other Indicators of Psychological Distress among US and Canadian Medical Students. *Academic Medicine*, 81(4), 354-373.; J. Klibert et al(2011). Suicide Proneness in College Students. *Death Studies*, 35(7), 625-645.

9. 기사에서 네프가 지적한 대로 자존감 운동이 지난 수십 년간 은밀하게 서서히 퍼뜨린 가장 강력한 결과는 '나르시시즘'이라는 유행병이다. 미국의 대학생 1만 5000명을 대상으로 한 연구에 따르면 65퍼센트가 이전 세대 대학생들보다 나르시시즘 수치가 더 높았다. 네프는 같은 기간, 학생들의 평균 자존감 수준이 상승한 것도 우연이 아니라고 말했다.

10. J. R. Shapiro, S. A. Mistler & S. L. Neuberg(2010). Threatened Selves and Differential Prejudice Expression by White and Black Perceivers. *Journal of Experimental Social Psychology*, 46(2), 469-473.

11. J. Crocker & L. E. Park(2004). The Costly Pursuit of Self-Esteem. *Psychological Bulletin*, 130(3), 392-414.

12. K. Neff(2003). Self-Compassion. *Self and Identity*, 2(2), 85-101.

13. K. D. Neff, K. L. Kirkpatrick & S. S. Rude(2007). Self-Compassion and Adaptive Psychological Functioning. *Journal of Research in Personality*, 41(1), 139-154.

14. K. D. Neff, Y. P. Hsieh & K. Dejitterat(2005). Self-Compassion, Achievement Goals, and Coping with Academic Failure. *Self and Identity*, 4(3), 263-287.; K. D. Neff & R. Vonk(2009). Self-Compassion versus Global Self-Esteem. *Journal of Personality*, 77(1), 23-50.; K. Neff(2011). *Self-Compassion*. NY: William Morrow.

15. E. Cohen(2007.05.16.). "Push to Achieve Tied to Suicide in Asian-American Women". *CNN*. Retrieved from http://edition.cnn.com/2007/HEALTH/05/16/asian.

suicides/index.html.

16. D. Lester(1994). Differences in the Epidemiology of Suicide in Asian Americans by Nation of Origin. *OMEGA—Journal of Death and Dying*, 29(2), 89‑93.

17. Retrieved from http://www.rwjf.org/vulnerablepopulations/product. jsp?id=51208Retrieved from http://www.friendsofthechildren.org.

18. TribLocal Evanston(2010.05.18.). "Undergraduate Humanitarian Honored", *Northwestern News*, Retrieved from http://triblocal.com/evanston/community/ stories/2010/05/undergraduate‑humanitarian‑honored/.

7장. 나는 무엇으로 세상과 연결되는가

1. 교수진과 학장들이 때때로 필수 교양 과목의 필요성을 언급하는 이유는 자신이 속한 전공 과목을 필수 과목 목록에 포함해 자신의 직을 보호하기 위함이다.

2. 특정 학과의 요구를 충족시키지 못한다는 이유로 총장과 학과장들이 학과 교수진을 통해 통섭을 위한 커리큘럼이나 강의 등을 개발해 제공하도록 허용하지 않는 경우가 있다.

3. 이 책에서 소개한 테일러의 사상과 인용문을 알려준 철학자이자 동료인 타이거 로홀트_{Tiger Roholt} 교수에게 감사드린다.

4. R. Holmes, B. Gan & T. Madigan(2004). Richard Taylor Remembered. *Philosophy Now*, 44.

5. A. Abbott(2002.09.26.). "Welcome to the University of Chicago aims of Education Address", *University of Chicago*, Retrieved from http://www.ditext.com/abbott/abbott_aims. html.

6. A. Chrucky(2003.09.01.). "The Aim of Liberal Education", Retrieved from http://www. ditext.com/chrucky/aim.html.

7. Mount Sinai School of Medicine(2010.07.30.). "Mount Sinai Study Shows that Humanities Students Perform as Well as Pre‑Med Students in Medical School", *IMSSM*, Retrieved from http://www.mssm.edu/about-us/news-and-events/mount-sinai-study-shows-that-humanities-students-perform-as-well-as-pre-med-students-in-medical-school.

8장. 당신의 선택은 무엇인가

1. J. K. Rowling(2008.06.05.). "The Fringe Benefits of Failure, and the Improtance of Imagination". *Harvard University*, Retrieved from http://news.harvard.edu/gazette/ story/2008/06/text-of-k-rowling-speech/

2. J. Lehrer(2009.05.18.). "Don't! The Secret of Self-Control," *New Yorker*.

3. 일정을 관리하는 유용한 방법 중 하나는 세로 칸 일곱 개와 가로 칸 스물네 개로 이루어진 24시 간짜리 '위클리 캘린더'를 만드는 것이다. 매주 각 시간대에 해당하는 칸이 생기는데, 특정 시 간대에 계획한 활동을 해당 칸에 적어 넣는다. 이렇게 하면 식사, 수면, 등하교와 출퇴근 등 일 상에 관한 온갖 활동들이 가능한지 실제 시간을 확인할 수 있다.

4. T. Gura(2008). Procrastinating Again? How to Kick the Habit. *Scientific American*, 12.

5. M. J. A. Wohl, T. A. Pychyl & S. H. Bennett(2010). I Forgive Myself, Now I Can Study. *Personality and Individual Differences*, 48(7), 803-808.

6. 텍사스대학교 팬아메리칸캠퍼스의 사회학과 교수 채드 리처드슨Chad Richardson은 개론 강의에서 인터뷰 방법을 속성으로 가르친 후 학생들이 자신이 사는 동네 주민들과 가족을 대상으로 민 족지학 연구를 수행하게 했다. 학생들이 자료 조사를 하는 동안 리처드슨 교수는 그들이 사회 학 관점에서 더 폭넓게 자료들을 이해할 수 있도록 돕는다. 로드아일랜드 디자인 스쿨의 찰리 캐넌Charlie Cannon 교수는 '뉴욕항구는 어떻게 폐기물 처리 시설을 대하는가?'와 같은 질문을 통 해 사회적·경제적 중요 디자인 쟁점을 다루는 프로젝트에 학생들을 직접 참여시킨다.

7. X. Lin, D. L. Schwartz & J. Bransford(2007). Intercultural Adaptive Expertise. *Human Development*, 50(1), 65-72.; T. Martin, K. Rayne, N. Kemp, J. Hart & K. Diller(2005). Teaching for Adaptive Expertise in Biomedical Engineering Ethics. *Science and Engineering Ethics*, 11(2), 257-276.

8. J. Bransford(2001.07.09.). "Some Thoughts on Adaptive Expertise". *Vanderbilt-Northwestern-Texas-Harvard*. Retrieved from www.vanth.org/docs/AdaptiveExpertise. pdf.

9. J. A. Bargh & Y. Schul(1980). On the Cognitive Benefits of Teaching. *Journal of Educational Psychology*, 72(5), 593-604.

10. G. M. Muir & G. J. van der Linden(2009). Students Teaching Students. *Teaching of Psychology*, 36(3), 169-173.

11. D. Sheff(1988.01.12.). "'Izzy, Did You Ask a Good Question Today?'". *New York Times*.

12. T. S. Hyde & J. J. Jenkins(1969). Differential Effects of Incidental Tasks on the Organization of Recall of a List of Highly Associated Words. *Journal of Experimental Psychology*, 82(3). 472-481.

13. 심층적·피상적·전략적 학습법에 관해서는 2장을 참조하라.

14. N. Györbíró, H. Larkin, and M. Cohen(2010). Spaced Repetition Tool for Improving Long-term Memory Retention and Recall of Collected Personal Experiences. *Proceedings of the 7th International Conference on Advances in Computer*

Entertainment Technology, 124-125.

15. N. Kornell, M. J. Hays & R. A. Bjork(2009). Unsuccessful Retrieval Attempts Enhance Subsequent Learning. *Journal of Experimental Psychology*, 35(4), 989-998.L. E. Richland, N. Kornell & L. S. Kao(2009). The Pretesting Effect. *Journal of Experimental Psychology*, 15(3), 243-257.; N. Kornell, R. A. Bjork & M. A. Garcia(2011). Why Tests Appear to Prevent Forgetting. *Journal of Memory and Language*, 85-97.; N. Kornell & R. A. Bjork(2008). Optimising Self-regulated Study. *Memory*, 16(2), 125-136.; H. L. Roediger & B. Flinn(2009.10.20.). "Getting It Wrong: Surprising Tips on How to Learn". *Scientific American*.

16. 반면 더듬리는 늘 도서관 구석의 같은 자리에서 공부했다고 말했다.

17. J. S. Rubinstein, D. E. Meyer & J. E. Evans(2001). Executive Control of Cognitive Processes in Task Switching. *Journal of Experimental Psychology*, 27(4), 763-797.

18. A. Furnham, S. Trew & I. Sneade(1999). The Distracting Effects of Vocal and Instrumental Music on the Cognitive Test Performance of Introverts and Extraverts. *Personality and Individual Differences*, 27(2), 381-392.; A. Furnham & A. Bradley, Music While You Work. *Cognitive Psychology*, 11(5), 445-455.

19. K. I. Erickson et al(2011). Exercise Training Increases Size of Hippocampus and Improves Memory. *National Academy of Sciences*, 108(7), 3017-3022.

20. E. Mo(2010.04.12.). "Studying the Link between Exercise and Learning". *CNN Health*. Retrieved from http://thechart.blogs.cnn.com/2010/04/12/studying-the-link-between-exercise-and-learning/

21. M. Yogo & S. Fujihara(2008). Working Memory Capacity Can Be Improved by Expressive Writing. *British Journal of Health Psychology*, 13(1), 77-80.

22. K. Klein & A. Boals(2001). Expressive Writing Can Increase Working Memory Capacity. *Journal of Experimental Psychology*, 130(3), 520-533.

23. J. W. Pennebaker & C. K. Chung(2011). *Oxford Handbook of Health Psychology*. NY: Oxford University Press.

24. 그러한 문화들은 인근 도시, 즉 학교로 흘러 들어가 섞인다. 학생들은 1학년 때부터 그 문화의 일부를 접한다. 그러나 그들이 문화의 온전한 복잡성을 제대로 마주하는 것은 대도시(대학)에 도달하고 나서다. 그 문화의 복잡한 비밀 중 일부는 대학원에 가서야 드러난다.

공부라는 세계
무엇을 배우고 어떻게 살 것인가

초판 1쇄 인쇄 2025년 2월 26일
초판 1쇄 발행 2025년 3월 12일

지은이 켄 베인
옮긴이 오수원
펴낸이 김선식

부사장 김은영
콘텐츠사업본부장 박현미
책임편집 최유진 **책임마케터** 권오권
콘텐츠사업9팀장 차혜린 **콘텐츠사업9팀** 최유진, 노현지
마케팅1팀 박태준, 권오권, 오서영, 문서희
미디어홍보본부장 정명찬 **브랜드홍보팀** 오수미, 서가을, 김은지, 이소영, 박장미, 박주현
채널홍보팀 김민정, 정세림, 고나연, 변승주, 홍수경
영상홍보팀 이수인, 염아라, 석찬미, 김혜원, 이지연
편집관리팀 조세현, 김호주, 백설희 **저작권팀** 성민경, 이슬, 윤제희
재무관리팀 하미선, 임혜정, 이슬기, 김주영, 오지수
인사총무팀 강미숙, 이정환, 김혜진, 황종원
제작관리팀 이소현, 김소영, 김진경, 이지우
물류관리팀 김형기, 김선진, 주정훈, 양문현, 채원석, 박재연, 이준희, 이민운

펴낸곳 다산북스 출판등록 2005년 12월 23일 제313-2005-00277호
주소 경기도 파주시 회동길 490 다산북스 파주사옥
전화 02-704-1724 **팩스** 02-703-2219 **이메일** dasanbooks@dasanbooks.com
홈페이지 www.dasan.group **블로그** blog.naver.com/dasan_books

종이 스마일몬스터피앤엠 **인쇄·제본** 정민문화사 **코팅·후가공** 제이오엘앤피

ISBN 979-11-306-6326-5 (03100)